世界哲學家叢書

甘　　地

馬小鶴　著

1993

東大圖書公司印行

國立中央圖書館出版品預行編目資料

甘地／馬小鶴著. --初版. --臺北市：
東大發行：三民總經銷，民82
面； 公分. --(世界哲學家叢書)
參考書目：面
含索引
ISBN 957-19-1502-5 (精裝)
ISBN 957-19-1503-3 (平裝)

1. 甘地(Candhi, Mohandas Karamchand, 1869-1948) -傳記

783.718　　　82004065

© 甘 地

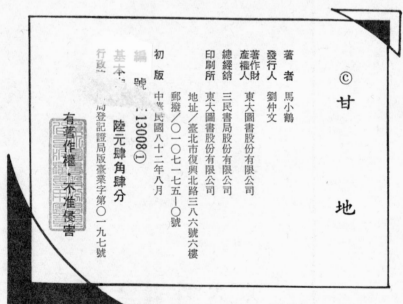

著 者　馬小鶴
發行人　劉仲文
著作財產權人　東大圖書股份有限公司
總經銷　三民書局股份有限公司
印刷所　東大圖書股份有限公司
地址／臺北市復興北路三八六號六樓
郵撥／〇一〇七一七五──〇號
初 版　中華民國八十二年八月
編 號　[illegible]13008①
基本[illegible]　陸元肆角肆分
行政[illegible]局登記證局版臺業字第〇一九七號

ISBN 957-19-1502-5 (精裝)

「世界哲學家叢書」總序

本叢書的出版計畫原先出於三民書局董事長劉振強先生多年來的構想，曾先向政通提出，並希望我們兩人共同負責主編工作。一九八四年二月底，偉勳應邀訪問香港中文大學哲學系，三月中旬順道來臺，即與政通拜訪劉先生，在三民書局二樓辦公室商談有關叢書出版的初步計畫。我們十分贊同劉先生的構想，認為此套叢書（預計百冊以上）如能順利完成，當是學術文化出版事業的一大創舉與突破，也就當場答應劉先生的誠懇邀請，共同擔任叢書主編。兩人私下也為叢書的計畫討論多次，擬定了「撰稿細則」，以求各書可循的統一規格，尤其在內容上特別要求各書必須包括（1）原哲學思想家的生平；（2）時代背景與社會環境；（3）思想傳承與改造；（4）思想特徵及其獨創性；（5）歷史地位；（6）對後世的影響（包括歷代對他的評價），以及（7）思想的現代意義。

作為叢書主編，我們都了解到，以目前極有限的財源、人力與時間，要去完成多達三、四百冊的大規模而齊全的叢書，根本是不可能的事。光就人力一點來說，少數教授學者由於個人的某些困難（如筆債太多之類），不克參加；因此我們曾對較有餘力的簽約作者，暗示過繼續邀請他們多撰一兩本書的可能性。遺憾的是，此刻在政治上整個中國仍然處於「一分為二」的艱苦狀態，加上馬列教條的種種限制，我們不可能邀請大陸學者參與撰寫工作。不過到目前為止，我們已經獲得八十位以上海內外的學者精英全力支持，包括臺灣、香港、新加坡、澳洲、美國、西德與加拿大七個地區；難得的是，更包括了日本與大韓民國好多位名流學者加入叢書作者的陣容，增加不少叢書的國際光彩。韓國的國際退溪學會也在定期月刊《退溪學界消息》鄭重推薦叢書兩次，我們藉此機會表示謝意。

原則上，本叢書應該包括古今中外所有著名的哲學思想家，但是除了財源問題之外也有人才不足的實際困難。就西方哲學來說，一大半作者的專長與興趣都集中在現代哲學部門，反映著我們在近代哲學的專門人才不太充足。再就東方哲學而言，印度哲學部門很難找到適當的專家與作者；至於貫穿整個亞洲思想文化的佛教部門，在中、韓兩國的佛教思想家方面雖有十位左右的作者參加，日本佛教與印度佛教方面卻仍近乎空白。人才與作者最多的是在儒家思想家這個部門，包括中、韓、日三國的儒學發展在內，最能令人滿意。總之，我們尋找叢書作者所遭遇到的這些困難，對於我們有一學術研究的重要啓示（或不如說是警號）：我們在印度思想、日本佛教以及西方哲學方面至今仍無高度的研究成果，我們必須早日設法彌補這些方面的人才缺失，以便提高我們的學術水平。相比之下，鄰邦日本一百多年來已造就了東西方哲學幾乎每一部門的專家學者，足資借鏡，有待我們迎頭趕上。

以儒、道、佛三家為主的中國哲學，可以說是傳統中國思想與文化的本有根基，有待我們經過一番批判的繼承與創造的發展，重新提高它在世界哲學應有的地位。為了解決此一時代課題，我們實有必要重新比較中國哲學與（包括西方與日、韓、印等東方國家在內的）外國哲學的優劣長短，從中設法開闢一條合乎未來中國所需求的哲學理路。我們衷心盼望，本叢書將有助於讀者對此時代課題的深切關注與反思，且有助於中外哲學之間更進一步的交流與會通。

最後，我們應該強調，中國目前雖仍處於「一分為二」的政治局面，但是海峽兩岸的每一知識分子都應具有「文化中國」的共識共認，為了祖國傳統思想與文化的繼往開來承擔一份責任，這也是我們主編「世界哲學家叢書」的一大旨趣。

傅偉勳　韋政通

一九八六年五月四日

自　序

聖雄甘地的事迹或思想，從來不是大陸初等和中等教育的組成部分。因此，如果一個高中畢業生從未聽說過甘地，並不令人奇怪。我小時候對甘地有一些印象，不是來自學校或書本，而是受父親的影響。他對甘地相當崇敬，有時會給我講一些甘地的故事，令我也對甘地翁肅然起敬。後來在復旦大學歷史系讀本科時，選修南亞史，得以從更廣闊的背景上了解甘地的歷史地位，也讀了一些有關甘地的論文和書籍，對甘地更加敬仰。記得有一次父親得到兩張「內部放映」的電影票，可以有機會看一次獲得八個奧斯卡金像獎的電影「甘地」，但自己有事而未能如願，一直引以為憾事。不過那時我從未想到過研究甘地，覺得他是一個太崇高的人物，不是我力所能及的研究課題。

1989年8月我赴美國哈佛大學作訪問學者，可謂學術道路上的一大轉折。在繼續自己的中亞古代史的研究的同時，接觸到了一些其他學術思想。其中以新儒家對我影響尤大。我驚異地發現，在大陸青年中普遍被目為現代化障礙的儒家文化居然以一種全新的面貌在美國的高等學府中出現。它執著於傳統儒家的精萃，又廣泛吸收現代民主思想的精華，它對於中國文化的強烈的自豪之情與全盤西化派徹底抹殺中國傳統的態度形成鮮明的對照，它對普通人民大衆的深沉的熱愛與菁英主義的區別涇渭分明，它的帶有宗教情懷的終極關切與拜金主義不可同日而語。

我自愧對儒家缺乏研究的基礎，難以在這個主陣地上做一個馬前卒。但是，在亞洲史的範圍內，印度許多近現代哲學家在繼承傳統文化與學習西方相結合，在強烈的愛國主義，在對民衆的熱愛，在宗教情懷方面都與新儒家有共同之處。而中國在這方面研究比較薄弱，我如果做些介紹，或許作為一個側面陣地，可以配合主陣地，略盡綿薄之力。

我在大陸時，馬丁·路德·金的了解大致上僅限於知道他是一個黑人民權運動的領袖，倡導非暴力鬥爭。1968年被刺身亡，毛澤東發過一個唁電，當時在大陸是廣泛宣傳，盡人皆知的。到了美國，又有點驚異地發現，美國人，不僅是黑人，也包括白人，已經把他當做英雄。我女兒就讀的小學就是以他的名字命名的。他的生日（1月18日）在幾乎所有的州里已經成為正式的節日。他所倡導的非暴力鬥爭方式實際上已經成為美國民衆共同接受的主要政治活動方式之一。反對越南戰爭的運動，以及我親眼目睹的反對波斯灣戰爭的規模不大的抗議，直到最近關於同性戀和人工流產的爭執大多採取非暴力的形式。而馬丁·路德·金的非暴力思想正是以甘地思想為淵源的。我在動手寫作之前的準備工作中發現，波士頓和劍橋的公共圖書館裏，關於甘地的書籍相當多。普通的書店裏也隨手可以買到甘地的著作或研究他的著作。至於在世界大學圖書館中數得上的哈佛大學圖書館，當然收藏了大量關於甘地的著作。一種1967年出版的《甘地書目》收有3,485個條目。甘地的思想實際上已經成為包括美國在內的西方文化的一個重要組成部分。回過頭來看中國，我在哈佛大學燕京圖書館中找到的關於甘地的著作實在屈指可數。我相信大陸和臺灣的圖書館中的收藏也多不了幾種。

暴力鬥爭需要研究，才有勝利的機會。中國一百多年以來，內憂外患不斷，國人致力於暴力鬥爭的研究，以武力推翻舊王朝，以武力建立新政權，以武力統一，以武力抵抗外來侵略，都是有其歷史必然性的。但中國今日已經到了應該以非暴力鬥爭為主要方式的時代。對外，目前並無外國侵略，中國的使命是如何在維護東亞的持久和平的大業中發揮自己的更大的作用。對內，更要堅決排除訴諸暴力的歷史慣性。第二次世界大戰結束之後，中國人民沒有能夠阻止一場內戰，今天中國人民一定要達成共識，無論如何不能再以暴易暴。非暴力鬥爭比暴力鬥爭更需要研究。我想，如果中國文化中關於甘地的著作也像西方一樣，達到數千種，是不嫌多的。

在大陸時沒有看成的「甘地」電影，在美國是容易看到的。劍橋市圖書館裏有這部電影的錄影帶出借，我可以不止一次地觀看。每一次觀看，我都感動到心底。甘地在英國留過學，但是他從來沒有追求自己個人留在西方的自由、安全、富裕的生活中。他回到了自己苦難深重的祖國，回到了自己的處於英國殖民統治下的印度。不是他不懂得自由的可貴，不是他樂意回到奴役中去，他不能置三億同胞於奴役中不顧，自己一個人享受西方式的自由。他在印度曾走遍了窮鄉僻壤，與最貧苦的農民朝夕與共。那赤貧的印度農村，與我插隊落戶過五年的贛南的山村多麼相似。我一朝回到上海，考上大學，一頭扎進故紙堆，多少年鑽在象牙之塔裏，研究無人問津的冷偏的學問，以為天下大事自有從政者操辦，何須我等學者越俎代庖？而甘地曾毅然放棄收入豐厚的律師職業，終身過著與貧苦同胞一樣清貧的生活，時刻不忘他們的苦難。相比之下，我為當年同甘共苦的老鄉做過一些什麼呢？電影相當真實地再現了1919年的阿姆利則慘案，當年發生慘案的賈利安瓦拉·巴格廣場沒有太大的改變，電影就是在那裏拍攝的。萬餘羣衆在廣場上和平集會，戴爾將軍率領兩輛裝甲車和士兵前往廣場。由於這個「廣場」實際上四周都被建築物的牆壁所包圍，並沒有寬闊的入口，裝甲車開不進去，只得停在外面的街上。戴爾將軍率領士兵進入廣場，並不事先警告民衆散去，即下令開槍，射擊達十分鐘。由於廣場沒有寬闊的出口，婦孺老幼均無處逃生，成為士兵射擊的現成目標，成片地倒在血泊之中，一共發射了1,650發子彈，據官方事後的調查，379人死亡，受傷者約1,137人，共1,516人傷亡，幾乎「彈無虛發」。當我目睹成千上萬的男女老幼被槍彈射殺時，怎忍得住不眼淚直淌？看到戴爾將軍冷酷無情地監督士兵開槍時，怎能不義憤填膺？戴爾將軍被寫入了「不列顛百科全書」，被寫入了幾乎每一本印度現代史。後人將會永遠記住，曾經有過一個命令士兵向手無寸鐵的和平民衆開槍的英國將軍，他的名字將遺臭萬年。這是印度歷史上的一個轉折點，也是甘地一生的一個轉折點。在這之前，甘地總是對英國人的統治抱著某種希望，他在南非的波爾戰爭與第一次世界大戰期間都組織過印度人救護隊，幫助英國軍人。從阿姆利則慘案以後，甘地爭取印度獨立，擺脫英國人統治的決心堅定不移。電影的另一個非常感動人的大場面是1930年食鹽長征，甘地被捕後，奈杜夫人於5月21日率領2,500名志願隊員去佔領達拉沙拉鹽場的鬥爭。隊員們一排一排地走上前去，被警察用棍棒擊倒，他們既以驚人的勇氣前仆後繼，又堅決不使用任何暴力。這場鬥爭最形象地體現了甘地的非暴力哲學。正是因為甘地的信徒們具有這種寧肯自己被殺，但決不殺人的道德勇氣，才能以和平的方式建立一個民主的，獨立的新印度。

環顧今日的世界，許多事情並不令人樂觀。中國是一個有五十六個少數民族的國家，有多種宗教信仰，目前政治上還處於分裂狀態，在社會轉型的時代，各個階層的利益難免有這樣那樣的衝突，如果一旦各方訴諸大規模的暴力，無人能夠保證這個巨大的國家不變成一個擴大了一百倍的波斯尼亞，一個血腥的地獄。一個小小的波斯尼亞尚且令美國與歐洲列強焦頭爛額，到時候誰敢貿然干涉中國的事務？世界各國恐怕只有袖手旁觀，看中國人自己殺個你死我活了。

中國大陸要從計畫經濟過渡到市場經濟，決不是一件輕而易舉的事。君不見俄羅斯貨幣連連貶值，百姓怨聲載道，西方列強不惜血本大力支援，至今尚未見經濟復甦的迹象。中國經濟如果一旦陷入類似俄羅斯的困境，西方是否願意像對俄羅斯一樣慷慨輸血還是一個問題。卽使輸血，是否奏效也屬未知數。

中國人口已經達十一億以上，每人平均擁有的資源並不多。大陸近年來工商業高速發展，客觀上「重商抑農」，農民收入增長比較緩慢，農村的相對貧困化加劇，農村青年不安心務農，盲目流向城市的現象急速增加。同時農民抗議負擔過重的情況也時有所聞，有的地區甚至出現了「車匪路霸」，農村地區的治安形勢有惡化的趨勢。以大陸目前的農業為基礎，維持如此龐大的人口的基本生活需要之外，還要支撐工商業的迅猛發展，實際上是一種相當脆弱的平衡。一旦政治上出現動亂，或連續遇到嚴重的天災，這種脆弱的平衡卽有可能被打破，陷入惡性循環。聯合國花了九牛二虎之力，企圖把小小的索馬里亞從惡性循環中解救出來，至今收效甚微。如果中國這樣的第一人口大國真的陷入惡性循環，實在不是世界上其他國家的力量所能解救的。

上述三大問題，卽政治動亂乃至內戰，計畫經濟未能及時轉變為市場經濟，農業基礎崩潰，只要出現一個，那麼別說什麼二十一世紀是中國人的世紀，恐怕今日「人蛇」偷渡美國的現象只會有增無減，世界各國只會以更為鄙視和厭惡的目光看待中國人。

中國的希望和力量，主要只能來自它自身。我們在憂心忡忡講了這麼多問題之後，還應該回過頭來看看光明的一面，看看希望之所在。

一個半世紀以前，在鴉片戰爭戰敗之餘，滿清割讓了香港。這是中國人永世不忘的國恥。像甘地不能容忍英國人的殖民統治一樣，中國人遲早是要收回香港的。香港與印度雖然同樣是英國殖民地，但是發展情況大不相同。印度太大，以英國那點力量，實在難以治理得好。香港彈丸之地，取得了舉世矚目的經濟成就，論者以為是英國人的法治與中國人的勤勞相結合的成果。從更廣的意義上來說，是以英國為代表的西方文化與中國文化結合的比較成功的一個典型。甘地儘管堅定地要求結束英國在印度的殖民統治，但他從來沒有排斥西方文化，如果他能在今天目睹香港的成就，相信他也會予以肯定。甘地對勞苦大衆充滿了同情，但他並不主張消滅私有財產，不主張殺死「下金蛋的鵝」。今天的香港就是一隻名副其實的「下金蛋的鵝」。不僅英國人不至於愚蠢到在臨走之前殺掉牠，就是大陸政府接管之後，也同樣不至於「殺鵝取蛋」。相反，大陸政府還希望在大陸建設幾個香港。

不到半個世紀以前，中國形成了以臺灣海峽為界的兩個政權並存的政治局面。分裂固然是民族的不幸，但又何嘗不是不幸之中的大幸？如果臺灣當時與大陸統一，誰能保證臺灣地區的農民可以與衆不同，倖免大陸廣大農民身受的三年「自然災害」之苦？誰能保證臺灣地區的知識分子享有豁免權，可以倖免大陸知識分子身受的十年「文化大革命」的禍害？誰能保證臺灣地區能取得像今天一樣出色的經濟成就？臺灣人民不僅用自己的經濟成就向世人證明，中國人完全可能在這方面與西方爭一日之長短，而且近年來進行了民主政治的嘗試，向世人證明中國人一樣可以邁向政治現代化。甘地像其他不少印度思想家一樣，認為在物質文明方面，西方優於東方，而在精神文明方面，東方優於西方。歷史發展到今天，看來這個觀點應該有所修正。香港和臺灣的經濟成就說明東方人在發展物質文明的能力方面並不亞於西方人，倒是在建設精神文明，發揚光大自己的傳統文化方面可以向西方借鑒。

像俄羅斯和中國大陸這樣長期實行計畫經濟的國家要實現社會轉型，不是一件容易的事。本國有沒有像香港和臺灣這樣的市場經濟成功的範例是大不一樣的。俄羅斯缺乏這樣的範例，在經濟改革中就大為不利。中國大陸擁有這樣的範例，實在是歷史與命運給予中國人的極大的幸運。香港與臺灣對大陸來說，不僅意味著有形的資金和技術，而且意味著更有價值的無形的精神和文化。有形的資金和技術的作用，今天已經看得比較清楚，無須贅述。如果我們深一層考察，我們立卽會認識到，香港和臺灣的大量熟悉現代市場經濟的人才是整個中國發展的無價之寶。他們不僅早一步熟悉了國際市場經濟的運作，而且因為他們同是中國人，文字、語言、文化與大陸中國人非常接近，可以起到外國的經濟人才所不可能起的作用。同時，我們也立卽會認識到，香港與臺灣已經成熟的企業管理模式是另一個無價之寶。因為這種模式已經是西方經濟管理與中國文化結合的產物，比原本的西方模式更適合中國的文化環境，幾乎可以被大陸直接運用。從更抽象的層次上說，香港和臺灣的整個文化類型是更寶貴的精神財富。因為港臺半個世紀以來一直保持與西方文化的廣泛接觸，不斷地融合西方文化的精華，可以說是整個中華民族吸收外來文明的先驅。甘地畢生對祖國的統一抱著不可動搖的信念。他曾經說過，要他贊同印巴分治，等於要他贊同把自己肢解。儘管迫於政治現實，沒有最後公開堅決反對國大黨接受印巴分治方案，但是他是一直持保留態度的。甘地這種堅決維護祖國統一的精神是值得每一個真正的愛國者學習的。如果今天的臺灣和香港人民能夠看得夠遠，超出臺灣島和香港島的範圍，看到整個中華民族的前途，看到自己在塑造這個前途的過程中所能起的特殊作用，看到整個中國的昌盛將會為臺灣和香港帶來的機會和利益；如果大陸人民能夠珍視香港與臺灣的成就，妥加保護，從善如流，認真學習，那麼中國的前途不可限量。

中國大陸正因為其「大」，所以問題要比香港與臺灣複雜得多，難解決得多，發生動盪，甚至災禍的可能性也要大得多，一旦出了軌，也難糾正得多。但是，也正因為其「大」，一旦經濟真正起飛，其力量也非同尋常。大陸將為港臺提供他們自己無法比擬的廣闊的土地，豐富的資源，幾乎無窮無盡的相對比較廉價的勞動力，而且隨著大陸人民日益富裕，還正在提供越來越廣大的市場。且不說臺灣人民大概還沒有完全忘記日本佔領時代的苦難，香港人民也不會忘記第二次世界大戰期間日軍的兇暴，在後冷戰時代的國際格局中，一個統一的中國，在維護自己的主權，維護遠東和平，乃至世界和平方面的力量，自然要比香港或臺灣大得多。大陸、臺灣、香港人民如能真正精誠合作，二十世紀仍然可能是中國人的世紀！

我們在描述了可能出現的噩夢之後，又描繪了可能出現的燦爛前景，今天中國面臨著又一個重大的歷史關頭。何去何從，端看全體國民的努力。如果讀者不以這篇〈自序〉為謬論，則願與諸君共勉，一起為中國的復興盡國民應盡的義務。

馬小鶴

一九九三年七月十四日

於美國麻薩諸塞州劍橋市

甘　地　目次

前　言

莫漢達斯・卡蘭昌德・甘地（Mohandas Karachand Gandhi，公元1869～1948年）是印度現代民族主義運動中最著名的領袖。他1869年10月2日生於印度西海岸的卡提阿瓦邦的坡爾板達城。他的父親是坡爾板達的首相。1888年他前往英國倫敦學習法律，通過了律師考試。1893年他遷居南非，從事律師業務，不久卽成爲南非印度僑民爭取合法權利的鬥士，以一種全新的非暴力方式與南非殖民地當局進行鬥爭，他把這種新的方式稱爲堅持眞理運動（satyagraph，撒塔格拉哈）。在南非的21年中，他領導過三次堅持眞理運動，使印僑的狀況有所改善，同時積累了豐富的政治經驗。他於1914年回到印度以後，卽運用這種經驗領導農民和工人改善自己的處境。數年之內，他成了國大黨公認的領袖，1919年領導了第一次全國規模的堅持眞理運動，反對英國殖民政府剝奪印度人基本人權的「羅拉特法」。後來這場運動發展成與伊斯蘭教徒的哈里發運動結合在一起的不合作運動。由於有些地方發生了暴民騷亂，甘地決定暫停運動。不久，他就被捕入獄，被囚禁了2年（公元1922～1924年）。出獄後，甘地爲取消賤民制度與發展土布而奔走於印度各地。1929年國大黨年會通過了一項爭取印度完全獨立的提案。次年，甘地領導了著名的食鹽長征，從艾哈邁達巴德步行200英里抵達海邊，非法從海水中取鹽，以抗議英國殖民政府的「食鹽法」，旋卽被捕入獄，於次年獲釋。1932

年，他因主張恢復民事反抗運動而被捕入獄，在獄中進行第一次「絕食到死」的鬥爭，抗議政府對待賤民的態度，1934年他宣布暫停民事不服從運動，退出國大黨，致力於鄉村工業。數年後，遷居中央省的瓦爾達附近的西迦昂村，進行靜靜的苦修。第二次世界大戰期間，當日本軍隊威脅印度時，英國政府要求印度人在戰爭方面進行合作，而將戰後給予印度自治領地位作爲交換條件。甘地則要求英國政府立卽退出印度。英國政府的回答是將甘地和其他國大黨領袖全部投入監獄，直到1944年才將他們釋放出來，討論印度獨立問題。甘地和尼赫魯（公元1889～1964年）在關於獨立的談判中發揮了關鍵的作用。甘地反對印度與巴基斯坦分治，但最後沒有反對國大黨接受分治方案。1947年8月15日，印度獨立，不久就爆發了嚴重的印度教徒與伊斯蘭教徒之間的衝突。甘地前往衝突最激烈的地區，呼籲和平。他曾在加爾各答絕食，感化城中印回雙方，使他們恢復理智。旋卽前往德里，再次絕食，感化城中各方，使他們達成和平共處的宣言，並使印度政府對巴基斯坦採取比較公正的政策。甘地呼籲印回友好引起了印度教狂熱派的仇恨，1948年1月30日，甘地在去德里的比拉寓的晚禱會的路上，被哥得斯開槍暗殺。

印度總理尼赫魯在電臺上向全國廣播了這個沉痛的消息：

「我們生活中的光明消失了，到處是一片黑暗，我實在不知道對你們說什麼好，不知道怎麼對你們說。我們熱愛的領袖，我們所稱的爸布，我們的國父，不在了。或許我這樣說是錯了。但是，我們不能再像多年以來那樣見到他了。我們不能到他那兒去聽取忠告和尋求慰藉了，這不僅對我，而且對我國成百萬成百萬的人民都是一個可怕的打擊。我或者任何其他人所能給你們的任何忠告都很難減輕這個打擊。

我剛才說，光明消失了，但是我這樣說是錯了。因為照亮過這片國土的光明不是普通的光線。在過去多年中照耀過我們的這種光明還會久久地照耀我國，哪怕一千年以後，我們的國家和整個世界仍然能看到這片光明，它將慰藉無數心靈……」❶

美國國務卿喬治・C．馬歇爾將軍（公元1880～1959年）說：「聖雄甘地是全人類良知的代言人。」著名物理學家艾爾伯特・愛因斯坦對甘地（公元1879～1955年）推崇備至：「未來的人們可能很難相信，像他這樣的人居然曾經是在這個地球上行走過的，有血有肉的凡人。」❷

甘地一生著述極多，他的全集已經出齊，多達90卷❸。其中專著有四部，即自傳——《體驗眞理》、《南非的堅持眞理運動》、《印度自治》和《保健入門》❹。其他是各種小册子，發

---

❶ Government of India, Ministry of Information and Broadcasting, *Homage to Mahatma Gandhi*（《紀念聖雄甘地》），New Delhi: Ministry of Information and Broadcasting, 1948, 頁9～10。

❷ Gandhi, *The essential Gandhi*（甘地，《甘地選粹》），頁369。

❸ Gandhi, *The collected works of Mahatma Gandhi*（甘地，《甘地全集》，以下簡寫作 *CW*），1958～1983年。

❹ Gandhi, *The story of my experiments with truth*（甘地，《體驗眞理》；*Satyagrapha in South Africa*（《南非的堅持眞理運動》）；*Hind swaraj or Indian home rule*（《印度自治》）；*Key to health*（《保健入門》）。

表在報刊雜誌上的文章、演講和通信。從這大量的著述中我們可以清楚地看出甘地有一個貫穿始終的哲學體系。

甘地哲學的核心概念是“satya”——眞理。他用《體驗眞理》作爲自傳的副題就反映了這一點。他認爲眞理就是神。儘管甘地是一個印度教徒，但是他心目中的神是超越任何具體的宗教的。神實際上就是眞理的化身。眞正的，完美的宗教只有一種，但是它有許多分支，就像一棵樹有許多枝葉一樣。世界上的每一種具體的宗教就是一個分支。甘地甚至承認無神論者也是像自己一樣的探尋眞理的人。個人只能認識相對的眞理，不可能掌握絕對眞理，因此人沒有懲罰他人的權力。人不應該使用暴力。這是甘地哲學中的第二個中心概念：“ahimsa”——非暴力。沒有非暴力就不可能尋求與發現眞理。非暴力與眞理融爲一體，以至於不可能把它們分割開來。它們是同一個事物的兩個側面。甘地不主張離開社會，隱居起來，苦思瞑想去探尋和發現眞理。他認爲只有在社會活動中才能夠發現眞理。這就形成了甘地哲學的第三個中心概念：“satygraha”——堅持眞理。這個概念與前兩個概念同樣是不可分割的。堅持眞理是眞理和非暴力的直接的、自然的結果。它是將非暴力原則付諸實踐，是實現非暴力原則的技巧。儘管甘地領導的堅持眞理運動在印度民族解放鬥爭中發揮了巨大的作用，在他的哲學體系中，堅持眞理首先不是爲了追求權力，而是爲了追求人類內在的尊嚴。在堅持眞理的活動中，使自己純潔和說服對手的最重要的辦法是自我受難。這是甘地哲學中的第四個中心概念：“tapasya”——自我受難。這不是克敵制勝的暴力手段的代用品，不是弱者的武器，不是怯懦。這是爲了維護我們的精神自我的完整而不得不犧牲我們的肉體的自我。堅持眞理活動不僅是一種技巧，不僅用來爭取印度的獨立，而且是一種生活方式，用來爲理想社會的出現鋪平道路。甘地哲學的第五個中心概念是“sarvodaya”——大同。這個社會不同於以大多數人的最大福利爲標榜的西方社會，而以所有人的最大福利爲目標。

甘地不是一個關在書齋裏的哲學家，他的哲學思想不僅體現在他的大量著作中，而且活生生地體現在他領導的一系列堅持眞理運動中。1906年他在南非的特蘭斯瓦爾發動了一場反對「印僑註册法」的鬥爭，當時稱之爲消極抵抗。次年正式命名爲「堅持眞理運動」。後來1913～1914年在南非那塔爾的鬥爭，1918年印度艾哈邁達巴德工人的罷工，1919年全印度範圍內反對「羅拉特法」的鬥爭，以及1930年的食鹽長征是堅持眞理運動的發展過程中比較有代表性的幾次鬥爭。通過這些實例可以具體地看到甘地是怎樣把他的哲學思想付諸實踐的。

甘地哲學的主要傳承出自印度教、佛教和耆那教。他的中心哲學概念“satya”（眞理）就是中國讀者比較熟悉的佛敎的諦、眞諦、實諦、實；“ahimsa”（非暴力）就是佛敎的不殺生，不害，無害；“tapasya”（禁欲，自我受難）就是佛敎的苦行，滅損飲食。而佛敎和耆那敎都出自印度敎，可謂印度敎中的革新力量發展出來的新宗敎。同時甘地也受到波斯文化，穆斯林文化和錫克敎的影響，他在祈禱會上曾引證《阿維斯陀注釋》、《古蘭經》和《格蘭特・沙哈卜》。

在西方思想方面，聖經的《新約全書》給甘地留下了很深的印象，他曾經試圖把印度敎經典《薄伽梵歌》、安諾德（公元1832～1904年）著的釋迦牟尼傳《亞洲之光》中的佛敎思想與《聖經》的〈登山寶訓〉中論愛心的敎導連貫起來。甘地的自傳中有一章的題目是〈羅斯金的「奮鬥到最後」〉，他深信自己在這本書中發現了勞動不分貴賤，人應該自食其力等幾種最深刻的信念，從而改變了自己的生活。比羅斯金對甘地有更大影響的近代思想家是偉大的俄國作家托爾斯泰（公元1828～1910年），托爾斯泰的不抗惡的思想促使甘地轉變爲一個信仰非暴力的人，兩人之間曾幾次通信，甘地把他在南非建立的一個耕讀新村命名爲托爾斯泰新村。

甘地作爲印度國父的歷史地位是確切無疑，舉世公認的。但是要評價他作爲一個哲學家的歷史地位，今天還爲時過早。從孔子逝世（公元前479年）到漢武帝（公元前141～87年）獨尊儒術這三百餘年間，誰能準確預料孔子在中國哲學史上的地位呢？我們今天可以看清楚的只是甘地對我們這個時代的啓示。他是二十世紀三大革命性思潮——反殖民主義、反種族主義和非暴力的奠基人。他終生堅持的非暴力鬥爭方式傳遍了各大洲，在印度，他的學生巴維（公元1895～1982年）領導的和平的土地革命取得了一定的成就；在美國，馬丁·路德·金（公元1929～1968年）領導的民權運動改善了黑人的狀況。有的學者以甘地哲學爲基礎，提出了將非暴力的原則運用於國際關係，加強非暴力防禦，部分地取代暴力防禦。隨着蘇聯和華沙公約組織的解體，兩極對立和冷戰時代的結束，這種構想無疑要比幾年以前更具有可操作性。在中國大陸與臺灣的關係上，大陸政府與民衆的關係上，及至臺灣的國民黨與民進黨的關係上，各方面都可以從甘地的非暴力原則中學到很多東西。甘地的經濟哲學一直受到現代西方經濟學家的冷遇。但是，今天有識之士已經越來越清楚地看到，在現存世界秩序內，一味追求技術和工業的發展，可能會耗盡地球上的寶貴資源，造成更嚴重的環境汚染，而仍然很難使發達國家中的窮人和不發達國家的人民都享受到經濟發展的好處。有的學者已經開始重新評價甘地的經濟哲學。中國人民在自己未來的經濟發展方向上，是否也可以考慮避免盲目模仿西方（特別是美國），走出一條自己的獨特的工業化的道路來呢？甘地是一個印度教徒，他的哲學主要源自印度教、佛教和耆那教，同時他採取嫉惡如仇的態度來對待傳統文化中的糟粕（比如賤民制度）。甘地認為一切宗教都是平等的，各種宗教信徒，甚至無神論者，都有同樣的權利去追求和發現眞理。中國人民能否復興以儒家爲中心的傳統文化呢？不是爲了排他性的重建藩籬，而是與佛教、伊斯蘭教、基督教和印度教等各種宗教携手合作，共同探尋眞理。

第一章 歷史背景與甘地的生平

第一節 歷史背景

印度文明幾乎像埃及、亞述、巴比倫文明一樣古老，早在公元前2500～1700年，印度河流域就已經有一個高度文明的社會存在。印度河流域文明衰亡的原因之一可能是雅利安人的入侵。

在雅利安人最早的文獻中，沒有提到可以與印度河流域文明相提並論的堂皇的城市生活，他們大多住在鄉村。雅利安人講的語言與波斯語、希臘語、拉丁語、條頓語、塞爾特語、斯拉夫語同屬一個語系❶，他們是白種人，身高，膚白，鼻長，在逐步征服黑皮膚，扁鼻子，講不同語言的當地土著種族——達薩人的過程中，從阿富汗東部擴張到印度河流域與恒河上游（公元前1500年前後）。

從公元前1500～1000年，被稱爲吠陀時代。《吠陀》由四類不同的文學作品組成：（1）曼特羅（諺語、詩歌和信條）組成吠陀文學最古老的部分，分四個本集，稱爲梨俱、娑摩、耶柔和阿闥婆本集❷。（2）梵書，即關於祈禱和祭祀儀式的論文。（3）

---

❶ Dunbar, *A history of India: from the earliest times to the present day*(《印度通史》), London, 1943年，第1卷，頁3。

❷ *Cambridge history of India*（《劍橋印度史》），第1卷，頁112～113。不過，有的學者認爲年代要早得多，比如提拉克主張《吠陀》形成於公元前4500年前後。

《阿蘭若書》，即《森林書》，是在森林中教授的教言，或指示森林隱士的著作，是《梵書》的附錄。(4)《奧義書》，意爲秘密的和深奧的教理。大約在公元前600年以後，出現了一些輔助性的著作，被稱爲經（sutra，指南、法則、格言）。

從公元前1000～500年，或更後一些，被稱爲史詩時代。這個時代因兩部史詩而得名。一部是《羅摩衍那》，原爲民間口頭創作，大約在公元前四～三世紀由蟻蛭編成，約24,000頌。主要寫王子羅摩受宮廷陰謀之害而被放逐十四年，妻子與弟弟隨行，在森林中妻子被魔王劫掠，後得到猴王哈努曼的幫助，救出妻子，恢復王位。另一部史詩是《摩訶婆羅多》，也是民間流傳的史詩，公元前十世紀初，主要故事形成，公元最初幾世紀基本定型，並加上作者廣博的名字，共18篇，100,000餘頌。主要寫班度、俱盧兩族爭奪王位：班度族以班度的五個兒子（堅戰、阿周那等）爲代表，俱盧族以班度的兄弟德里塔拉什特羅的一百個兒子爲代表，這些敵對的堂兄弟們在俱盧克謝特拉戰場上進行了一場殊死的戰鬥，以班度族的勝利而告終。史詩的第六篇中插入了18章哲理性的對話，被稱爲《薄伽梵歌》❸，對話的一方是阿周那，他對於要不要與自己的親戚作戰猶豫不決，另一方是他的禦者，即黑天神的化身，教導他應該爲而不有，功成不居，不抱欲念地履行自己的責任。

雅利安人的宗教被稱爲婆羅門教，以吠陀爲經典。崇拜各種神化的自然力和祖先、英雄人物。婆羅門教具有一神論的趨向，

---

❸ 參閱 *Bhagavad-gita as it is*（《薄伽梵歌》）。

認爲神雖然有許多名號，但實際上只有一位神❹。後來出現了一些抽象的神。婆羅門教雖有靈魂觀念，但還未產生輪迴的思想和信仰。種姓制度已經開始形成，人們被分爲婆羅門（祭司）、刹帝利（武士）、吠舍（工商業者）和首陀羅（農民），但限制並不嚴格。

到公元前七世紀，人們的宗教生活發生了巨大的變化。開始奉梵天、毗濕奴和濕婆爲三大主神。高等種姓（婆羅門與刹帝利）與低等種姓（吠舍和首陀羅）之間的鴻溝進一步加深了，但首陀羅與吠舍之間區別縮小了。在四大種姓之外還形成了賤民，不少人是被征服的土著，他們處於社會的最低層。甘地曾爲取消賤民制度而奮鬥，但是直到今天賤民仍然是印度的一個現實問題❺。在當時最重要的宗教概念中，輪迴和果報（業）的學說占有突出地位。人根據執行婆羅門教法規定的嚴格程度，來生可以變神，或婆羅門、刹帝利、吠舍等，根據其不執行教法的嚴重程度，來生可以變爲賤民、畜生乃至下地獄。而達到「梵我同一」可使人獲得解脫。公元前六至五世紀，因佛教與耆那教的廣泛傳播，婆羅門教漸趨衰落。

伐彈摩那生於印度東北部吠舍離一個王族的家庭，屬刹帝利種姓。三十歲出家，苦修了十三年，終於成道，創立耆那教，雲遊傳教三十餘年，於公元前 468 年，七十二歲時死於白婆❻。他

❹ Majumdar, *An advanced history of India*（馬宗達，《高級印度史》），頁38。

❺ S. Wolpert, *India*（《印度》），Berkeley:University of California Press, 1991年，頁128～132。

❻ *Cambridge history of India*（《劍橋印度史》），第1卷，頁155、156、163。一說死於公元前 528 年。

被自己的教徒尊爲大雄。耆那教出自婆羅門教，也相信業報輪迴和靈魂解脫，但反對吠陀權威和祭祀，守五戒：不殺生、不妄語、不偷盜、不迷戀塵世、戒肉欲。不殺生是耆那教最神聖的信條，不僅認爲鳥獸有靈魂，而且植物也有靈魂，都不可加以傷害。耆那教首先在印度東部的摩揭陀和羯陵伽，中部的烏然泥取得了立足點。但是，公元前300年前後，耆那教在東印度失勢，教徒們開始向西遷往阿杰米爾和梅瓦爾，他們的後裔一直生活到甘地的時代❼。

喬達摩約於公元前566年生於印度北部迦毗羅衞國，其父是淨飯王，屬刹帝利種姓。二十九歲時拋棄紅塵，出家修道。開始時跟兩位宗教大師學道，後在樹林中單獨修苦行六年。但是發現這樣做無法求得解脫。於是，到菩提伽耶的一棵菩提樹下參禪，獲得了覺悟，以佛陀、如來、以及釋迦牟尼等稱號著稱於世。先在波羅奈城鹿野苑說法，此後四十五年間在印度北部、中部宣揚正法，奠定了僧團的基礎。公元前486年，他以八十歲的高齡於拘尸那羯羅逝世❽。佛教也相信輪迴和因果報應，但不承認吠陀的權威，譴責血祭，否認或懷疑最高創造者的存在。反對婆羅門第一，在因果報應和修行解脫方面主張四姓平等，受到刹帝利、吠舍種姓的支持而得到傳播。佛教的基本教義是四聖諦：

---

❼ *Indian census report*（《印度人口統計報告》），1931年，第1卷。

❽ 據梁僧祐《出三藏記集》稱，自佛去世時起，傳授《善見律毗婆沙》的師徒每年在梵本律經上記一點，此梵本傳至廣州，爲齊永明七年（公元489年），共計九七五點，由此上推至佛逝世時，應爲公元前486年。

（1）**苦諦**：世俗世界的一切，本性都是苦。

（2）**集諦**：造成世間人生及其苦痛的原因是「業」與「惑」。

（3）**滅諦**：斷絕世俗諸苦得以產生的一切原因是佛教一切修行所要達到的目的。

（4）**道諦**：指超脫「苦」，「集」的世間因果關係而達到出世間之「涅槃」的一切方法，即八正道等。

要獲得解脫，首先必須守五戒：不殺生、不偷盜、不邪淫、不妄語、不飲酒。佛教的影響要比耆那教大得多。基本統一印度的孔雀王朝（約公元前320～前185年）的阿育王（公元前？～前232年）和貴霜王朝（約公元55～240年）的伽膩色迦（約公元140～162年）❾都大力宏揚佛教，並不斷向外傳教，佛教遂發展成世界三大宗教之一。傳入中國、日本、朝鮮、越南的，以大乘佛教爲主，稱爲北傳佛教，經典屬漢文系統；傳入西藏、蒙古的，爲北傳佛教中的藏傳佛教，俗稱喇嘛教，經典屬藏文系統；傳入斯里蘭卡、緬甸、泰國、柬埔寨、老撾的，以小乘爲主，稱爲南傳佛教，經典屬巴利文系統。但至十三世紀初，佛教在印度本土已趨於消失。

四世紀前後，婆羅門教吸收了佛教、耆那教等教義和民間信仰演化成印度教。基本教義與婆羅門教類同。在耆那教和佛教一度流行與興盛的多數省份中，這兩種宗教不得不最後讓位給正統派的印度教。笈多王朝（公元320～540年）是印度教文化繁榮燦爛的時代。印度教後來逐漸形成毗濕奴教，濕婆教和性力派三大

❾ 黃靖，〈貴霜帝國的年代體系〉，載《中亞學刊》，第2輯，中華書局，1987年。

派別。毗濕奴教崇信最高神毗濕奴及其各種化身，實行苦行、素食等禁欲主義生活，主要流行於印度北部和西海岸地區。甘地家族就是信奉毗濕奴教。

公元711年，阿拉伯人開始侵入信德（印度河下游地區），但在很長時期中只限於一隅之地。從十世紀末開始，北方的穆斯林諸王朝相繼入侵印度。1206～1526年印度大部分地區（以北方爲主）先後處於五個穆斯林王朝的統治之下。此後，來自中亞的信奉伊斯蘭教的突厥——蒙古人建立了莫臥爾王朝（公元1526～1858年），定都德里，逐步統一了全印度。北印度，特別是東孟加拉，許多佛教徒的後裔和賤民集體改宗伊斯蘭教[10]。到十九世紀，穆斯林在印度人口中已占四分之一。伊斯蘭文化與印度教文化有時發生劇烈的鬥爭，但是在許多世紀的密切接觸中，它們又相互影響，在風暴起伏的表面之下，潛流著一股互相協調和容忍的暖流。

1498年，瓦斯科・達・伽馬繞過好望角，到達古里港，開闢了一條從歐洲到印度的新航線。從此越來越多的歐洲人渡海來到印度。英國東印度公司在1600年取得王室特許狀，獲得東方海上的貿易壟斷權，在十七世紀變得相當強大，以孟買、馬德拉斯和加爾各答爲主要基地。十八世紀，莫臥爾王朝日益衰弱，英國人與法國人展開了爭霸印度的鬥爭。1757年，在普拉西戰役中，克萊夫指揮的英國軍隊打敗了親法國的孟加拉軍隊，爲英國人獨霸孟加拉，以至獨霸印度鋪平了道路。英國人將經濟發達地區置於

---

[10] Spear, *India: a modern history*（《印度：近代史》），Ann Arbor: The University of Michigan Press, 1972年，頁100。

直接統治之下，稱爲英屬印度。其他地區仍留在原有王公的管轄之下，稱爲土邦，英國只行使宗主權。在商業方面，英國商品可以免稅輸入印度，而印度商品則受關稅壁壘的阻擋，無法進入英國，從而使印度經濟衰弱，尤其是棉紡織業慘遭摧殘⓫，並引起了社會和政治的動盪不安。在印度民族大起義（公元1857～1859年）之後，英國人進行了一些改革，首先東印度公司不得不將對印度的統治權交出來，由一名英國閣員擔任印度事務大臣，擁有控制印度政府的最高權力，印度政府則由總督（兼副王）及其參事會領導。此後的改革允許印度人參加參事會和擔任文官，但是爲數很少。1919年設立了兩院制的立法機構，大多數議員經選舉產生。但是英國人的改革並不能滿足印度人民的要求。

隨着英國人在印度的統治的鞏固，以及英語教育的採用，西方的自由思想逐漸影響先進的印度人。但是他們並沒有全盤否定自己的傳統文化，而是用理性來改造印度教文化。先驅者拉姆莫漢・羅易（公元1772～1833年）宣揚一神論，反對多神信仰，反對種姓制度，在1828年建立了梵社。梵社主要地是和西方有關的思想的產物，代表印度對西方理性主義的反應。斯瓦米・達亞南達・薩拉斯瓦蒂（公元1824～1883年）1875年創立的雅利安社（聖社）也反對偶像崇拜、種姓隔離和童婚，但提倡回到《吠陀經》去，希望從印度歷史上得到啓示，從經典中引申出基本原理。斯瓦米・維韋卡南達（辯喜，公元1863～1902年）1897年創立的，

⓫ C. J. Hamilton, *Trade relations between England and India (1600～1896)*（《英印貿易關係（1600～1896年）》），Calcutta, 1919年，頁161～177。

以其導師的名字命名的羅摩克里希那傳道會標誌着古代（或東方的）和現代（或西方的）兩大勢力的合流。這個傳道會的兩個顯著特色是：信仰一切宗教的眞理和爲大衆進行無私的服務。這些思想對甘地有明顯的影響⓬。

對傳統文化的改革與民族覺醒齊頭並進。1885年在孟買召開了第一屆印度國民大會（國大黨）。國大黨每年聖誕節前後開一次大會，通過一系列決議，而政府卻漠然視之，國大黨這樣無所作爲，就使以提拉克（公元1856～1920年）爲首的極端派壯大起來了，這一派要求採取大膽行動。1905年東方國家日本戰勝了西方國家俄國激勵了這種新精神，而印度政府將孟加拉一分爲二的大失民心的措施更使這種精神達到極點。在激烈的鬥爭中，極端派與以戈卡爾（公元1866～1915年）爲首的溫和派的矛盾表面化，導致了1907年兩派的公開分裂。次年，提拉克被判刑六年，失去領袖的極端派暫時沉寂。贊成孟加拉分治的穆斯林則於1906年成立了穆斯林聯盟（穆盟）。但是，穆盟後來也以自治爲目標。而印度政府的政策既不能使穆盟滿意，也不能使國大黨溫和派滿意，結果導致了1916年國大黨溫和派與極端派的團結，以及國大黨與穆盟的合作。民族主義運動雖然取得了較大的團結，但國大黨仍然基本上是一個中產階級的政黨，只使用憲政的手段，在羣衆中影響不大。直到甘地開始領導國大黨，才採用新的鬥爭手段，將其發展爲一個羣衆性的大黨。

⓬ *Sources of Indian tradition*（《印度傳統的根源》），Wm. Theodore de Bary 等編，New York: Columbia University Press, 1958年，頁646～659。

第二節　家世與教育（1869～1892年）

甘地家族屬於巴尼亞種姓，原先可能是零售商⓭。他們在商業上很活躍，建立了從亞丁到桑給巴爾的貿易關係⓮。但是，從聖雄甘地的祖父算起，有三代人擔任過卡提阿瓦諸邦的首相。卡提阿瓦是印度西部的一個半島，劃分爲幾個土邦，如坡爾板達邦、拉甲柯梯邦等。聖雄甘地的祖父烏塔昌德·甘地擔任過坡爾板達邦的迪萬（財政部長）。他在第一個妻子死後重新結婚。他的第一個妻子生了四個兒子，第二個妻子生了兩個兒子。第五個兒子卡蘭昌德（加巴）·甘地25歲時就繼承父業，擔任坡爾板達邦的首相。他結過四次婚，每次續弦都是因爲前妻去世。他在第一與第二次婚姻中生了兩個女兒，他最後的妻子蒲麗比生了一女三子，聖雄甘地是最小的兒子。卡蘭昌德（加巴）·甘地熱愛自己的宗族，耿直、勇敢、慷慨、清廉自守，無論在家裏還是外面，都享有公正無私的盛譽。他對本邦的忠誠是人所共知的。他沒有搜刮民脂民膏的野心，只給後輩留下很少的財產。他只受過當地五年級的教育，對歷史與地理一無所知，但是他有豐富的實

⓭ Gandhi, *Autobiography*（甘地，《自傳》），第1部分，第1章，頁1。這是本節的主要史料，一般不再一一注明。印度有四大種姓（瓦爾那）：婆羅門、剎帝利、吠舍和首陀羅，又根據不同的職業分爲二千多個種姓（卡斯特），巴尼亞種姓（卡斯特）屬於吠舍種姓。

⓮ Romain Rolland, *Mahatma Gandhi*（羅曼·羅蘭，《聖雄甘地》），Publication Division, Govt. of India, New Dehli, 1969年，頁3。

際經驗，能解決最繁難的問題和管理數百人。他沒有受過多少宗教訓練，但是他常去寺院，聆聽說教，得到一些宗教薰陶。聖雄甘地的母親蒲麗比篤信印度教，對甘地個性的形成有極大的影響⑮。

莫漢達斯・卡蘭昌德・甘地於1869年10月2日生於坡爾板達城⑯。他就在這裏開始入學，智力與記憶力都很平常，學習乘法表時感到有些吃力。他七歲時，父親被任命爲拉甲柯梯邦的迪萬（財政部長），於是舉家遷往那裏。他被送進小學，在1879年，可能因爲生病，缺課110天，成績在班裏名列第四十七，次年僅缺課30天，在班裏排名第二十一。他在十一歲時升入中學，頭一年算術和古吉拉特語很好，地理與英語不行，在班裏排名甚後⑰。但他是一個極其誠實的學生，在考試時決不作弊，對師長或同學從不說謊。他很怕羞，常常躲開別人，書本和功課是他唯一的伴侶。他每日準時到校，放了學便趕快跑回家，因爲害怕與人談話，更怕有人取笑他。他忙於功課，無暇閱讀課外讀物。但是，有一天，他偶然讀到一個劇本，描寫希拉瓦拉盡孝的故事，另一次，看了一個戲，描寫赫齊昌德拉爲人忠實的故事，他是那樣爲劇中主角所感動，常自己吹奏希拉瓦拉劇中的輓歌，並一再

---

⑮ Dutta, *Social, moral and religious philosophy of Mahatma Gandhi*（《聖雄甘地的社會、道德和宗教哲學》），頁25～26。

⑯ Gandhi, *Autobiography*（甘地，《自傳》），頁5。Tendulkar, *Mahatma*（《聖雄》），第1卷，頁23。

⑰ Payne, *The life and death of Mahatma Gandhi*（《聖雄甘地的生平與逝世》），頁31～33，根據 J.M. Upadhyaya, *Mahatma Gandhi as a student*（《作爲學生的聖雄甘地》），Dehli, Government of India, 1965年。

感慨爲什麼世人不都像赫齊昌德拉一樣忠實。並以爲這應該是他效法的榜樣。他已經開始認眞地思索一些倫理問題，懷疑不准與賤民接觸的規定是與印度教不符的⓲。

甘地年方十三，父親就爲他舉行了婚禮。對方是甘地父親的一位商人朋友的女兒，卡斯托小姐。她與甘地同年，從未進過學校。

結婚耽誤了甘地的學習，1882年他缺課 148 天，未參加中學三年級的期末考試 。因爲他是個勤奮的學生， 仍得以升入四年級。 在四年級他學習特別努力， 名列全班第四名， 英文大有進步，考試得74分， 數學更好， 得80分⓳。甘地不喜歡運動， 除非強迫，他從不參加球賽，不過他卻養成了在野外長途散步的習慣，使自己的體格相當健壯。四年級時，甘地聽信一個穆斯林朋友的話， 認爲如果大家都吃肉， 就可以強悍起來， 把英國人趕走， 一度背着堅持素食的父母， 嘗試食肉。 他的二哥也嘗試吃肉，花費不小，欠下了債，遂和那個穆斯林朋友一起慫恿甘地從他二哥的金手鐲上取下一小片金子，用來還債。事後甘地向父親作了懺悔，父親原諒了他，他在數十年後深切地體會到這種原諒就是眞正的「阿希姆薩」(ahimsa)——不僅是不殺生，不害，非暴力，而且是寬恕和慈愛。

1885年，甘地在全班名列第三，梵文、英文、數學俱佳，歷

⓲ Tendulkar, *Mahatma*（鄧多卡兒，《聖雄》），第 1 卷，頁 27。

⓳ Payne, *The life and death of Mahatma Gandhi*（《聖雄甘地的生平與逝世》），頁37。

史和地理較弱，得到了一筆小小的獎學金⑳。不幸的是，這一年的11月他父親病逝了。甘地一輩子經歷過許多苦難，一次又一次的絕食、挨打、被捕，但是沒有任何事情像父親的死這樣震撼他。他終生對父親的去世抱着不能解脫的悲痛。其後不久，甘地夫人生了頭胎的嬰兒，但三天就夭折了。

次年甘地的數學成績尚可，梵文、英文有一定困難，而天文學最差，但仍名列第四，得了一筆不大的獎學金。他參加中學畢業會考的成績不佳，在合格者中名列第404㉑，不過仍得以升入巴壺拉伽地方的薩瑪達斯學院就讀。他入學後即覺得困難，在第一學期末便休學回家。

一位甘地家族的顧問勸甘地前往英國留學，做一個律師，才有可能繼承父業。甘地求之不得。但是甘地的母親擔心青年人在英國會墮落，直到他向一位耆那教僧侶起誓離家後決不接觸醇酒、女色和肉食後，才獲得母親的批准。留學英國需要一筆巨款，費盡周折，仍無着落，全靠甘地的大哥答應拿出家產中自己的一份收益作爲主要款項，甘地才得以成行㉒。甘地的中學裏的師友爲他舉行歡送會，在會上甘地說：「我希望你們當中有些人會像我一樣出洋留學，在你們從英國回來之後，將全心全意地在印度進行巨大的改革。」㉓他離別了母親、妻子和才幾個月的嬰兒，從拉甲柯梯前往孟買。行前孟買的巴尼亞種姓召集大會，告

⑳ 同上，頁41。

㉑ 同上，頁44。

㉒ 同上，頁50～51。

㉓ Gandhi, *The collected works of Mahatma Gandhi*（甘地，《甘地全集》，以下簡寫作 *CW*），第1卷，頁2。

訴甘地，種姓的公意不贊成他赴英，甘地拒不從命，於是被逐出種姓。

1888年9月4日，年方十九歲的甘地從孟買起航，於10月28日抵達倫敦㉔。由一位世交介紹，寄宿在一個英國—印度混血種的家庭裏。11月6日，他獲准可以爲律師考試作準備，這種準備並不難，只有兩個條件：(1) 他必須註册十二個學期（三年），也就是每學期中至少要參加六次會餐，每次三先令。(2) 通過兩門課程考試：羅馬法和普通法。課程考試並不難，但甘地花錢買了不少參考書，認眞閱讀㉕。

初到倫敦，甘地堅守不吃肉食的誓言，在房東家常常無法吃飽。後來總算找到一家素食店，才解決了這個問題。他在那兒買了一本薩體寫的《勸素食》㉖，閱讀之後，素食的決心更爲堅決了。後來加入了倫敦素食協會，不久卽成爲執行委員，前後寫過九篇文章，介紹印度教徒的生活習慣與食譜，在《素食》雜誌上

㉔ Payne, *The life and death of Mahatma Gandhi*（《聖雄甘地的生平與逝世》），頁57。據 Gandhi, *Autobiography*（甘地，《自傳》），第1部分，第13章，頁50，以及 Trendulkar, *Mahatma*（《聖雄》），第1卷，頁29，甘地於9月底抵達倫敦。

㉕ 他研讀的法律書籍包括：拉丁文的羅馬法，Broom's *Common law*（布朗姆的《英國普通法》），Snell's *Equity*（斯乃爾的《衡平法》），*Leading cases* by White and Tudor（拉脫和托多的《判例滙編》），*Real property* by Williams and Edward（威廉和艾德華的《不動產論》），*Personal property* by Goodeve（戈帝維的《動產論》），Mayne's *Hindu law*（多美里的《印度法》）等。——Trendulkar, *Mahatma*（鄧多卡兒，《聖雄》），第1卷，頁32。

㉖ Salt, *A Plea for Vegetarianism*.

發表。甘地在倫敦的三年中相當孤獨，但是以素食協會爲中心的活動爲他提供了機會，得以與不少從事其他社會活動的人士接觸，其中有社會主義者、無政府主義者、無神論者、神學社社員及節制生育者等。

甘地曾一度像其他一些印度留學生一樣，學做一個英國式的紳士，頭戴高頂禮帽，身穿絲綢襯衫，戴筆挺的硬領，繫一條彩虹般的領帶，外穿大禮服，配一條深色條紋褲，腳蹬黑漆皮鞋，手握皮手套和鑲銀的手杖㉗。他試圖練習小提琴，培養自己的耳朵欣賞西洋音樂，但得到的只是失望㉘。他學跳舞、法文和演講術也一事無成。但只過了三個月，他就改弦易轍，搬到一家離學校較近的公寓去住，安步當車，省了車費，還省了不少別的費用，從而使開銷減半。不久又搬出公寓，租了一間有爐灶的房間，自己做早飯和晚飯，開銷就更省了。而且生活簡單，可以騰出更多的時間來學習。

應律師考試無須花太多時間，甘地很想利用空餘時間考取文科學位。想拿牛津或劍橋的學位，就得更長時間地待在英國，花更多的錢，甘地不想這麼幹。因此他決定參加倫敦大學的會考㉙。頭一次考試，法文、英文和化學都通過了，但拉丁文不及格。半年後他又第二次參加考試，結果在1890年6月考試及格。

㉗ Dr. Sachchidananda Sinha 的回憶。轉引自 Fischer, *The life of Mahatma Gandhi*（《聖雄甘地的生平》），頁24。

㉘ Pyarelal, *Mahatma Gandhi: the early phase*（《聖雄甘地：早期階段》），頁 234。

㉙ London Matriculation.——Trendulkar, *Mahatma*（鄧多卡兒，《聖雄》），第1卷，頁31。

就在他準備倫敦會考期間，1889年年底，結識了兩位神學社的朋友。他們邀請甘地與他們一起研讀梵文的《薄伽梵歌》和安諾德爵士的英譯本《聖歌》㉚。他們又推薦甘地讀了安諾德爵士用詩體寫的釋迦牟尼傳記《亞洲之光》㉛。同時，一位與甘地同室的博士希望他讀讀《聖經》。甘地讀了之後，只喜歡新約，特別喜歡耶穌的〈登山寶訓〉㉜。他甚至試圖把《薄伽梵歌》、《亞洲之光》和〈登山寶訓〉所講的道理連貫起來。另一位朋友推薦他讀卡萊爾（公元 1795～1881 年）的《英雄與英雄崇拜》㉝。在讀了〈作爲先知的英雄〉這一章之後，他認識了伊斯蘭教先知穆罕默德的偉大、勇敢和刻苦。甘地開始把宗教問題作爲思考的新課題，而對無神論抱有反感。

1890年，國大黨第二屆大會的主席達達培・奈若氏在倫敦創辦《印度》雜誌，討論印度時事，對二百餘名印度留英學生很有影響。他常在印度協會的會議上演講。甘地每會必到，在一次會議上把一封國內帶來的介紹信遞給達達培，達達培告訴甘地任何時候遇到困難都可以去找他。這是甘地首次與國大黨的領導人接

㉚ *Bhagavad-gita*（《薄伽梵歌》）有多種英譯本，Sir Edwin Arnold（安諾德爵士）的譯本名爲 *The song celestial*（《聖歌》）。參閱 Fischer, *The life of Mahatma Gandhi*（《聖雄甘地的生平》），第 4 章，〈甘地與「薄伽梵歌」〉，頁29～37。

㉛ Sir E. Arnold（安諾德爵士），*Light of Asia, or the great renunciation*（《亞洲之光，偉大的克己精神》），1895年。

㉜ *Bible*（《聖經》），Matthew（〈馬太福音〉），第 5～7 章，頁 683～686。

㉝ Carlyle（卡萊爾），*Heroes and hero-worship*（《英雄與英雄崇拜》）。有鄭虛白的中譯本。

觸。

甘地在英國的留學生活行將結束，1891年6月5日，他在一家大飯店裏舉行素席宴會，與素食協會的老友敍別，《素食》雜誌在下一期刊載了關於這次宴會的報導㉞。6月10日，甘地通過律師考試，次日取得英國高等法院的律師註册證，旋即動身回國。

7月，甘地返抵孟買，大哥前來接他，沉痛地告訴他，母親蒲麗比在幾星期前去世了。甘地欲哭無淚，悲慟至深。

在孟買，甘地借居在一位世交家裏，認識了他的一個親戚——拉吉昌德拉。此人是經營珠寶業的年輕詩人，博聞強記，多才多藝，篤信宗教，精通印度哲學，是一個眞正追求眞理的人，後來不幸在三十三歲時去世。甘地與他建立了深厚的友誼，常常一起討論宗教問題。甘地曾說：「有三個現代人物是我終生銘記在心，爲之傾倒的：通過直接交往認識了拉吉昌德拉，通過《天國在你們心中》認識了托爾斯泰，通過《奮鬥到最後》認識了羅斯金。」㉟

大哥作了種種努力，甘地自己也採取逆來順受的態度，終於使巴尼亞種姓逐步重新接納了他。甘地回到拉甲柯梯，努力使家庭生活全盤歐化，結果使開銷大增。他覺得在當地從事律師業務不妥，遂前往孟買開業，但頭一個案件就辦砸了。他曾申請作一

㉞ *CW*（《甘地全集》），第1卷，頁53。

㉟ **Tolstoy**（托爾斯泰），*The kingdom of God is within you*（《天國在你們心中》）；**Ruskin**（羅斯金），*Unto this last*（《奮鬥到最後》）。——**Gandhi**，*Autobiography*（甘地，《自傳》），第2部分，第1章，頁102。

個中學教員，但因非研究生，未被錄用。在孟買待了半年，入不敷出，只得返回老家。閒居在拉甲柯梯，替人寫寫狀子，兼作書記，甘地就以此爲生。當地政治腐敗，賄賂公行，到處是陰謀詭計，一片烏煙瘴氣。特別是有一次甘地爲了替大哥向英國行政專員說項，竟然當場被逐，這使他覺得再也沒法在這裏待下去了。

正巧，這時南非印度僑民開的阿卜杜拉公司要聘請一位法律顧問，協助處理一件重要的案件，年薪105鎊，另外供給來回旅費，合同至少一年，希望甘地能應聘，甘地沒有異議地接受了。1893年4月，甘地乘船前往南非，從此開始在他的生活中揭開了新的一頁。

第三節　在南非的苦鬥（1893～1914年）

荷蘭東印度公司於1652年在非洲南端建立了第一個歐洲人的殖民地，並逐步擴大。1814年英國正式併吞了這個開普殖民地。不甘心受英國人統治的波爾人（荷蘭農民）向北、向東遷徙，建立了三個獨立的殖民地：奧蘭治自由邦、特蘭斯瓦爾和那塔爾。那塔爾不久就被英國人併吞了（1843年）。那塔爾東臨印度洋，以彼得馬利堡爲首府，最大的港口是德爾班。特蘭斯瓦爾在那塔爾北面，以甫列托里亞爲首府，最大的城市是約翰尼斯堡。當時在南非的印度僑民已達15萬人之多，有以商人爲主的老菁英，有父母是契約勞工的新菁英，而大多數則是契約勞工，他們都受到嚴重的種族歧視。

1893年5月底，甘地乘船來到南非的德爾班擔任阿卜杜拉公司的法律顧問。一星期以後，他前往甫列托里亞去處理重要案件。在火車上他遭到了有生以來最嚴重的種族歧視。公司爲他訂了頭等車廂的票，車抵彼得馬利堡，一個乘客看到甘地是有色人種，就讓查票員把甘地趕到三等車廂去，甘地堅決拒絕，結果被乘警粗魯地抓住手推出車廂，行李也被扔了出來。火車開走了，甘地渾身發抖地在寒冷的候車室裏待了一夜。這次遭遇對甘地影響極大，他決心要不畏艱險地將種族歧視的痼疾連根鏟除[36]。甘地在甫列托里亞的工作並不繁重，業餘時間參加基督教會的活動，研讀了《古蘭經》等80餘部宗教書籍，其中托爾斯泰的《天國在你們心中》在他心中留下了不可磨滅的印象[37]。甘地在各種宗教之間徘徊，曾寫長信向拉吉昌德拉請教，這位以珠寶商爲業的年輕詩人建議甘地更深入地研究印度教[38]。甘地在南非工作了一年，合同期滿，準備回國。但恰逢那塔爾政府提出法案，要剝奪少數富裕印僑享有的選舉權，他們挽留甘地暫時留在南非代表他們爭取自己的合法權利，他答應了。他爲他們起草了抗議書送呈南非的立法機構，並且組織那塔爾印度人國民大會，維護老菁

---

[36] Gandhi, *Autobiography*（甘地，《自傳》），第2部分，第8章，頁128～129。

[37] Sale's translation of *Koran*（沙爾譯的《古蘭經》），Tolstoy, *The kingdom of God is within you*（托爾斯泰，《天國在你們心中》）——同上，頁156～157。M. Chatterjee, *Gandhi's religious thought*（《甘地的宗教思想》），London, 1983年，頁96～99，指出了不遵奉英國國教的基督新教徒們對甘地宗教思想的影響。

[38] 甘地給拉吉昌德拉的長信見 *CW*（《甘地全集》），第1卷，頁90～91。拉吉昌德拉的回信的部分內容見 Pyarelal, *Mahatma Gandhi: the early phase*（《聖雄甘地：早期階段》），頁329。

英們的利益㊴。與此同時，甘地在南非那塔爾最高法院註册爲律師，從事律師業務以維持自己的生活。

1896年6月5日，甘地回印度接取家屬，同時爭取國內對南非印僑的支持。在孟買他作了在印度的第一次重要的公開演講，因爲過於緊張，未能讀完，由他人代讀，但講稿寫得十分動人，會議主席費羅玆沙·梅塔（公元1845～1915年）爵士甚爲欣賞，聽衆也非常感動㊵。甘地在浦那拜會了國大黨極端派領袖提拉克，並受到溫和派領袖戈卡爾的熱情歡迎。他覺得費羅玆沙·梅塔爵士好比喜馬拉雅山，高不可攀，提拉克猶如汪洋大海，令人卻步，唯有戈卡爾恰比恒河，和藹可親㊶。戈卡爾是對甘地影響最大的印度人。甘地在印度期間寫了一本有關南非的小册子，像往常一樣溫和，但路透社的簡略新聞說它報導了那塔爾的印度人被搶劫屠殺，當做畜生，無處伸張正義的情况㊷，這在德爾班的

㊴ Fischer, *Life of Mahatma Gandhi*（《聖雄甘地的生平》），第1部分，第6章，頁45，說印僑自稱爲文盲的粗人，央求甘地留下來幫助他們。但 **M. J. Swan** 在其博士論文中認爲以商人爲主的老菁英並不是要甘地來領導他們，而是要他代表他們從事他們已經開始的政治活動。(*Gandhi: The South African experience*（《甘地：南非的經歷》），Johannesburg, 1985年）當時在那塔爾有選擧權的印僑不過250人，那塔爾國大黨會費高達3鎊，初期會員只有300人，所用的語言是商人們用的古吉拉特語。

㊵ Gandhi, *Autobiography*（甘地，《自傳》），第2部分，第27章，頁200～201。

㊶ Payne, *The life and death of Mahatma Gandhi*（《聖雄甘地的生平和逝世》），頁110；Tendulkar, *Mahatma*（《聖雄甘地》），第1卷，頁159。

㊷ *CW*（《甘地全集》），第2卷，頁187～188。

白人中引起了軒然大波，而白人工人則反對印度契約勞工搶走他們的飯碗㊸，結果甘地抵達德爾班，一下船就遭到白人暴徒的圍攻毆打，幾乎死去。但他拒絕控告任何白人。

1899年奧蘭治自由邦和特蘭斯瓦爾這兩個波爾人的小共和國與英國人開戰，史稱波爾戰爭，打了三年，英國人才把波爾人打敗，併吞了這兩個小共和國。在波爾戰爭期間甘地曾爲英國人組織救護隊，贏得了許多英國人的好感。

1901年10月，甘地帶着家眷離開南非，答應南非的印度僑民，如果他們再次需要他的幫助，他會返回南非。他剛回到印度，就趕到加爾各答，列席國大黨第十七屆全國代表大會，爭取通過了關於南非的決議案，但不會帶來什麼實際效果。他在緬甸、印度各地旅行了一段時間之後，在拉甲柯梯住了下來，後來遷居孟買，在兩地從事律師業務，但都不很順利。此時甘地三十出頭，在印度仍然默默無聞，似乎將把做一個孟買的律師作爲自己的事業。但是，突然從那塔爾打來一封電報，要求他實踐諾言㊹，於是他隻身返回南非，踏上了新的征途。

1903年初甘地代表南非印僑與來訪的英國殖民地大臣交涉，成效不大，但他決心留下來，爲打破種族歧視奮鬥到底，於是在特蘭斯瓦爾高等法院登記爲開業律師，隨即在約翰尼斯堡設立了律師事務所，並創立特蘭斯瓦爾英印協會，擴大了政治活動的範

㊸ F. Ginwala, Indian South Africans（〈印裔南非人〉），載 *Minority rights group report*, No. 34（《少數民族權利小組報告》第34號），London, 1977年。

㊹ *CW*（《甘地全集》），第3卷，頁263。在自傳裏（Gandhi, *Autobiography*, 第3部分，第23章，頁288），甘地誤記電報的內容爲「張伯倫將抵此，請速返」。

圍。1903年6月4日，甘地創辦了《印度民意》周刊，這份雜誌在喚醒南非印僑方面發揮了很大作用㊺。次年，爲了解決周刊的財政問題，甘地從約翰尼斯堡前往德爾班，在旅途中讀了羅斯金的《奮鬥到最後》，這本書標誌着甘地生活中的轉折點㊻。在此書的影響下，甘地在德爾班附近建立了芳尼克斯（鳳凰）耕讀新村，與一些理想主義者一起倡導自食其力的生活，並把《印度民意》周刊遷入新村㊼。1905年初，甘地將家屬接到約翰尼斯堡，次年，南非組魯族「叛亂」，甘地把家屬遷入新村，自己爲英國人組織印度救護隊，在此期間他發誓終生禁欲，把自己的整個心靈獻給爲人類服務的事業㊽。他已經在精神上爲即將來到的苦鬥做好了準備。

1906～1914年是甘地在南非發動大規模羣衆鬥爭的年代:

第一場鬥爭從1906年到1908年1月：1906年8月22日，特蘭斯瓦爾政府公布了「印僑註册法」(「黑法」)，9月11日，甘地等在約翰尼斯堡帝國戲院召集印僑大會，甘地在會上說明了抵抗「黑法」可能會帶來的苦難，表示了自己寧死不屈的決心，在他

㊺ *Indian Opinion*, June 4, 1903（《印度民意》周刊，1903年6月4日）。這份周刊開始時主要爲老菁英服務，後來發展成全體印僑的喉舌。

㊻ 甘地1946年10月對紐約《郵報》(*Post*)的安德烈・佛里門(Andrew Freeman）的講話，轉引自 Fischer, *The life of Mahatma Gandhi*（《聖雄甘地的生平》），第1部分，第9章，頁69。

㊼ Gandhi, *Autobiography*（甘地，《自傳》），第4部分，第19～21章，頁347～355。

㊽ 同上，第4部分，第25章，頁366。參閱 Arvind Sharma, Gandhi and Celibacy（〈甘地與禁欲〉），載 *Gandhi's significance for today*（《甘地對當代的意義》），頁51～60。

的號召下，三千多到會印僑全體起立，發誓寧肯入獄，也要抵制「黑法」。從此甘地從一個菁英政治家轉變成了羣衆運動的領袖㊾。這場鬥爭當時稱之爲「消極抵抗」，後來正式命名爲「撒塔格拉哈」(堅持眞理) ㊿。10月 3 日甘地前往英國，向政府請願，使該法暫緩實施。但不久特蘭斯瓦爾和奧蘭治獲准自治，自行通過了該法。甘地組織消極抵抗協會，繼續領導印僑予以抵制，結果被捕受審。1908年 1 月10日，甘地被判在約翰尼斯堡監獄中服 2 個月徒刑，這是他首次入獄㊿¹。1 月30日，甘地被帶往甫列托里亞與波爾人將軍斯末資（公元1870～1950年）會談，雙方同意印僑將不受強制，自願註册，政府將撤銷該法。甘地當場獲釋，因身邊無錢，向斯末資將軍的秘書借了買車票的錢，乘車返回約翰尼斯堡。不久，甘地遭到反對妥協的帕坦人米爾阿蘭的毆打，幾乎被殺，幸得多克牧師援救，才保全生命㊿²。

㊾ Gandhi, *Satyagraha in South Africa*（甘地，《南非的堅持眞理運動》），Ahmedabad, Navajivan Publishing House, 1928年，頁101～114。M. J. Swan, *Gandhi: the South African experience*（《甘地：南非的經歷》），頁 144。

㊿ Gandhi, *Autobiography*（甘地，《自傳》），第 4 部分，第26章，頁 369 。

[51] 關於甘地的獄中生活，見 Shukla, *Incidents of Gandhiji's life*（《甘地氏生活中的一些事件》），Bombay, Bharatiya Vidya Bhavan, 1954年，頁242～243，以及 *CW*（《甘地全集》），第 8 卷，頁 119 以下，和頁 139 以下。

[52] 斯末資是波爾人將軍，後來成爲英國主宰下的南非聯邦（1910年成立）的財政和國防大臣。Gandhi, *Satyagraha in South Africa*（甘地，《南非的堅持眞理運動》），頁156～162。以多克爲代表的約翰尼斯堡的新教牧師們對甘地的宗教和社會改革思想有一定影響。參閱 D. W. Bebbington, *The nonconformist conscience: chapel and politics, 1870～1914*（《不遵奉英國國教的基督新教徒的良心：獨立禮拜堂與政治，1878～1914年》），London, 1982年。

第二場鬥爭從1908年8月到1911年：1908年8月，因斯末資將軍背信棄義，拒絕撤銷「黑法」，甘地發動第二次堅持眞理運動。8月16日，他在約翰尼斯堡羣衆大會上演講，鼓勵羣衆焚燒註册證[53]，在全場熱烈的歡呼聲中二千餘張註册證付之一炬，烈焰騰空，這是甘地政治事業中點起的第一堆烽火，一家英國雜誌將此與波士頓人將英國茶箱投入大海的事件相提並論[54]。此後，甘地因抵制註册法，多次被捕。1909年6月23日甘地再次前往英國請願，毫無效果。但他精神上得到了一個重大收穫，即與托爾斯泰建立了通信關係[55]。他於11月23日乘船離開英國，在途中寫了《印度自治》，概括了他的主要思想[56]。回南非以後，甘地接受了德國建築師卡倫巴赫捐贈的約翰尼斯堡附近的農場，建成托爾斯泰耕讀新村，並自願停止律師業務，過淸貧的生活。1911年，甘地與南非聯邦財政與國防大臣斯末資將軍達成臨時協議後，退隱於托爾斯泰耕讀新村。次年，國大黨溫和派領袖戈卡爾抵達開普敦，甘地陪伴他在南非作了5個星期的視察。戈卡爾與斯末資將軍會談後告訴甘地問題都談妥了，但實際上更大的鬥爭還在後面。

第三場鬥爭從1913年到1914年：1913年3月14日，開普敦最高法院裁定印度人根據伊斯蘭教儀式舉行的婚禮一律無效，甘地爲了反對這個判決以及具有種族歧視性質的三鎊人頭稅和新移民

---

[53] *CW*（《甘地全集》），第8卷，頁458。

[54] Tendulkar, *Mahatma*（《聖雄》），第1卷，頁96。

[55] *CW*（《甘地全集》），第9卷，頁446。

[56] Gandhi, *Hind swaraj or Indian home rule*（甘地，《印度自治》）。

法，發動第三次堅持眞理運動。甘地夫人卡斯托等四名婦女和十二名男子從那塔爾的芳尼克斯耕讀新村出發，故意非法進入特蘭斯瓦爾，讓政府逮捕。11月，特蘭斯瓦爾的托爾斯泰耕讀新村的婦女前往那塔爾的新堡，發動數千礦工罷工，甘地領導罷工工人長途步行，故意非法進入特蘭斯瓦爾，讓政府逮捕[57]。這場鬥爭的規模遠遠超過前兩次，已經從新老菁英擴大到契約勞工，爲甘地今後從事國內鬥爭積累了必要的經驗[58]。甘地自己三度被捕，被判 9 個月苦刑，12 月 18 日獲釋。國大黨溫和派領袖戈卡爾的代表安德魯斯（公元1871～1940年）和皮爾遜前來南非斡旋[59]，促使甘地與斯末資將軍達成臨時協定，堅持眞理運動終於獲得了勝利，「改善印度人待遇法」得以通過。多年以後，斯末資將軍回憶這場鬥爭時寫道：「作一個我最尊敬的人的對手是我的榮幸。」[60]

1914年 7 月18日，甘地偕夫人與卡倫巴赫前往英國，此時正

[57] Gandhi, *Satyagraha in South Africa*（甘地，《南非的堅持眞理運動》），頁274～321。

[58] M.J. Swan, *Gandhi: the South African experience*（《甘地：南非的經歷》），頁270～271。

[59] Chaturvedi and Sykes, *Charles Freer Andrews*（《安德魯斯》），London, George Allen & Unwin, 1950年，頁95～96。

[60] Rhadekrishna 編, *Mahatma Gandhi: essays and reflections*（《聖雄甘地：論文與評論》），Bombay, Jaico Publishing House, 1956 年，頁 216～217。在承認甘地的巨大成就的同時，必須看到，直到今天南非的種族問題仍然十分嚴重，當時甘地可能爲印僑爭取到的實際利益是相當有限的，他的主要目標仍限於使印僑享有基本上與白人平等的權利，尙無條件聯合黑人爭取一切種族的平等權利。

值第一次世界大戰之際，甘地在英國組織印度志願隊，支持英國作戰。因患肋膜炎，遂於12月19日離開英國，返回印度。

第四節　在印度的年代（1915～1948年）

1915年1月9日，甘地乘船抵達孟買。當地領袖們得到當局批准，將皇室、副王與印度偉人專用的亞潑羅碼頭作為甘地上岸的地點。碼頭上有幾百人歡迎他。甘地上岸時，穿着卡提阿瓦人常穿的用本國布匹製作的印度服裝。在接見記者時，他表示，正如戈卡爾所指出的，他離開印度已久，對印度的重大問題不能作結論。將花一段時間作一個觀察者和學生[61]。甘地旋即趕到浦那去拜會戈卡爾。戈卡爾慨然允諾資助甘地建立新的耕讀新村[62]。不久戈卡爾去世了。甘地一方面調查研究印度各地的情況，一方面按照既定計劃，參照印度教寺舍的傳統[63]，在自己的本省——古吉拉特邦的艾哈邁達巴德市附近的柯溪拉甫建立了眞理耕讀新村，培養爲祖國服務的理想人才。兩年以後新村遷至艾哈邁達巴德城北4英里的沙巴瑪迭河畔，直到1933年7月新村解散，這裏一直是甘地活動的中心。

甘地抱定宗旨要直接爲自己的同胞服務，解除他們的苦難，伸張正義。1917年到1918年，他領導了三次地方性的堅持眞理運動：

---

[61] Tenkulkar, *Mahatma*（鄧多卡兒，《聖雄》），第1卷，頁157。

[62] Gandhi, *Autobiography*（甘地，《自傳》），第5部分，第2章，頁437～439。

[63] 耕讀新村的計劃見*CW*（《甘地全集》），第13卷，頁91～98。

第一次地方性的堅持眞理運動是1917年占巴朗農民反對地主的鬥爭：1916年是值得紀念的一年，這一年，國大黨溫和派和極端派恢復合作，國大黨與穆盟同時在勒克瑙開大會，締結了「勒克瑙公約」，實現了空前的團結。甘地作爲一個普通代表出席了大會。在會上比哈爾農民代表蕭克拉向甘地陳述了與尼泊爾接壤的比哈爾省占巴朗區的靛青種植園的佃農的苦難。會後，甘地在蕭克拉的一再邀請下，隨他前往比哈爾進行調查。1917年4月15日甘地乘火車前往占巴朗區的摩鐵哈利市，沿途各站受到成百佃農的歡迎。次日，他騎着象去各村調查，警察要求他離境，他斷然拒絕了64。4月18日甘地在摩鐵哈利市出庭受審，但緩審數日後，案件被撤銷了65。他經過半年多的調查，終於促使政府通過了「占巴朗農業改革法案」，改善了農民的處境。

第二次地方性的堅持眞理運動是1918年2～3月艾哈邁達巴德市工人反對工廠主的鬥爭：1918年2月22日，甘地領導艾哈邁達巴德的紡織工人爲增加百分之三十五的工資而罷工，3月15日爲了激勵工人信守誓言，堅持到底，甘地開始絕食，雙方終於同

---

64 *CW*（《甘地全集》），第13卷，頁570，疊荷底區（Tirhut division）專員1917年4月13日給占巴朗區長的信見 B. B. Misra 編，*Selected documents on Mahatma Gandhi's movement in Champaran, 1917～18*（《1917～18年聖雄甘地在占巴朗的運動的文件選編》），Patna, 1963年，頁61～62。

65 甘地1917年4月18日給瑪迦納・甘地的信見 *CW*（《甘地全集》），第13卷，頁376；比哈爾和奧里薩省督給疊荷底區專員的1917年4月19日的電報，4月20日的信見 B. B. Misra 編，*Selected documents on Mahatma Gandhi's movement in Champaran, 1917～18*（《1917～18年聖雄甘地在占巴朗的運動的文件選編》），頁73～78。

意將問題交由仲裁委員會解決，從而改善了工人的待遇[66]。

第三次地方性的堅持眞理運動是1918年3～6月古吉拉特邦基達區農民反對稅吏的鬥爭：甘地領導歉收的農民從3月22日開始抗交田賦，堅持到6月6日，使窮人得以免交當年的田賦[67]。

這三次鬥爭的規模是地方性的，但是就其意義來說是具有決定性的。在此之前，國大黨的政治活動主要限於孟買、加爾各答、馬德拉斯三大管區的受過英語教育的中產階級當中，以憲政範圍內的鬥爭爲主要活動方式，甘地突破了這種成規，直接面向廣大的農民與工人，把政治活動擴大到以前政治上比較落後的古吉拉特和比哈爾等省份，把宗教信仰與政治鬥爭結合起來，採用堅持眞理運動這種全新的鬥爭方式，從而爲全國規模的堅持眞理運動奠定了基礎[68]。

甘地鬥爭的目的從來不是個人的政治權力，甚至把英國人趕出印度也只是一個初步的、形式上的目標。他的理想是通過改造社會來追求眞理，通過鬥爭使全體印度人變得比較完美，發

---

[66] Erikson, *Gandhi's truth: on the origins of militant non-violence*（《甘地的眞理：堅持眞理運動的起源》），New York, Norton, 1969年，頁322～363。

[67] 抗交田賦的誓言登在1918年6月12日的 *Young India*（《少年印度》）上，見 *CW*（《甘地全集》），第14卷，頁279。關於政府方面的反應，可參閱 *Land revenue administration report, part II, of the Bombay presidency, including Sind, ——For The Year, 1917～1918*（《田賦部報告，第2部分，孟買管區，包括信德，1917～1918年度》），第2頁上基達稅吏的報告。

[68] 參閱 J. M. Brown, *Gandhi's rise to power: Indian politics 1915～1922*（《甘地的崛起：1915～1922年的印度政治》），Cambridge University Press, 1974年，頁352～360。

揚光大印度的燦爛文化，建設一個兼有東西方文化之長的大同社會。爲了達到這個宏偉的理想，他覺得自己限於地方性鬥爭是不夠的。爲此他領導了五次全印度規模的堅持眞理運動。而客觀上，他將國大黨從一個中產階級的黨改造成了羣衆性的黨，領導印度人民以和平的方式爭得了獨立，建成了世界上人口最多的民主國家。

第一次全印度堅持眞理運動是 1919 年春反對「羅拉特法」的鬥爭。1918年 7 月，羅拉特報告公布[69]。在這個報告的基礎上制定的法令（羅拉特法）企圖使政府擁有鎭壓不同政見的巨大權力。1919年 2 月24日甘地起草並與一些支持者一起簽署了抵抗誓言[70]。抗議活動在全國越來越多，但是立法會議還是悍然通過了這些法令。甘地突然想到可以發動一次全國性的哈達爾——絕食和祈禱，實際上就是總罷工罷市一天[71]。3 月30日，德里提前發動，4 月 6 日孟買等地全面發動。政府害怕甘地在旁遮普和德里進一步發動羣衆，下令限定他不得離開孟買管區，遂在德里附近將他逮捕，押回孟買後釋放。當甘地了解到各地的羣衆中已出現暴力行爲時，他突然感覺到，在羣衆還沒有充分理解堅持眞理運動的眞意之前就發動運動，是犯了喜馬拉雅山一樣大的錯誤，於

---

[69] *Report of committee appointed to investigate revolutionary conspiracies in India*（《調查印度革命陰謀委員會報告》），London, 1918年。Cd. 9190。

[70] 刊於 *New India*（《新印度》），1919 年 3 月 3 日，收入 *CW*（《甘地全集》），第15卷，頁 101～102。

[71] Gandhi, *Autobiography*（甘地，《自傳》），第 5 部分，第 30 章，頁 534。

4月18日要求暫時停止堅持眞理運動。與此同時，旁遮普邦阿姆利則市羣衆抗議政府逮捕兩位國大黨領袖，出現了更嚴重的暴力行爲，政府馬上進行殘酷的報復，4月13日，阿姆利則萬餘羣衆在賈利安瓦拉·巴格廣場和平集會，戴爾將軍（公元1864～1927年）指揮軍隊開槍1,650發，受傷者1,137人，被殺害者至少379人[72]。這次大屠殺使英國人徹底喪失了在印度統治的合法性。旁遮普政府在其他各地還進行了一系列嚴酷的報復。甘地爲了教育人民眞正理解堅持眞理運動的眞意，接辦了英文周刊《少年印度》[73]和古吉拉特文周刊《拉瓦吉瓦》，爲下一次全國規堅模的持眞理運動作思想準備。

第二次全印度堅持眞理運動是1920年8月1日到1922年2月4日的不合作運動：第一次世界大戰中，英國參與了擊敗和瓜分土耳其帝國，土耳其蘇丹身兼伊斯蘭教的領袖——哈里發，印度的穆斯林認爲英國有意剝奪哈里發的權力，發起了反英的哈里發運動。甘地全心全意地支持哈里發運動。1920年6月9日，甘地

---

[72] *Report of committee appointed by the government of India to investigate disturbances in the Punjab, etc.*（《印度政府任命的調查旁遮普等地動亂的委員會的報告》，通稱 *Hunter report*〔《亨特報告》〕），London，1920年，Cd. 681，第30頁接受旁遮普政府的估計數字。國大黨的調查認爲至少1,000人被殺，見 *Congress report on the Punjab disorders*（《國大黨關於旁遮普事件的報告》），*CW*（《甘地全集》），第17卷，頁174。

[73] *Young India*（《少年印度》周刊），第1卷第1號（1915年11月17日）至第4卷第5號（1918年12月25日）在孟買出版，甘地接辦後，新第1卷第1號（1919年5月7日）至第14卷第2號（1932年1月14日）在艾哈邁達巴德出版。

提出的不合作運動方案被阿拉哈巴德召開的穆斯林會議所接受，甘地將全國對旁遮普慘案的公憤與哈里發運動結合起來，形成了羣衆運動的空前高潮[74]。8月1日，甘地帶頭退回了英國所發的勛章，不合作運動正式開始，選民抵制選舉，學生退學，律師放棄業務。國大黨起先對運動抱保留態度，但是9月在加爾各答召開的特別大會上通過了不合作運動提案，並提出爭取自治；12月，在那格浦爾召開的年會上重申了加爾各答決議[75]。這個運動的一個重要特點是燒毀英國布匹，1921年7月31日，甘地在孟買主持焚毀洋布的儀式。他爲了帶頭支持土布運動，從9月22日起不再穿西裝，僅繫一條土布腰布，披一條布巾，以半裸與光頭表示對印度未獲得自治的哀痛。12月，運動達到高潮，在艾哈邁達巴德的國大黨年會上甘地被指定爲「執行統領」。他決定於1922年2月，在孟買管區蘇拉特區巴多利縣發動集體民事不服從運動，包括抗稅。但是，運動有向暴力活動發展的趨向，2月5日，聯合省戈拉克普爾附近的喬里喬拉村22名警察被打死和燒死。甘地決定暫停堅持眞理運動並絕食5天[76]。他不顧其他政治領袖的壓力，毅然阻止了印度民族解放運動向暴力革命的方向發

[74] *Young India*（《少年印度》），1920年6月9日，*CW*（《甘地全集》），第17卷，頁483。*The Bombay Chronicle*（《孟買記事報》），1920年6月30日，同上，頁522。

[75] *Young India*（《少年印度》周刊），1920年9月15日；*Report of the thirty-fifth session of the Indian National Congress held at Nagpur, on the 26th, 28th, 30th and 31st December, 1920*（《1920年12月26，28，30，31日那格浦爾印度國大黨年會報告》），Nagpur，1925年，頁83。

[76] Tendulkar, *Mahatma*（鄧多卡兒，《聖雄》），第2卷，頁82。

展。3月10日，以在《少年印度》上煽動背叛的罪名，甘地在沙巴瑪迭眞理耕讀新村被捕。他在艾哈邁達巴德的審判中，在布諾姆費德法官面前，坦然承認自己堅持宣傳背叛現政府，結果被判在孟買附近的耶拉不達監獄中服6年徒刑。直到1924年，甘地因盲腸炎住院，才提早獲釋。出獄後甘地不倦地推動土布運動和解放賤民的工作。

第三次全印度堅持眞理運動是1930年3月12日到1931年3月4日的民事不服從運動，而以著名的食鹽長征爲開端。1929年12月，在甘地的支持下，拉合爾國大黨年會通過了一項爭取完全獨立的提案。次年3月副王歐文（公元1881～1959年）拒絕了甘地讓印度獲得實質性獨立的十一點要求，甘地決定發動民事不服從運動，而把對抗鹽稅法作爲突破口。3月11日，他作了發動運動的演講(77)，次日，率87名眞理耕讀新村的員生從沙巴瑪迭出發，進行食鹽長征，在24天中步行241英里來到孟買北面的丹迪海邊，非法取鹽。一路上受到村民們的熱烈歡迎。不久甘地在卡地被捕，被囚禁於耶拉不達監獄而不加審判。他的兒子馬利拉和奈杜夫人（公元1879～1949年）接替他領導羣衆去奪取孟買北面的達拉沙拉鹽場，此舉雖未成功，但羣衆忍受犧牲和堅持非暴力的精神使輿論極爲震驚(78)。在甘地的號召下全國奮起，或製鹽，或禁酒，或燒毀外國布匹，到處是民事不服從活動，有六萬餘人被

(77) B. R. Nanda, *Mahatma Gandhi*（《聖雄甘地》），Boston, Beacon Press, 1958年，頁293。

(78) Webb Miller（密勒），*I found no peace, the journal of a foreign correspondent*（《我發現沒有和平，一個外國記者的日記》），New York: The Literary Guid, Inc., 1936年，第16章報導了他親眼目睹的實況。

捕，國大黨因領袖們被捕而無法召開年會。但政府進行鎮壓沒有什麼效果，只得妥協，於1931年1月26日，將甘地與其他30名國大黨領袖一起釋放。3月5日，「歐文—甘地協定」得以簽署，甘地終於爲印度贏得了與英國平起平坐、對等談判的權利，遂宣布暫停民事不服從運動㊾。8月，甘地前往倫敦參加第二次圓桌會議，但未取得實質性進展㊿。

第四次全印度堅持眞理運動是1932年1月1日到1934年4月的民事反抗運動。甘地從英國回到印度，發現政府不守協議，大肆鎮壓，在1932年1月1日的國大黨工作委員會上決定恢復民事反抗運動[81]，旋卽在孟買被捕，未經審判，被關入耶拉不達監獄。甘地在獄中無法再進行爭取自治的鬥爭，遂將鬥爭的重點轉向改善賤民的處境，1933年2月11日在獄中指導獄外的戰友創辦了《神之子民》周刊[82]。5月8日，甘地爲了自我淨化，解救賤民，開始絕食，旋卽被釋放，21天後在浦那結束絕食。出獄後，甘地重新投入爭取自治的鬥爭，7月，他解散了沙巴瑪迭的眞理耕讀新村，率領新村的學員步行宣傳爭取自治，8月1日，再次

---

[79] Haridas T. Muzumdar, *Gandhi versus the Empire*（《甘地對抗帝國》），New York: Universal Publishing Company, 1932年，頁132～135；William L. Shirer, *Gandhi: a memoir*（《回憶甘地》），New York: Simon and Schuster, 1979年，頁底～55。

[80] William L. Shirer, *Gandhi: a memoir*（《回憶甘地》），頁165～200記載了他親眼目睹的實況。

[81] Tendulkar, *Mahatma*（鄧多卡兒，《聖雄》），第3卷，頁154。

[82] *Harijan*（《神之子民》），第19卷，1933年2月11日～1956年2月25日，Ahmedabad (etc.): Navajivan Press (etc.)。

被捕，被判關入耶拉不達監獄一年。8月16日，他宣布在獄中絕食至死，第五天被送至沙桑醫院；第八天被無條件釋放，遂宣布暫停自己個人民事反抗活動一年，將鬥爭重點從爭取自治轉向解救賤民，從11月7日到次年8月，旅行了12,500英里，募集解救賤民基金。1934年4月，甘地建議國大黨暫停民事抵抗運動，由他一人獨自堅持[83]。不久，甘地看到國大黨內多數代表與自己意見不合，就毫不貪戀自己的最高領導權，於10月28日退出國大黨，轉而致力於鄉村工業，建立全印鄉村工業協會。1936年甘地選擇中央省瓦爾達附近的西迦昂村作爲新的活動中心。國大黨在甘地退出後，致力於議會鬥爭，利用1937年4月1日省自治的實施，在大多數省分裏組織了國大黨的政府。

第五次全印度堅持眞理運動是1942年8月8日到1948年8月15日要求英國政權退出印度的運動。1939年9月3日，第二次世界大戰爆發，國大黨拒絕在帝國主義戰爭中與英國合作，所有各省的國大黨政府均於10月至11月辭職，印度政治開始陷於僵局。1940年9月16日國大黨請甘地恢復領導。甘地要求英國給印度反戰的言論自由，但談判破裂了。10月17日，他開始發動有限的、個別的民事不服從運動，爭取宣傳反戰的權利。一年內2,300人被捕入獄。1941年12月7日，日本發動珍珠港事變，次年，新加坡、緬甸相繼陷入日軍之手，日軍隨時可能入侵印度。在這種形勢下，英國對印度人作了一次妥協的表示，派內閣閣員克里普斯（公元1889～1952年）赴印度談判，答應戰後給與自治領的地位，但目前則維持現狀，結果被國大黨與穆盟所拒絕。8月8

---

[83] Tendulkar, *Mahatma*（鄧多卡兒，《聖雄》），第3卷，頁264。

日，國大黨通過了甘地起草的「英國政權退出印度」的決議，授權甘地領導民事反抗運動[84]。甘地夫婦相繼遭逮捕，被囚禁於浦那附近的阿格罕宮，國大黨領袖們也同時被捕。甘地在獄中不斷寫信給政府，指出逮捕是非法的，政府置之不理，甘地遂於1943年2月10日開始在獄中絕食21天，進行抗議。1944年2月22日，甘地夫人卡斯托在獄中逝世，甘地沉痛地說：「她與我是不可分離的，她的去世留下了永難填補的空虛。」[85]因甘地健康不佳，政府於5月6日將他無條件釋放。

甘地出獄恢復健康後，即致力於爭取印度最後的獨立。當時最嚴重的問題是國大黨與穆盟立場對立，國大黨主張成立統一的政府，穆盟則要單獨成立巴基斯坦，而國大黨與穆盟如果不能達成協議，英國人就不會交出政權。從9月9日開始，甘地在孟買與穆盟領袖真納（公元1876～1948年）會談印回團結問題，但沒有取得協議[86]。1945年7月26日，英國工黨獲選執政，兩星期後，日本投降，第二次世界大戰結束。在大戰中精疲力盡的英國已經無意阻擾印度獨立。9月19日，印度總督韋維爾勛爵（公元1883～1950年）廣播聲明，英國政府決定進行適於印度自治的工作。1946年2月18日，皇家印度海軍的兵變使英國更加覺得和平移交政權是對英印雙方最有利的辦法。次日，英國派內閣使團赴印，與國大黨代表阿扎德、尼赫魯、迦法罕（公元1890～1988

[84] 同上，第6卷，頁148～174。

[85] Sushil Nayar, *Kasturba: a personal reminiscence*（《回憶卡斯托》），Ahmedabad, Navajivan Publishing House, 1960年，頁95～102。

[86] Pyarelal, *Mahatma Gandhi: The last phase*（《聖雄甘地：最後階段》），第1卷，第1章，頁87。

年）、帕特爾（公元1875～1950年）及穆盟的領袖會談，甘地參與會外協商[87]。結果內閣使團提出了自治的統一的印度政府的輪廓。7月29日，穆斯林聯盟收回它接受內閣使團方案的原議，堅持分裂，並決定直接行動，導致了8月16日加爾各答暴亂。9月2日，尼赫魯就任臨時政府總理。1947年3月22日，副王蒙巴頓（公元1900～1979年）抵印，在新德里與甘地、眞納會談，但分裂已經不可避免[88]。6月3日，蒙巴頓宣布印度分治計劃。8月15日，印度和巴基斯坦分別宣告獨立，甘地終於在有生之年看到了祖國的獨立。

但是甘地對於印度活活肢解感到痛惜，以絕食、紡紗紀念獨立日。甘地可以沒有爭議地出任國家的最高領導，但他對權力毫無興趣，全心全意地致力於平息日益激烈的印一回衝突。他首先毅然前往衝突最激烈的加爾各答，從9月1日起絕食，除非加爾各答恢復平靜，才開始進食。有些殺人不眨眼的暴徒也被感化了，不忍眼看77歲高齡的甘地活活餓死，答應放下武器，加爾各答終於逐漸恢復和平，甘地才結束絕食[89]。甘地接着前往德里，

---

[87] Tendulkar, *Mahatma*（鄧多卡兒，《聖雄》），第7卷頁，107。

[88] 同上，第7卷，頁377；Payne, *The life and death of Mahatma Gandhi*（《聖雄甘地的生平與去世》），頁528；Lapierre（拉皮埃爾）等著，周萬秀等翻譯，《聖雄甘地》，頁6～10、37～48、67～70、80～82、89～151詳細描寫了有關情況。

[89] Manubehn Gandhi, *The miracle of Calcutta*（《加爾各答的奇蹟》），Ahmedabad, Navajivan Publishing House, 1959年，頁100。Lapierre（拉皮埃爾）等著，周萬秀等翻譯，《聖雄甘地》，頁263～266、280～284、290～291、310～311、315、322～323、333～334、335～336、338～344詳細地描寫了有關情況。

制止暴亂，訪問難民營(從旁遮普逃來的印度教徒和錫克教徒)。1948年1月13日，他在德里進行畢生的最後一次絕食，以感化城中衝突的雙方，並希望印度政府信守協定，與巴基斯坦建立友好關係。甘地平息印一回衝突的努力引起了印度教大會黨中的極端分子的仇恨，哥得斯等數人策劃了暗殺甘地的陰謀，主使者可能是老恐怖分子薩瓦卡（公元1883～1966年），而孟買與德里的警方在掌握情報後仍無動於衷，終於使陰謀得逞[90]。1月30日甘地在赴德里的比拉寓的晚禱會的路上被哥得斯暗殺，享年78歲。次日，在德里爲甘地舉行了國葬，一百五十萬民衆參加了送葬行列，甘地的遺體在朱木那河畔火化，十幾天以後，骨灰撒在印度的河流與海洋裏。甘地這樣一個終生熱愛和平，主張非暴力的人竟然被一個與他信仰同一宗教的同胞所殺害，這個消息使全國沉入一片哀痛，整個文明世界深深震動。各國成百萬普通的老百姓像失去了自己的親人一樣哀悼甘地。他們不太知道爲什麼要這樣，他們不太知道甘地所代表的東西。但是他們知道他是一個好人，一個罕見的好人[91]。

---

[90] *Gandhi murder trial*（《謀殺甘地案審判記》），Glasgow，The Strickland Press，1950年，頁67～77；關於1967年重新調查此案的情況見 Payne, *The life and death of Mahatma Gandhi*（《聖雄甘地的生平與去世》），頁646～647；Lapierre（拉皮埃爾）等著，周萬秀等翻譯，《聖雄甘地》，頁323～324、370～486詳細地描寫了有關情況。

[91] Fischer, *The life of Mahatma Gandhi*（《聖雄甘地的生平》），頁3～12，結合文獻資料和親身經歷記載了甘地的去世與葬禮。

第二章 甘地哲學

第一節 Satya（眞理）

眞理（satya）這個概念是甘地哲學的基礎。他的自傳的副題「體驗眞理」形象地說明了這一點，他的一生可以說就是努力按照眞理生活的一生，不倦探索眞理的一生。他的追隨者都明確地認爲他是一個實踐第一的人，然而，非常明顯，不管甘地自己或他的追隨者是否意識到，只要當他解釋眞理這個概念時，他就涉及到了形而上學的思索。當然，他並不是在隱居中通過哲學的或形而上學的思索來認識眞理的意義的。他並不是一個中立的觀察者，先學會給眞理下定義，然後將眞理運用於生活的各個不同方面。他一開始就是一個身體力行的實踐者，將他所認識的初步的、不完全的眞理運用到生活中去，在運用的過程中，他越來越明瞭眞理的意義❶。

人類有史以來常常探索眞理的意義。無限的絕對的眞理在各種不同的宗教和哲學裏以不同的形式出現，在基督教裏它被稱爲上帝，在伊斯蘭教裏它被稱爲眞主，在儒家經典裏它被稱爲天，在道家哲學裏它被稱爲道，在佛教裏它被稱爲佛法，在印度教裏

---

❶ Richards, *The philosophy of Gandhi*（理查茲，《甘地哲學》），頁1。

它被稱爲梵。印度教傳統認爲，人有可能最後把握絕對眞理：人的努力的最終目標是梵我一如；作爲最高眞理的梵和個體靈魂的我本質上是統一的，宇宙的眞理當求之於個人的自我。甘地像其他許多印度教徒一樣，確定他自己的人生奮鬥的終極目標是「面對面地直接看到神」。他根據印度教的理解來接受絕對眞理的概念，他心目中的神就是印度教的無所不在的最高實體——梵。但是，甘地完全知道，尙未把潛在能力充分發揮出來的凡人不可能一下子把握絕對眞理。甘地從來沒有說過他把握了絕對眞理，相反，他反覆提醒大家，既然人不能把握絕對眞理，那麼人就應該對持有不同意見者採取從善如流的態度。他在自己進行堅持眞理運動的早期就發現：追求眞理並不允許用暴力對付對手，應該用忍耐與同情使對手拋棄錯誤。他補充說：「對一個人來說是眞理的東西，對另一個人來說可能是錯誤。」❷

甘地爲了達到自我實現的境界，把自己的生活變成了對眞理的無數試驗。他講到堅持眞理時，並不意味着他自己心目中的眞理就是普遍承認的眞理，他直截了當地說：

> 「……我只是一個真理的追求者。我宣稱發現了探尋真理的道路。我宣稱正在進行不停的努力去發現真理。但是我承認我還沒有得到真理。完全得到了真理就是完全認清了自我和命運，那就成了一個完人。我痛苦地意識到自己的不完美，然而我所擁有的全部力量也正在這種認識上，因

---

❷ Jag Parvesh Chander 編，*Teachings of Mahatma Gandhi*（《聖雄甘地的教導》），第4版，Madras: Natesan，頁506。

為人很少認識到自己的局限性。」❸

因此甘地在探索 絕對眞理的同時，更加注意探尋眞理的方法。堅持眞理運動中所堅持的眞理顯然並不是指絕對眞理。當甘地發動堅持眞理運動時，作爲行動原則的眞理的相對性就變得更加清楚了。堅持眞理運動一方面是甘地用來處理實際社會或政治問題的工具，另一方面也是他的哲學信念的表述形式。甘地在解釋堅持眞理運動（styagraha）這個詞的詞源時寫道：

「“satya”（真理）這個詞出自“sat”，“sat”意為實體。實際上除了真理之外，這個世界上不存在別的實體。這就是為什麼“sat”或真理可能是神的最重要的名稱。事實上，說『真理就是神』要比說『神就是真理』更準確……我們應該體會到，“sat”或“satya”是神的唯一準確的、富有意義的名稱。」❹

甘地心目中的神，與一般宗教裏以人的形象出現的神（比如猶太教和基督教裏的耶和華，伊斯蘭教裏的眞主）是不一樣的，而比較接近中國道家的道或儒家的天。甘地在早期對眞理這個概念進行公開評述時，是把眞理與神完全等同起來的。1925年他在大吉嶺與基督教傳教士的一次談話中把神與眞理作爲同義詞：

---

❸ Gandhi, Introspection（甘地，〈自省〉），載 *Young India*（《少年印度》），1921年11月17日。Tendulkar, *Mahatma*（鄧多卡兒，《聖雄》），1961年版，第2卷，頁73。

❹ *Young India*（《少年印度》周刊），1931年7月30日。

「在我看來，脫離宗教的政治是絕對骯髒的，避之唯恐不及。政治就是治國；國家福利應該成為具有宗教情懷的人，換言之，卽神與真理的追求者所關心的東西。對我來說神與真理是同義詞，如果有人告訴我，有一個神是違背真理的神，或懲罰人類的神，那麼我不會崇拜這樣的神。因此，在政治活動中我們也必須建立人間天堂。」❺

次年，他在瓦達的一次演講中也把神與眞理等同起來：

「為了國家，大地上沒有任何東西是我所不願犧牲的，當然，只除開兩樣東西，卽真理與非暴力。我不會為了全世界而犧牲真理與非暴力。對我來說，真理就是神，除了非暴力的道路之外，沒有其他發現真理的道路。我不打算犧牲真理卽神來為印度服務。因為我知道一個拋棄真理的人也能背棄國家，背棄至親好友。」❻

後來，甘地對眞理的思考深入了一層，他在陳述上作了一點細微的變化，強調眞理就是神。1931 年，他去英國出席圓桌會議，在回國途中經過瑞士，在一次會議上，有人問他，爲什麼他把神看做眞理？他回答道：

「在我小時候，大人教我念印度教經典裏的神的一千個名字。但是神的這一千個名字並不意味着神的所有的名字都

---

❺ Tendulkar, *Mahatma*（鄧多卡兒，《聖雄》），1961年版，第2卷，頁 189。

❻ 同上，頁 235~236。

在這裏頭了。我們相信神的名字就像萬事萬物一樣多，因此，我們也說，神是無名的，因為神有許多形式，我們也認為神是無形的，神通過許多語言講話，我們也認為神是無言的，如此等等，我想這種看法是對的。當我研究伊斯蘭教時，我發現伊斯蘭教也有許多神的名字。

有人說『神卽是愛』，我將與他們一起說，神就是愛。但是，在我的內心深處，我習慣於說，雖然神可能就是愛，歸根結柢，神是真理。如果人類的詞彙有可能對神作最完整的描述的話，那麼我的結論是：神就是真理。兩年前我又更進了一步，說真理就是神。你們可以明白『神就是真理』與『真理就是神』這兩種說法之間的細微差別。這是我五十年以來持之以恆，孜孜不倦地追求真理所得出的結論。我發現最能接近真理的途徑就是愛。但我也發現在英語裏愛有多種含義，而人類的七情六欲有可能成為墮落的東西。我也發現，“ahimsa”（不殺生）意義上的仁愛在這個世界上只能贏得數量有限的皈依者。但是我從未發現真理有雙重含義，甚至無神論者也不會反對真理的力量的必要性。但是無神論者在追求真理的激情中，完全從他們自己的觀點出發，會毫不猶豫地否定神的存在。正因為進行了這樣的推理，我覺得，與其說神就是真理，不如說真理就是神……印度哲學裏還有另一個理論，卽，神是無所不在的最高實體。你們可以看到，在伊斯蘭教的“kalma”裏也強調和顯示了同樣的道理。在那裏你們可以發現，它清楚地說明神是無所不在的最高實體。事實上，意為真理的梵文詞兒“sat”的字面上的意義就是存在。因為這些理由以及其他一些理由我得出了很清楚的結論，真理就是神——這個定義使我最滿意。而當你想發現作為神的真理時，唯一的不可避免的方法是愛，那就是非暴力，而因為我相信說到底手段與目的是不可分割的，我毫不猶豫地說，神就是愛。

真理是你內心的那個聲音告訴你的東西。那些像信仰神一樣親自探索真理的人必須遵守幾個誓言。如果你要在真理的海洋深處遨游，你就必須使你自己一無所有。」❼

表面上看來，「神就是眞理」與「眞理就是神」的說法沒有多大區別。但是這一點兒微小的區別卻有重大的意義。甘地跨出了新的一步，確定眞理就是神，使他的堅持眞理運動不僅可以容納印度教之外的任何宗教的信徒，而且也可以容納其他追求眞理的人。比如，把人道主義或其他崇高目標作爲神，並願意爲之犧牲的人就很容易加入到他的追隨者的行列中來。甘地把眞理放在最高位置上，就變成了眞正的普世主義，消除了他與其他任何宗教的虔誠信徒之間的隔閡❽。

甘地在青少年時代並無堅定的宗教信仰，曾經在無神論的大沙漠裏跋涉過。他在倫敦的年代已經對無神論產生反感，後來總是自稱印度教徒，同時對一切宗教信徒都一視同仁。無神論的社會工作者拉奥曾希望得到甘地的忠告，怎樣才能最好地完成他的

❼ 同上，第3卷，頁143～144。

❽ 參閱 N. K. Bose, *Studies in Gandhism*（《甘地主義研究》），第2版，Calcutta: Indian Associated Publishing Co., 1947年，頁269。

社會工作。甘地起先（1941年）不願意邀請拉奧，說沒時間與他談。三年以後，拉奧的一個同事有機會在西瓦格蘭耕讀新村見到了甘地，甘地對他說：「你可能自稱爲無神論者，但是只要你對人類抱着手足之情，你就在實際上承認了神。」後來拉奧自己也得到了會見甘地的機會，甘地看來被拉奧對無神論的堅定信念所感動，邀請他留在新村裏，到1945年，拉奧已經成了新村裏的一員。他和他的無神論朋友都不參加每天的祈禱，似乎沒什麼人在意他們的缺席。拉奧除了從事體力勞動之外，還給新村醫院的護士教科學知識。拉奧本人是個婆羅門，願意將自己的女兒嫁給一個賤民，甘地同意主持婚禮，在婚禮上，「以眞理的名義」這句誓言將代替「以神的名義」。甘地說，爲什麼不可以作這樣的改變呢？「我是一個超級無神論者（superatheist）……眞理的概念可能不同。但是所有的人都承認和尊重眞理。我把眞理稱爲神。」婚禮原定在1948年4月舉行，但是甘地在1月被刺身亡。拉奧沉痛地說：「甘地被暗殺是文明的可怕損失；對無神論來說這也是同樣可怕的損失。」❾甘地作爲一個虔誠的印度教徒，怎麼能夠與拉奧這樣的無神論者有這麼多共同語言呢？甘地對拉奧說的一段話說明了這一點：

> 「我在你的談話裏看到一種理想。我既不能說我的有神論是對的，也不能說你的無神論是錯的。我們都是真理的追求者。任何時候我們發現自己錯了就馬上改正。我在自己的生活中作過許多次這樣的改正……到底你是對的，或者

---

❾ Gora, *An atheist with Gandhi*（《一個無神論者與甘地》），頁27～56。

我是對的，結果會加以證明的。然後我可能會走你的路，或者你可能會走我的路；或者我們兩個人都走第三條路。因此繼續進行你的工作吧。我會幫助你，儘管你的方法是與我相反的。」❿

既然甘地認爲每個人，不管任何宗教的信徒，還是無神論者，都有追求眞理的平等的權利，但在實際生活中，人們的觀點又互相不同，甚至對立，那麼誰來決定什麼是眞理呢？甘地把這種判斷交給每個人自己。1920年1月9日甘地在艾哈邁達巴德出席亨特委員會作證時的講話是最著名的，曾經被許多研究甘地思想的學者引用過，由於它對了解甘地思想非常重要，我們在這裏仍比較完整地引用一次⓫：

「亨特：甘地先生，據我看來，你是"satyagraha"（堅持眞理）運動的創始者。

甘地：是的，先生。

亨特：你能簡短地把它解釋一下嗎？

甘地：這是一個意在取代暴力方式的運動，一個完全基於眞理的運動。我設想，它是國內法在政治領域中的延伸，我的經驗使我得出結論，印度為了解除苦難，很可能燃起

❿ 同上，頁44。

⓫ *Young India, 1919～1922*（《「少年印度」，1919～1922年》），Madras：S. Ganesan，1922年，頁33～36；Tendulkar, *Mahatma*（鄧多卡兒，《聖雄》），1960年版，第1卷，頁280～282。亨特委員會是印度政府1919年任命的，以亨特爲主席的八人委員會，負責調查旁遮普慘案。

暴力鬥爭的燎原烈火，只有這個運動才能使印度避免這種可能性。

……

席塔瓦德：照我的理解，你的"satyagraha"（堅持真理）學說意在追求真理，在追求真理的過程中，你寧願自苦，而不以暴力傷害任何人。

甘地：是的，先生。

席塔瓦德：不管一個人 在他追求 真理的過程中 是多麼坦誠，但是他關於真理的概念可能不同於別人的概念。那麼誰來決定真理呢？

甘地：由個人自己決定。

席塔瓦德：不同的個人對真理會有不同的看法。那不會導致混亂嗎？

甘地：我並不認為會這樣。

席塔瓦德：坦誠地追求真理常因事而異。

甘地：那就是為什麼推論的必然結果是非暴力。如果沒有非暴力，就會出現混亂和更糟的事。」

關於非暴力在堅持眞理運動中的關鍵作用我們將在下一節中展開。這裏我們繼續討論甘地怎樣確定檢驗眞理的標準。他的最根本的標準是個人的良知。在甘地哲學中，眞理、神和個人的自我實現是三位一體的⓬。

除了個人的良知之外，還有許多證據說明甘地也接受某種社

⓬ Naess, *Gandhi and group conflict*（尼斯，《甘地與羣體衝突》），頁34～35。

會準則來判斷具體環境中的眞理。甘地在他的〈眞理耕讀新村史〉中談到對錯誤行爲進行懲罰時寫道:

「那個錯誤行為必須是明顯的,大家都認為是錯的,是在精神方面有害的,而且犯錯誤的人是有意識這麼做的。對於只能用推論作為證據的罪行不可加以懲罰。那麼幹有時會造成有害的後果。必須對錯誤毫無懷疑的餘地(才可懲罰)。此外,一個人不可去懲罰他自己的信念或觀點認為有錯誤的行為。一個人今天認為錯誤的事,明天可能被他看做毫無害處。因此錯誤行為必須是指社會公認的錯誤行為。我可以認為不穿 "khadi"(土布)是極其錯誤的。但是我的朋友可以認為這完全沒有什麼不對的地方,或者不把穿土布作為一種道德,因此可能漫不經心地穿土布,或根本不穿土布。如果我認為這是一種錯誤,為之絕食,那麼這就不是懲罰,而是專制。如果受責備的人並不是有意識地犯錯誤,也不可加以懲罰。」⓭

甘地並不把個人的良知作爲評價眞理的唯一標準。各人的良知不盡相同,帶有一定的主觀性和局限性。因此在承認眞理具有相對性的同時,有必要確定一定的客觀標準。這個客觀標準就是以人作爲尺度。甘地認爲,如果有人隱居在深山老林裏,獨自苦思冥想,那是不可能把握眞理的,人必須在社會實踐中檢驗眞理:

「因此當 "ashram"(耕讀新村)裏發現有虛僞的事情時,

⓭ *Harijan*(《神之子民》周刊),1948年7月4日;Bondurant, *Conquest of violence*(《征服暴力》),頁21。

我願意自認有罪。那就是說，我還沒有獲得自己心目中的真理。這可能是因為無知，但是很清楚，我還沒有完全理解真理，還沒有思考定當，沒有詳細闡述真理，更沒有實踐真理。但是，承認這一切，是不是意味着我應該離開"ashram"（耕讀新村），隱居到喜馬拉雅山的某個山洞裏去，強迫自己保持沉默呢？那是純粹的懦怯。不可能在一個山洞裏追求真理。當需要講話的時候，保持沉默毫無意義。一個人在某種情況下可以隱居在山洞裏，但是普通人只有在社會裏才能得到考驗。」⓮

作爲社會活動家的甘地常常強調，追求眞理必須坦白和誠篤：

「誠實是萬能鑰匙。不管在什麼情況下也不要說謊，不要遮遮蓋蓋，要相信你的老師和長輩，對他們要胸懷坦蕩。不要對任何人抱有惡意，不要在別人背後說壞話，最重要的是『不要自欺』，那樣你就不會欺人了。誠實地對待生活中最小的事情是純潔生活的唯一秘密。」⓯

甘地的這些話似乎沒有什麼新穎之處。甘地的眞正的力量在於言行一致。許多講得比甘地遠爲動聽的人言行不一，說的是一套，做的是另一套。這種人可以蒙混一時，贏得崇高的聲望和權

⓮ *Harijan*（《神之子民》周刊），1948年7月18日；Bondurant, *Conquest of violence*（《征服暴力》），頁22。

⓯ *Young India*（《少年印度》周刊），1925年12月25日；Jag Parvesh Chander 編，*Teachings of Mahatma Gandhi*（《聖雄甘地的教導》），Lahore: The Indian Printing Works, 1945年，頁559～560。

威，但一旦眞相戳穿，即爲人所不齒。連帶他們的美妙言辭也在人們心中變成了不值一顧的謊言。

甘地的鬥爭歷程最雄辯地說明了他怎樣把個人良知與社會實踐結合起來作爲檢驗眞理的標準。如果撇開個人良知，只把成功與否作爲檢驗眞理的標準，那麼甘地不可能有勇氣挺身而出，向大英帝國挑戰。英國是一個比較先進的工業國，入侵落後的印度的整個過程一直相當成功，而印度人爭取獨立的鬥爭屢遭失敗。英國人和親英的印度人抱着一種眞理觀，甘地抱着與他們相反的眞理觀， 到底什麼是眞理，最後還得由各人自己決定。甘地在「偉大的審判」⑯中的書面聲明集中說明了自己堅持眞理的道德勇氣。他先回顧了自己怎麼會從一個堅定的效忠者與合作者變成一個不妥協的叛逆者與不合作者：在南非他發現自己因爲是一個印度人，所以毫無權利。但是，他還認爲這種歧視只是一種本質上、 大體上良好的制度的贅瘤。 因此他批評政府， 但仍然支持它。第一次震撼是「羅拉特法」，接着又發生了從賈利安瓦拉·巴格廣場的大屠殺⑰開始的旁遮普慘案和哈里發問題。甘地發現

---

⑯ 指1922年3月18日在艾哈邁達巴德由布諾姆費德法官對甘地進行的審判，由於甘地表現了偉大的愛國主義，而法官也表現了自己個人對甘地的尊重和法治精神，這次審判被稱之爲「偉大的審判」。

⑰ 1919年4月13日，戴爾將軍在旁遮普省阿姆利則市的賈利安瓦拉·巴格廣場上，下令向手無寸鐵的和平集會的羣衆開槍。集會羣衆人數估計6,000至20,000。旁遮普政府估計379人被殺，1,200人受傷。由甘地主持工作的國大黨調查委員會估計1,200人被殺，受傷人數則3倍於此數。——**Nanda, Amritsar, 1919**（南達，〈阿姆利則，1919年〉，載 *Gandhi and his critics*（《甘地與他的批評者》），頁35～37。

對哈里發所提的保證不會兌現。旁遮普的罪惡被掩蓋起來，大部分犯罪的官員不僅未受懲罰，而且繼續留任，有些官員還得到獎勵。他也看清楚，英國的所謂改革不僅沒有洗心革面，而且是進一步榨取印度的財富，延長對它的奴役時間的一種方法。這就是甘地所認識的眞理。同時，甘地也淸楚地知道以法官爲代表的英國人觀點正好相反。他寫道：

「更大的不幸是，在我國行政機構中工作的英國人和他們的印度同僚並不知道自己所做的，就是我所描述的罪行。我確信，許多英國人和印度人官員真誠地相信，他們正在維護世界上最好的制度之一，印度正在取得雖然緩慢，然而相當持續的進步。他們不知道，一方面是不露聲色但卓有成效的恐怖統治和有組織地耀武揚威，另一方面是將一切復仇或自衛的能力剝奪乾淨，這樣做就使印度人民失去了陽剛之氣，在他們中造成了弄虛做假的習慣。而這種可怕的習慣又與行政官員的無知和自欺正好臭氣相投……我在這裏真誠地要求並接受可以加在我身上的最重的刑罰，為什麼要給我這種刑罰呢？在法律看來是因為我有意犯罪，在我看來是因為我履行了公民的最高責任。法官與助理們，你們只有一條路可走，如果你們覺得自己奉命執行的法律是一種罪惡，實際上我是無罪的，那麼你們應該辭職，與罪惡一刀兩斷，如果你們相信自己正在幫助維護的制度和法律是對我國人民有利的，因此，我的活動是對公益有害的，那麼，你們就給我以最重的刑罰。」⑱

⑱ Tendulkar, *Mahatma*（鄧多卡兒，《聖雄》），第2卷，頁97～100。

當然，法官不會辭職，他根據提拉克的先例，判處甘地六年徒刑。

如果眞理就是神，而一些人以一種方式理解神，另一些人以另一種方式理解神，那麼，怎樣堅持眞理呢？甘地一生處理的最大的矛盾就是英國殖民統治與印度人民之間的矛盾。英國殖民主義者認爲維護他們的統治是對的，而甘地與印度人民認爲要堅持眞理，就應該擺脫殖民統治，贏得獨立。除了這個最大的矛盾之外，甘地的一生還遇到其他許多矛盾，比如印回衝突，賤民與正統印度教徒的矛盾，工人與工廠主的矛盾，農民與柴明達爾（地主）的矛盾，等等。碰到這些矛盾時，一個人怎樣追求和堅持眞理呢？怎樣避免混亂呢？甘地的答案是他的哲學的第二個重要概念：非暴力。

第二節　Ahimsa（非暴力）

“ahimsa”這個詞的詞根是“himsa”。“himsa”意爲「殺害」，加上表示否定意義的前綴 a，“ahimsa”大致上意爲不害、不殺生。西方一般將它翻譯成「非暴力」。實際上“ahimsa”不僅是消極意義上的非暴力，它更深的含義是積極意義上的仁愛。甘地是這樣爲“ahimsa”下定義的：

> 「“ahimsa”並不是人們通常所表達的那種粗糙的概念。不殺生無疑是“ahimsa”的一部分。但是，這只是“ahimsa”的最低限度的表述。“himsa”的本來意思是指由於任何罪惡的思想，過分的倉促，說謊，仇恨，對別人的惡意等等

所造成的傷害。」⑲

「我接受對“ahimsa”的這樣一種解釋，即，它不僅是一種不害的消極狀態，而且是一種仁愛，一種甚至對作惡者行善的積極狀態。但是，這並不意味着助桀為虐或袖手旁觀，容忍罪惡。與此相反，仁愛，即“ahimsa”的積極狀態要求你通過與作惡者劃清界線來對他進行抵制，即使這樣做會冒犯他或對他造成物質上的損害，也在所不惜。」⑳

甘地在這裏把“ahimsa”與仁愛等同起來。這個概念實際上比較接近中國儒家的仁。在甘地哲學裏，眞理與“ahimsa”（非暴力）是不可分割地結合在一起的，這構成了他的哲學的核心：

「……沒有“ahimsa”（非暴力）就不可能探索和發現真理。“ahimsa”與真理是如此緊密地結合在一起，以至於實際上不可能把它們分解和割裂開來。它們就像一個銅板的正反兩面，或者更確切地說就像一片光滑的未加銘刻的金屬圓盤的正反兩面。誰能說，哪一面是正面，哪一面

⑲ M. K. Gandhi, *From Yeravda Mandir: Ashram observances*（甘地，《寫自耶拉不達監獄：耕讀新村守則》），由Valji Govindji Desai 從古吉拉特原文翻譯成英文，第3版，Ahmedabad: Navajivan, 1939年，頁7。

⑳ *Young India*（《少年印度》周刊），1921年1月19日，引自 Jag Pavesh Chander 編，*Teachings of Mahatma Gandhi*（《聖雄甘地的教導》），Lahor: The Indian Printing Works, 1945年，頁412。

是反面？但是“ahimsa”是手段；真理是目標。手段之所以為手段，是因為它總是在我們力所能及的範圍裏，因此“ahimsa”是我們的最高責任。只要我們注意手段，我們或遲或早會達到目標。一旦我們掌握了這一點，最後的勝利就毫無疑問了。」㉑

「真理是目標，仁愛是達到這個目標的手段。我們知道什麼是仁愛或非暴力，儘管我們發現很難遵循仁愛的原則。但是就真理而言，我們只知道它的一部分。人很難像完全做到非暴力那樣去獲得關於真理的完全的知識。」㉒

要達到絕對眞理這個終極目標，必須一步一步地檢驗相對眞理。要檢驗相對眞理，就必須嚴格遵循“ahimsa”，卽在行動中必須以不傷害他人爲前提，或更確切地說，以仁愛爲前提。使用暴力就會毀滅眞理。甘地哲學的中心信條就在這裏：每個人都應該根據自已的判斷，採取行動，去積極地追求眞理，抵制罪惡，說服對手，但是，任何人都沒有權利傷害他人。甘地接受各種各樣的人作爲自已的信徒，作爲眞理的追求者，他們可以是信仰各種不同宗教的人，甚至可以是沒有宗教信仰的人，他們對理想社會或一個非暴力社會裏的建設計劃可以有各種不同的觀點。甘地承認自已在試驗眞理的許多階段中犯過錯誤和有過優柔寡斷的情況。但是，有一條原則是他自始至終堅持不懈的，那就是

㉑ 同⑲，頁8。
㉒ 同上，頁19。

“ahimsa”，這是發現眞理的最高的、唯一的手段。他堅持要求加入耕讀新村的人必須接受這條原則：

「“ahimsa”實際上意味着你不可以攻擊任何人，即使對於那些自認爲是你的敵手的人，你也不可以抱有苛酷的想法……如果我們怨恨一個朋友的行動或一個所謂敵人的行動，那麼我們就没有貫徹這條信條……只要我們抱有這種怨恨，我們就背離了“ahimsa”的信條。那些加入“ashram”（耕讀新村）的人必須不折不扣地接受這種含義。這並不意味着我們實行了這整個兒信條。遠遠還没有做到這一點。這是我們必須達到的理想，如果我們能夠作得到的話，“ahimsa”是我們現在這一刻就要達到的理想。」㉓

甘地在印度現實生活中所面對的對手是整個強大的英帝國。在印度人民爭取獨立的鬥爭中，有可能始終堅持非暴力嗎？能不能一方面堅決要求英國人退出印度，另一方面又決心盡量不傷害一個英國人，或親英的印度人？能不能通過完全和平的方式實現政權的轉移？能不能在政權轉移之後，重建印度人與英國人的眞正的平等的友好關係？甘地的答案是肯定的：

「我個人的信念是絕對清楚的。我決不有意傷害任何生物，更不要說傷害人，哪怕他們可能對我和我的朋友極

㉓ 甘地1916年2月16日在馬德拉斯的基督教青年會上的講話，轉引自**Chander** 編，*Teachings of Mahatma Gandhi*（《聖雄甘地的教導》），頁405～406。

壞。因此，雖然我認為英國的統治是災禍的根源，但是我無意傷害任何一個英國人或他在印度的合法利益。」㉔

「三億（印度）人民有沒有必要仇恨十萬個（在印度的）英國人？……敝見認為，卽使在一刹那之間對英國人抱着仇恨的態度也有損於人類的尊嚴，有損於印度的尊嚴……仇恨罪惡，但不仇恨作惡者……在印度恐怕沒有人能夠宣稱比我更猛烈地抨擊英國統治者和這種控制我們的制度的腐朽性質。我不仇恨那些自認為是我的敵手的人——我甚至宣稱作為個人來說，我是愛他們的，但這並不能使我對他們的過錯視而不見。因為如果被愛者具備某些想像出來的或實際的德性，那麼愛他就不能算博愛。如果我忠於自己，忠於人類，忠於人道主義，那麼我必須理解有血有肉的凡人所繼承下來的種種過錯。我必須理解我的對手的弱點和罪惡，並且儘管有這些弱點和罪惡，我仍然不恨他們而愛他們。我毫不猶豫地把這個使我們困苦的政府制度稱之為『魔鬼』，我認為它一無是處。但是我知道，如果我開始設計各種辦法去懲罰作惡者，那麼我就不是在對付這種制度。我的責任是愛他們，用耐心和友善的辦法去感化他們。不合作運動不是鼓吹仇恨的。我知道許多自稱堅持真理者或不合作者的人不配擁有這個稱號。他們破壞自己的信條。真正的不合作是不同流合污，不與罪惡合作，但不是與作惡者隔絕……就我自己來說，如果印度的自由意

㉔ Tendulkar, *Mahatma*（鄧多卡見，《聖雄》），第3卷，頁14。

味着消滅英國或英國人，那我寧肯不要印度的自由。」㉕

甘地一方面堅決爲建立一個獨立、民主、自由的印度而奮鬥，另一方面同樣堅決地反對在鬥爭中使用暴力。甘地曾接到匿名信，叫他不要阻止不合作運動的進展，即使發生了羣衆暴動，也任其發展。有人預言，甘地暗地裏一定使用暴力，希望知道他宣布使用暴力的快樂日子。也有人相信甘地是印度最卑鄙的人，從不表露眞正的意願，實際上他像別人一樣服膺暴力㉖。甘地到底是把非暴力作爲僞裝，作爲權宜之計呢？還是作爲哲學原理？他一生的全部行動有力地回答了這個問題。他在1919年和1922年兩次主動暫停堅持眞理運動是最突出的例證。

1919年，甘地在全印度第一次發動堅持眞理運動（反對「羅拉特法」），羣衆還不太熟悉甘地的非暴力信條，運動發展到高潮時，出現了暴力行爲㉗。4月11日甘地在孟買對羣衆演講說：

「在孟買，我們有人扔石頭，我們有人設置路障，阻止電車的通行。這不是堅持真理運動……我剛聽說有些英國紳士受了傷。有的人可能已經傷重死亡。果真如此，那是對堅持真理運動的巨大打擊。對我來說，英國人也是我們的

㉕ Tendulkar, *Mahatma*（鄧多卡兒，《聖雄》），第2卷，頁199～200。

㉖ Gandhi, The doctrine of the sword（〈寶劍主義〉），載 *Young India*（《少年印度》），1920年8月11日；同上，第2卷，頁4。

㉗ Brown, *Gandhi's rise to power*（《甘地的崛起》），頁174～175。

兄弟。我們没有理由反對他們，剛才所說的這種情況是不可容忍的……」㉘

4月14日甘地在艾哈邁達巴德對羣衆更沉痛地說：

「我說過無數次，堅持真理運動是不准使用暴力、不准搶劫、不准縱火的；但是我們當中仍然有人借堅持真理運動之名焚燒房屋、搶奪武器、劫掠錢財、阻止火車、割斷電報線、殺害無辜者、搶劫商店和私人住宅……這些行動對人民毫無益處。它們有百害而無一利。被燒毀的建築物是公共財產，自然要用我們的錢來重建。由於商店關閉而造成的損失也是我們的損失。全城由於戒嚴而造成的一片恐怖也是這些暴行帶來的後果。據說實行戒嚴的結果使許多無辜者死於非命。如果所傳屬實，則上述暴行也該對此負責。很清楚，眼前所發生的這些事情對我們有害無利。此外，這些行動最嚴重地損害了堅持真理運動。」㉙

爲了表示自我譴責，甘地決定絕食3天。4月18日他在孟買決定要大家暫時停止堅持眞理運動：

「堅持真理運動就像一棵枝幹茂密的大榕樹。民事不服從是其中的一枝。"satya"（真理）和"ahimsa"（非暴力）

㉘ **Tendulkar**, *Mahatma*（鄧多卡兒，《聖雄》），第1卷，頁252。
㉙ 同上，第1卷，頁253。

是主幹，無數的分支都是從那兒產生出來的。我們通過慘痛的教訓發現，在一種目無法紀的氣氛中，民事不服從運動迅速被人接受了，與此同時，民事不服從運動賴以正常產生的“satya”（真理）和“ahimsa”（非暴力）卻很少或根本沒有受到尊重。因此我們的任務非常艱巨，但是無從躲避。我們必須無所畏懼地傳播“satya”（真理）和“ahimsa”（非暴力）的信條，只有到那時候，我們才能開展羣衆性的堅持真理運動……這封信的主要的、唯一的目的是勸所有堅持真理者暫停民事不服從運動……」㉚

1922年，全印度第二次堅持眞理運動（不合作運動）達到了高潮，又一次比較普遍地出現了暴力現象。其中比較突出的是2月5日聯合省戈拉克普爾附近的喬里喬拉村事件。當時遊行隊伍已經相安無事地通過了警署門口，但落在隊伍後面的一些人遭到警察的干涉和虐待，大聲呼救，羣衆又轉回來。警察開槍，彈盡退入警署。羣衆放火燒警署，逃出來的警察被砍死，其餘的被投入火中。2月8日報紙登載了這一事件。甘地從2月12日起絕食5天，進行自我譴責。2月16日的《少年印度》上刊載了甘地寫的題爲〈喬里喬拉的罪惡〉的文章：

「印度宣稱是非暴力的，希望通過非暴力的方式登上自由的寶座，在這種時候，即使為了反擊嚴重的挑釁而出現的羣衆性暴力也是一種凶兆。如果神允許巴多利的非暴力不

㉚同上，第1卷，頁261～262。

服從運動成功，印度政府讓巴多利的勝利者掌了權，誰來控制不安定因素？必須預料到，這種不安定因素遇到挑釁就會產生無窮無盡的殘暴行徑。非暴力地實現自治的前提就是用非暴力的手段控制我國的種種暴力因素。非暴力不合作運動者要獲得成功，只有當他們能夠成功地控制印度的流氓歹徒時才行，換言之，至少在不合作運動推行期間，流氓歹徒也得學會基於愛國的或宗教的原因而不為非作歹。因此，喬里喬拉的悲劇使我震驚。」㉛

甘地力排衆議，堅決暫時停止堅持眞理運動。在當時要作出這樣的決定是極其困難的。國大黨的領袖們大多數已被監禁，都感到非常震驚，甚至憤怒。甘地在2月19日給獄中的賈瓦哈拉爾·尼赫魯的信中說：

「我肯定地告訴你，如果我們不暫停此事（即集體民事反抗運動），那麼我們所領導的運動就不是非暴力鬥爭，而是暴力鬥爭。毫無疑問，非暴力運動已經像玫瑰油的芬芳一樣彌漫大地，但是暴力的火藥味仍然很濃，如果忽視或低估它，將是很不明智的。通過這次退卻，事業將會壯大。運動已經在無意之中離開了準確的道路。我們回到了我們的出發點，我們能夠再勇往直前。」㉜

㉛ Gandhi, The crime of Chauri Chaura，載 *Young India*, 1922年2月16日；*CW*（《甘地全集》），第22卷，頁415～421。

㉜ Tendulkar, *Mahatma*（鄧多卡晃，《聖雄》），第2卷，頁88。

我們今天回顧歷史，可以肯定甘地的決定是有道理的。如果印度當時走上暴力革命的道路，當然也會爭取到獨立。但是，一方面，印英雙方都得付出非常沉重的代價，會犧牲無數人的生命。另一方面，以暴易暴，民族解放運動內部必然由越來越激進的派別主導。在武裝鬥爭中，由於軍事方面的需要，只能運用高度集中的領導方式，極容易用獨裁代替民主。結果，獨立的印度極可能是一個獨裁政體，而非民主政體。

1919年暫時退卻以後，印度民族解放運動始終堅持非暴力的方向。在長期的鬥爭中，甘地哲學中的非暴力信條影響越來越大。有一批民族解放的鬥士眞正把非暴力作爲最高原則，而不僅僅是權宜之計。他們身體力行，在必要時甚至不惜犧牲自己的生命去實現非暴力原則。在無數感人的事例中，我們只舉一例。

甘地在進行了著名的食鹽長征之後，決定領導隊伍去占領孟買以北 150 英里的達拉沙拉鹽場。但是政府於1930年 5 月 4 日將他逮捕了。繼承甘地領導運動的奈杜夫人於 5 月21日率領 2,500 名志願隊員去占領達拉沙拉鹽場。美聯社的著名記者密勒作了現場報導：

「聖雄甘地的次子馬利拉走在隊伍的最前面。在一片寂靜中，甘地的信徒們停了下來，站在鹽場鐵絲網外面一百碼處。第一個横隊離開大隊，涉過水溝，走向鐵絲網……突然一聲令下，幾十個印度警察衝向志願隊員，用帶鐵尖的木棍，暴風雨似地猛打他們的腦袋。隊員們當中甚至沒有一個人舉起手來抵擋木棍。他們就像被保齡球擊中的木柱一樣倒了下去。從我所站的地方，可以聽到木棍打在沒有保護的頭蓋骨上的聲音，使人難受。等在後面的大隊志願隊員覺得每一下打擊都像落在自己頭上一樣痛苦，發出呻吟和抽泣。那些被打倒的隊員或失去知覺，躺在地上，或頭破血流，或肩膀骨折，痛得在地上翻滾……沒有被打倒的人，隊形不亂，靜靜地頑強地走上前去，一直到被打倒為止。他們昂首挺胸，勇往直前，沒有軍樂助威，沒有吶喊助陣，也沒有逃過重傷或死亡的可能性。警察衝出來，如法炮製，機械似地又將第二批隊員們打倒。沒有反擊，沒有搏鬥；隊員們只是向前走去，直到被打倒為止……一小時又一小時，擔架隊員不斷地擡下一動不動、血肉模糊的軀體。」㉝

1982年上映的電影「甘地」真實地再現了這幕悲劇㉞。這批志願隊員沒有奪到鹽場。但這一點無關緊要。密勒的電訊報導由美聯社發出，在全世界1,350家報紙上披露，引起了震動。全世界都看到了甘地信徒對非暴力原則的堅定信念。他們爲了重建一個獨立、民主、自由、和平的印度，不惜犧牲一切，包括自己的生命。同時他們決不訴諸暴力。他們寧肯自己受傷死亡，也不傷害敵手。他們堅信，他們的這種自我犧牲精神不僅能感動印度人

㉝ Webb Miller, *I found no peace, the journal of a foreign correspondent*（密勒，《我發現沒有和平，一個外國記者的日記》），New York, The Literary Guild, Inc., 1936年，第16章，轉引自 Fischer, *The life of Mahatma Gandhi*（費施爾，《聖雄甘地的生平》），頁273～274。

㉞ Gandhi (film)（《甘地》），（電影）。

民，使更多的人奮起，不僅能感動世界輿論，使各國人民同情印度人民的解放事業，而且最終能感動英國人當中天良未泯者，讓他們促使本國政府以更理智的態度處理危機。印度用和平方式取得獨立的歷史事實最終證明他們信仰的非暴力是能夠克服強大帝國的暴力的。

甘地把非暴力作爲解決衝突的唯一手段是對政治哲學的一個劃時代的貢獻。西方的傳統政治哲學未能適當地處理手段問題。有的政治哲學家承認，不得不把暴力作爲唯一可供選擇的最後手段是一種失敗。其他人則作出空洞的姿態，似乎在探索新的途徑，但是因力不勝任而無所進展。還有一些人坦率地贊成暴力手段，研究怎樣以暴力爲基礎來實現目的與手段之間的轉化，但是陷入了將眞理徹底毀滅的灰燼之中而無以自拔。西方的相對主義者也沒有能提供什麼東西。對相對主義者來說，人本身是檢驗眞理的標準，人類的一致同意是眞理的第一標準㉟。但是，一旦發生衝突，怎樣達到一致同意呢？政治哲學家啞口無言，無法提供答案㊱。

甘地提供了答案。他堅決反對把目的與手段割裂開來，不管爲了多麼崇高的目標也不能不擇手段。手段必須與目標一樣崇高。卑鄙的手段本身就不可能導致崇高的目標。非暴力是手段，眞理是目標，這兩者是不可割裂的。他去世前不久在德里的一次

㉟ Ludwig Feuerbach, *The essence of Christianity*（費爾巴哈，《基督教原理》），Narion Evans 譯，London: John Chapman, 1854年，頁 157。

㊱ 參閱 Bondurant, *Conquest of violence*（《征服暴力》），頁 32。

祈禱會上再次重申，手段與目標是兩個可以互相換用的名詞[37]。用非暴力的手段追求眞理時，不可能傷害他人。如果用傷害他人的手段去追求眞理，眞理本身就失去了意義。堅持眞理者必須用溫和的方式去說服持不同意見者。與此同時，堅持眞理者必須不斷地檢查自己的立場，因爲他的對手可能比他更接近眞理。堅持眞理運動中的第三個要素——自我受難，則保證了堅持眞理者的態度的眞誠，防止他傳播自己也不那麼吃得準的眞理。因爲堅持眞理就得做好受難的準備，而不是做好打擊對手的準備，所以只有當他確信無疑，準備爲了心中的眞理受盡一切苦難時，才會開始向世人傳播眞理。堅持眞理運動的目標是戰勝造成衝突的環境，發現更多的相對眞理，說服對手接受眞理，而不是戰勝對手。當然，並不是一碰到一般的小分歧就有必要發動堅持眞理運動，人們在日常工作中完全可以求大同，存小異。只有出現重大的嚴重的分歧時才有必要發動堅持眞理運動。在運動中，堅持眞理者隨時準備修正自己的觀點與目標，如果他被對手說服，發現這些觀點與目標是錯誤的話，他沒有固定的一成不變的目標。或許堅持眞理運動的最顯著的特點就是它的目標是具有很大可變性的，而它的手段的非暴力性質卻是不可改變的。這並不意味着堅持眞理者是軟弱的或容易戰勝的對手。如果他堅信自己原來的立場更接近眞理，他會寧肯犧牲生命也不放棄原來的立場。他的眞正的信條是作爲手段的非暴力，他只能被說服，而不可能被壓服。如果雙方都嚴格遵守非暴力進行鬥爭，那麼鬥爭將導致什麼樣的社會

---

[37] M. K. Gandhi, *Delhi diary: prayer speeches from 10-9-'47 to 30-1-'48*（甘地，《德里日記：從47年9月10日到48年1月30日的祈禱講話》），Ahmedabad: Navajiban, 1948年，頁58。

和政治結論，是不必，也不可能由一方預先確定的。甘地寫道：

> 「人們說，我改變了我的觀點，我今天說的某些東西與我若干年以前說的不一樣了。問題的實質是條件變化了。我是依然故我……我的環境逐步變化了，我只是作為一個堅持真理者對它作出反應而已。」㊳

對於一些具體問題，比如，信仰甘地思想的人是不是可以參加議會之類的事，他確實隨着具體政治形勢的變化而提出不同的處理辦法，但對於作爲基本哲學信念的眞理與非暴力，他是自始至終毫不動搖的。

甘地在爭取印度獨立的鬥爭中始終堅信這場運動是“ahimsa”（仁愛，非暴力）的體現，但是，正是在印度取得獨立後，他的這個信念受到了前所未有的嚴峻考驗。全印度幾乎到處出現印度教徒與伊斯蘭教徒的衝突，印巴分治以後，大批印度教難民從巴基斯坦逃往印度，而大批穆斯林難民從印度逃往巴基斯坦，許多地方出現了嚴重的暴亂。這一時期甘地對自己領導的獨立鬥爭進行了最嚴厲的自我批判。他的最後的看法體現在他被暗殺前幾天與K．馬丁的談話中。甘地詳細解釋了自由運動並不是最高意義上的非暴力運動。如果它是強者的非暴力，那麼，最近發生的這種屠殺就不可能出現了。他是在諾阿卡利巡視途中發現這一點的，從此以後，他不斷地把這一事實告訴所有的人。他覺得獨立鬥爭中的非暴力只是一種權宜之計，以非暴力的方式抵抗白人，

㊳ *Harijan*（《神之子民》周刊），1939年1月28日。

只是因爲我們沒有進行戰爭的軍事力量。眞正的非暴力是強者的武器。在回答馬丁的問題時，甘地承認自己從未認爲現在的政府官員是相信非暴力的。甘地回憶起，一位國大黨的領導人毛拉納·阿扎德曾說過：「一旦我們得到政權，我們不可能以非暴力的方式來保持政權。」甘地指出，眞正的非暴力的人是不可能自己保持政權的。他從他所服務的人民那裏得到權力。對這樣的人或這樣的政府來說，非暴力的軍隊是完全可能的。選民們自己會說，「我們不需要任何軍隊的保衞」。甘地指出，一支非暴力的軍隊用純潔的武器反擊一切非正義行爲或進攻[39]。

通過這次對話，我們可以看到，甘地直到自己生命的盡頭仍然堅信“ahimsa”（仁愛，非暴力），只是對獨立鬥爭是否最高意義上的“ahimsa”（仁愛）的體現表示懷疑。甘地的這種懷疑是有道理的。儘管甘地在印度民衆中擁有其他領袖無法相比的號召力，甘地可以不通過國大黨直接向民衆呼籲，事實上他也多次這樣做過，但是，在大規模鬥爭的主要階段中，他還是得通過國大黨領導民衆。眞正服膺甘地哲學的鬥士在鬥爭中起了關鍵的表率作用，但他們人數並不很多。國大黨的主要領導人基本上仍然相信西方民主政治的模式，並不眞誠信服甘地哲學。因此一旦國大黨奪得了政權，就把甘地非暴力的主張擱在一邊了。甘地領導的解放運動儘管影響了空前衆多的人口，但是以印度之大，畢竟還有許多人並未深受非暴力思想感化，一旦英國政權退出，而獨立的印度與巴基斯坦政府不願像英國人一樣鎭壓民衆，領導人本身又往往偏向某種宗教，結果民衆中的各種暴力傾向就集中地在教

---

[39] **Tendulkar**，*Mahatma*（鄧多卡兒，《聖雄》），1961年版，第8卷，頁280～281。

派衝突問題上爆發出來了。

甘地在最後幾年對自己領導的運動給與了最嚴厲的自我批判，這種坦率的態度在世界政治史上是罕見的。多少政客儘量隱瞞眞相，文過飾非，開脫自己的責任，而甘地卻在別人爲他的非暴力鬥爭取得的成就高唱贊歌的時候，不顧個人內心的強烈痛苦，坦然承認自己領導的運動沒有達到非暴力的最高標準。我們今天評價一個歷史人物，不是看他沒有作到什麼，而是看他比自己的前輩前進了多少。無疑，甘地以前人從來沒有做到過的規模把非暴力鬥爭形式引入了政治領域，而這種非暴力精神並沒有隨着他的故世而消逝，直到今天仍然在蓬勃發展，成爲全人類永久和平的新時代的曙光。

第三節　Tapasya（自我受難，禁欲）

“tapasya”有多種含義，可以解釋爲自我受難、苦行、苦修、禁欲、犧牲。甘地認爲：「仁愛的考驗是“tapasya”，而“tapasya”的意思就是自我受難。」㊵他把“tapasya”（自我受難）作爲對“ahimsa”（仁愛，非暴力）的考驗。受難是堅持眞理運動中除了眞理、非暴力之外的第三個基本要素㊶。甘地寫道：

> 「活動狀態的非暴力意味着有意識的受難。這並不意味着對作惡者的意旨逆來順受，相反，這意味着以一個人的整個良知去對抗暴君的意志。遵循人類的這條規律，一個人

㊵ *Young India*（《少年印度》周刊），1922年6月12日。

㊶ Bondurant, *Conquest of violence*（《征服暴力》），頁26。

就可以對抗一個非正義的帝國的全部力量。」㊷

甘地對於爲什麼受難是非暴力的要素作了解釋:

「寧肯在自己身上忍受傷害……是非暴力的要素，我們選擇它來取代對他人的暴力。並不是因為我低估生命的價值，所以我能夠歡歡喜喜地鼓勵成千人自願地為了堅持真理運動而犧牲他們的生命，而是因為我知道，這樣做從長遠來看犧牲的生命是最少的，更重要的是，這樣做能使那些犧牲者崇高，使這個世界由於他們的獻身而在道德方面更加充實。」㊸

甘地心目中的"tapasya"(自我受難)是堅持眞理運動中用來對敵手進行道德說服的方式，並不是因爲不能運用暴力手段戰勝敵人，所以不得不採取的權宜之計，並不是弱者的武器，它顯然在傳統意義上的"tapasya"(苦行)的基礎上有了很大的發展。不過，如果我們對甘地思想成長的過程細加分析，就可以發現它仍然與傳統的苦行有密切關係。甘地始終把個人的極其嚴格的道德修養與民族解放的大業緊密聯繫在一起。這種道德修養比較全面地在眞理耕讀新村的六條守則和其他一些規定中體現出來，六條守則是: 眞理、非暴力、節欲、節食、不偷竊、不私蓄。另外一

㊷ *Young India*(《少年印度》周刊)，1920年8月11日。

㊸ **M. K. Gandhi**, *Non-violence in peace & war*(甘地，《和平與戰爭中的非暴力》)，第2版，**Ahmedabad: Navajivan, 1944**年，頁49。

條重要規定是參加體力勞動。

“ahimsa”（不殺生）是印度教、耆那教和佛教的共同信條，爲了遵從這條信條，持戒方面的一個表現就是素食。這可能是甘地最早，也比較容易實行的戒律。因爲他的家庭相信印度教的毗濕奴教派，堅持戒殺素食，所以甘地從小就養成了這種習慣。他儘管在一個朋友的慫恿下嘗試過肉食，但很快放棄了。在離開印度前往英國留學之前，他在母親的要求下，發誓不碰酒、女色和肉食。在倫敦的年代，他信守誓言，並且參加了素食協會㊹。他終生都是一個嚴格的素食者。他主辦的耕讀新村裏也素食㊺。這看來是比較普通的一種持戒，中國的和尚與許多信佛教的人都素食。但是，當甘地和他的信徒把生活上的素食和哲學上的不殺生運用到政治領域中來的時候，就產生了不同尋常的意義。連他們最不妥協的敵人也知道，他們是連蒼蠅都不願意殺一隻的善人，不懷疑他們會有意殺傷對手或煽動暴亂。這樣就使對手比較容易走到談判桌邊來，爲政權的和平轉移創造了前提。

甘地的苦行的第二個方面是體力勞動。他從羅斯金（公元1819～1900年）著作中認識到勞動的生活，即農民和手工業者的生活是有價值的生活。他建立了第一個“ashram”（耕讀新村），當時並未用這個名字，只稱爲「芳尼克斯居留地」，打算住到居留地裏去，靠體力勞動爲生，把這個居留地建設好，但是因忙於

㊹ Gandhi, *Autobiography*（甘地，《自傳》），頁21～31、44～45、53～56。

㊺ 關於西迦昂耕讀新村的素食情況，費施爾親自嘗過，並有生動的描寫。見 Fischer, *The life of Mahatma Gandhi*（《聖雄甘地的生平》），頁363～380。

政治活動而未能如願，實際在那裏的時間並不多。後來他又建立了托爾斯泰農場。回到印度以後，甘地決定建立一個類似的組織，命名爲“satyagraha ashram”，“satyagraha”意爲「眞理」或「堅持眞理」，“ashram”意爲「寺舍」，是印度教寺院的梵文名稱，本書翻譯爲耕讀新村㊻。新村裏把體力勞動作爲人天生的義務，因此，只靠體力勞動爲生，而將腦力與精神的力量貢獻給大衆的幸福。教師們應該用部分時間耕種土地，如果無地可耕，則改爲紡紗織布。甘地自己在1920年發誓每天紡紗半小時。他終生堅持不斷，卽使在監獄裏也不停止。甘地把手工紡織發展成幫助千百萬印度窮人謀生，抵制外國布匹，發動羣衆，從而爭取自治的土布運動。由於他的提議，國大黨通過決議，每個黨員必須每天紡紗半小時。在他的支持下，印度國旗被設計爲中央有一個紡車圖案，後改進成阿育王在薩爾納特建造的柱頭上的法輪的模樣，加上了仁慈的含義㊼。

甘地的苦行的第三個方面是不偷竊和不私蓄，這來自印度傳統道德的“asteya”（不盜，不偷竊）和“aparigraha”（不私蓄），可以結合起來研究㊽。甘地是在1906年產生拋棄身外之物，安貧

㊻ Gandhi, *Autobiography*（甘地，《自傳》），頁344～346、353、461～462；Gandhi, History of Satyagraha Ashram（甘地，〈眞理耕讀新村史〉），載 *CW*（《甘地全集》），第50卷，頁188～1225。Ashram 的固有譯法當爲寺舍，但我覺得甘地的 ashram 除了吸收古代印度教的寺院傳統之外，還吸收了羅斯金重視體力勞動的思想，故譯作耕讀新村。

㊼ Tendulkar, *Mahatma*（鄧多卡兒，《聖雄》），第1卷，頁171；第2卷，頁27、104、135～138、37～38；第8卷，頁57～59。

㊽ Tahinen, *The core of Gandhi's philosophy*（《甘地哲學的核心》），頁70。

樂道，與普通印度人同甘共苦的思想的。他寫信告訴哥哥，傾自己所有的財產作了公用，因此不能滿足哥哥的經濟需要。當時甘地在南非的律師業務已經相當成功，他年收入達五、六千鎊，但是他1910年毅然放棄了這份業務，在新村裏像最窮苦的人一樣，過每個月只花三鎊的生活。1912年又將全部私產 5,130 鎊 4 先令 5 辨士捐作公用。回到印度，創立眞理耕讀新村時，甘地把不偷竊和不私蓄作爲新村的守則㊾。甘地的妻子卡斯托曾私蓄 4 個盧比的捐款，他的一個侄子也有點私蓄，甘地得知以後，非常難過，在雜誌上發表了〈我的悲傷，我的恥辱〉，作爲懺悔㊿。由此可見他遵守這兩條守則的嚴格程度。甘地在倫敦留學的年代，曾與許多留學生一樣，衣着華麗。1909年他前往倫敦請願時，還一度恢復英國紳士派頭51。但他跑遍印度各地，經常看到許多印度農民衣不蔽體，爲了與他們同甘共苦，爲了提倡穿土布，他從1921年開始基本只繫一條腰布，同時以剃光頭髮和半裸表示對印度未獲自治的哀痛52。甘地在自己的人生道路上一步一步地使自己的生活水平接近占印度大多數的農民，是因爲他決定「我不享受

㊾ Tendulkar, *Mahatma*（鄧多卡兒，《聖雄》），第 1 卷，頁 76～77、120、131、128、170。

㊿ Gandhi, My shame and sorrow, 載 *The Bombay Chronicle*（《孟買記事報》），1929年 4 月 8 日；*CW*（《甘地全集》），第15卷，頁 347～349 。

51 Tendulkar, *Mahatma*（鄧多卡兒，《聖雄》），第 1 卷，頁 30、102。

52 Gandhi, My loin-cloth（〈我的腰布〉），載 *The Hindu*（《印度》），1921年10月15日；*CW*（《甘地全集》），第21卷，頁 225～227；Tendulkar, *Mahatma*（鄧多卡兒，《聖雄》），頁 59～60。

大衆不能分享的東西」。在印度千百萬窮人沒有獲得溫飽之前，他認爲自己沒有權力享受比他們更多的東西㊾。甘地的甘於淡泊和安貧樂道恰巧與許多政客的貪污腐敗形成鮮明的對照。他把自己的生活降低到廣大民衆的水平，即使在印度獨立以後也不改初衷，這是他能成爲廣大農民與知識分子之間的橋樑，獲得三億印度人民崇敬的一個重要原因。

甘地的禁欲的第四個方面是斷絕情欲。在印度傳統裏，斷絕情欲是以"brahmacharya"（梵行）的形式出現的。在離開印度，赴英留學前夕，他在母親的要求下曾發誓不近女色。他認眞考慮斷絕情欲則是在1906年組魯戰爭期間領導擔架隊行進在荒涼的山谷裏的時候。在艱苦的行軍中，他想到，如果他要以這樣的方式獻身於社會服務，他必須放棄要更多的孩子和財富的欲望，過一種"vanaprastha"（林栖期）的生活——即解脫家室之累的生活。當他與妻子商量時，妻子並不反對。於是他發誓終生不再與妻子發生性關係，他們將像朋友一樣地生活在一起㊿。甘地的戒絕情欲又恰巧與許多政客的荒淫無恥形成鮮明的對照。甘地對婦女的極其純潔的態度使他贏得了無數婦女及其丈夫們的高度信任，即使是穆斯林婦女也常常毫不猶豫地在他面前摘下面紗。他始終堅持男女平等，在爭取民族解放的鬥爭中，婦女的參加使工作的力量倍增(55)。

---

(53) Gandhi, *Sarvodaya*（《大同》），Ahmedabad: Navajivan, 1954年，頁54、14。

(54) Gandhi, *Autobiography*（甘地，《自傳》），頁234～242。

(55) Gandhi, Women's contribution（〈婦女的貢獻〉），載 *Navajivan*（《拉瓦吉瓦》），1922年1月15日；*CW*（《甘地全集》），第22卷，頁185～188。

甘地苦行的最高境界是完全把自己看作眞理之神的器皿。他爲了追求眞理，日常生活中已經把自己個人的欲望降低到最低限度。他所能進一步貢獻出來的便只有自己的軀體的自由與生命了。

入獄就是剝奪一個人軀體的自由。通常革命者總是千方百計地逃避敵人的逮捕，一旦逮捕也盡量欺騙敵人，或進行辯護，爭取輕判，入獄之後則爭取提前釋放或越獄。甘地則採取不同的態度。他從未逃避逮捕。因爲他隨時準備爲了印度的自由而犧牲自己個人的自由。他在1922年的大審判的口頭聲明中最確切地表明了自己對監禁的態度:

「我晝夜思量，覺得自己不可能說與喬里喬拉的殘酷罪行或孟買的瘋狂暴行全無關係。他（檢察長）說，作為一個具有責任感的、受過相當教育的、具有相當社會經驗的人，我應該知道自己的每一個行動的後果，他這樣說是對的。我知道這些後果。我知道我是在玩火。我甘冒危險，而且如果我獲得自由，我還會這樣做……非暴力是我的第一信條，也是最後的信條。但是我必須作出選擇。我必須或者屈服於這個我認為已經嚴重危害我國的制度，或者冒險讓我的人民了解我說的真理而怒火沖天。我知道我的人民有時候會狂怒。我為這一點深感歉疚，因此，我在這兒不是甘受輕的刑罰，而是甘受最重的刑罰。我不要求赦免，我不祈求減刑。因此，我在這兒要求並甘受可以加在我身上的最重刑罰，這樣判刑的原因在法律看來是故意犯罪，對我來說則是一個公民的最高責任。」[56]

---

[56] Tendulkar, *Mahatma*（鄧多卡兒，《聖雄》），第2卷，頁97。

甘地是以自己的自由甚至生命爲代價來爲自己的一言一行負責的。由於身爲最高領袖的甘地抱着無所畏懼的態度入獄，印度成萬的鬥士都以入獄爲榮。甚至被囚禁起來的甘地仍然對獄外的羣衆具有極大的號召力，就像邱吉爾（公元1874～1965年）講的，印度政府將甘地關起來，然後坐在他的囚室門外，哀求他幫助他們解決困難(57)。

甘地爲了追求眞理，決心把生死置之度外。他寫道：「就像在使用暴力的訓練中一個人必須學習屠殺的技巧，在非暴力的訓練中一個人必須學會視死如歸……信仰非暴力的人爲了無所畏懼，必須培養以最高形式作出犧牲的能力……沒有克服一切恐懼的人不能把“ahimsa”(非暴力)實行到底。」(58)絕食至死是堅持眞理者的最後的武器。但是，絕食不能用來對付敵人，只能用來感化最接近、最親密的人。甘地一生中絕食過多次，最令人感動的一次當推1947年9月在加爾各答的絕食。當時印度已經獨立，但是印回矛盾日益激烈，在加爾各答發生了大暴亂。甘地立即趕到那裏，對印回雙方進行勸導，一度局勢稍見平靜，但不久死灰復燃，甘地決定用絕食來感動作亂者的心弦，從9月1日開始停止進食，只要加爾各答一天不恢復平靜，他就一天不恢復進食，絕食至死。他說：「印度各地都在自相殘殺，我正在認眞地考慮自己的責任……如果這是神的意志的話，我寧肯獻出自己的生命，而不願意活着眼看這片大好河山染上印回仇殺的血跡。」他對穆盟的一個領袖說：「如果穆斯林熱愛我，認爲我還有點價值，那麼即使整個加爾各答都發了瘋，他們也絕不放任復仇和報復的本

(57) 同上，第3卷，頁46。

(58) *Hariian*（《神之子民》），1940年9月1日。

能，以此來證明他們對我的信任。」他對印度教徒說，直到穆斯林自己跑來告訴他，他們已經感到安全和保險，他不再需要繼續絕食時，他才會停止絕食。如果他不能使他們清除鄰里殘殺的毒素，那麼他覺得活着已無意義，他不在乎繼續絕食下去。77歲高齡的甘地爲了他熱愛的印度教徒與穆斯林和睦相處，不惜絕食至死，終於感動了印回雙方，使加爾各答恢復了平靜[59]。

除了主動絕食、不惜殺身成仁之外，甘地對被動地在某一次暗殺中犧牲生命始終抱着視死如歸的決心。1934年，他爲了解放賤民，跋涉12,500英里，進行宣傳與募集基金，引起了印度教頑固派的仇恨，於6月25日派人行刺，未遂。甘地在《神之子民》周刊上寫道：

> 「我並不渴望殉難，但是，為了捍衛我與千百萬印度教徒的共同信仰，在履行我承當的最高責任的道路上，如果我殉難了，那是我當之無愧的，未來的歷史學家可以說，我不折不扣地兑現了自己在神之子民面前所發的誓言——如果需要，我不惜為解放賤民而死。」[60]

甘地禁欲的最後境界是戒絕權勢欲。甘地在民族解放運動中作出了巨大貢獻，因而在國大黨內有崇高的威望，1921年12月甘

---

[59] Tendulkar, *Mahatma*（鄧多卡兒，《聖雄》），第8卷，頁105～109。

[60] Gandhi, Statement on bomb incident（〈關於炸彈事件的聲明〉），載於 *Harijan*（《神之子民》周刊），1934年6月29日；*CW*（《甘地全集》），第58卷，頁108～109。

地被國大黨授權爲運動的執行統領。在堅持眞理運動暫停，甘地被捕入獄期間，國大黨內成立了主張參加議會鬥爭的自治派，甘地不贊成參加議會，但是當政府壓制自治派時，甘地不僅沒有乘機打擊反對派，反而說服自己的追隨者，與自治派達成協議，加強黨內團結，並在1925年主動將國大黨的領導權交給自治派領袖莫提拉爾·尼赫魯（公元1861～1931年）[61]。1929年7月6日甘地得知他被提名爲下屆國大黨主席候選人，他推薦年輕一代的賈瓦哈拉爾·尼赫魯代替自己：

> 「我與新興的一代之間有一段距離。我並不認為自己已是老古董。但是當我在他們中間工作時，我知道我必須靠後坐，讓巨浪越過我。老年人有過他們的鼎盛時代。未來的鬥爭必須由年輕的男女去進行。他們由自己當中的一個人來領導才合適。老人應該禮讓，如果不識時務就會被人攆走。肩負責任會使年輕人成熟和沉着，為挑起他們必將肩負的重擔作好準備。」[62]

當時甘地不過60歲，就在次年他進行了食鹽長征，每天走十幾英里，24天裏步行了241英里，完全沒有老態。以食鹽長征開始的鬥爭迫使英國人着手談判，有記者問甘地是否會擔任自由印度的總理，甘地說，這應該留給年輕有爲的人去作[63]。1934年他退出了國大黨，致力於提倡土布，鄉村工業等建設性工作，完全無意

[61] Tendulkar, *Mahatma*（鄧多卡兒，《聖雄》），第2卷，頁72、114、127～129、164～168、196～197。

[62] 同上，頁371。

[63] 同上，第3卷，頁60。

於爭奪最高政治權力。他於1947年再次支持尼赫魯出任國大黨主席。根據沃爾芬斯坦的研究，甘地比列寧（公元1870～1924年）、托洛斯基（公元1879～1940年）更成功地處理了政治接班人的問題[64]。正因爲甘地願意爲印度的獨立貢獻一切，包括自己的生命，而眞心誠意地不追求個人的權力，他在國大黨各派當中都贏得了高度信任。耐人尋味的是，正因爲他功成不居，反而使他擁有特別漫長的政治生涯，對其他政治家來說意味着永遠退出舞臺或政治自殺的事件，對他來說等閒視之，他可以一次又一次地回到政治舞臺中央來，發揮巨大的政治作用[65]。

甘地的整個倫理哲學是與西方中產階級追求個人世俗幸福的倫理哲學格格不入的。他的政治哲學也與西方政治家通過民主方式追求權力的政治哲學大不相同。在甘地哲學裏，無私與追求眞理，“ahimsa”（仁愛）是不可分割的：

> 「我們很難為神下一個定義，如果竟然能下定義的話，那麼我要說，神就是真理。除非通過仁愛，不可能接近真理之神。只有當人把他自己降為零的時候，仁愛才能充分表現出來。把自己降為零的過程是男人或女人所能夠進行的最高努力。這是唯一值得進行的努力，只有通過不斷的自我克制才可能進行這種努力。」[66]

---

[64] Wolfenstein, *The revolutionary personality*（《革命者的個性》），頁288～292。

[65] Brown, *Gandhi: prisoner of hope*（《甘地：抱著希望的囚徒》），頁389。

[66] Gandhi to B. Matthews（〈甘地致B・馬休玆〉），1927年6月8日，*CW*（《甘地全集》），第23卷，頁452。

這種克制對甘地來說，從來不可能是輕而易舉的。就是節制飲食這一點，甘地承認也相當困難，因爲他是一個食量很大的人。至於禁絕性欲，他在自傳中承認，56年來，他越來越覺得這就像在刀刃上行走一樣困難(67)。這兩項主要是他個人的事，其他克制還涉及他最親近的人。拋棄私人財產，把生活和對子女的教育降低到普通印度人民的水平，是經過耐心說服，才使妻子接受的，而他的長子終於與他分道揚鑣(68)。至於在政治上功成不居，則很容易在他的最堅決的支持者當中引起怨言。他完全服從國大黨的民主作風，但是當他發現自己難以贏得絕大多數人的衷心支持時，他像其他政治家一樣，甚至比其他政治家更甚地感到被擊敗和屈辱(69)。然而，甘地畢竟克服了常人難以想像的阻力，達到了可謂完全無私的境界，贏得了印度絕大多數民族解放運動領袖的由衷信任和廣大人民的崇敬，領導自己的同胞用非暴力的方式建立了獨立與民主的新印度。

第四節 Satyagraha（堅持眞理）

甘地認爲眞理與非暴力就像一個銅板的兩面，是難以分割的。同樣，自我受難也與這兩個概念難分難捨地交織在一起。

---

(67) Gandhi, *Autobiography*（甘地，《自傳》），頁371～373、239。

(68) Fischer, *The life of Mahatma Gandhi*（《聖雄甘地的生平》），頁205～214。

(69) Gandhi, Defeated and humbled（〈被擊敗的與屈辱的〉），載於 *Young India*（《少年印度》），1924年7月3日；*CW*（《甘地全集》），第24卷，頁334～338。

眞理、非暴力、自我受難這三個概念又相互結合，共同組成了第四個概念——“satyagraha”（堅持眞理）。“satyagraha”就是用非暴力的方式，通常通過自我受難來堅持眞理。眞理是甘地哲學追求的目的。但是，無論在理論上，還是在實際生活中，各人對眞理的理解各不相同，有時截然相反。各人只能認識眞理的一個或幾個側面，即只能認識相對眞理。當人們的認識互相衝突時，不應該用暴力的方式來解決衝突。沒有人能夠保證只有自己認識了絕對眞理，而對手是絕對謬誤的。用暴力傷害甚至殺害對手，不僅無助於追求眞理，而且阻礙乃至消滅了對手追求眞理的努力，並且使自己吸收不同意見、擴大對眞理的認識的可能性縮小了。暴力從本質上來說是與眞理背道而馳的。因此，一個眞正的堅持眞理者必須永遠堅持用非暴力的方式來說服持不同意見者。然而，在現實生活中，對手往往訴諸暴力。在這種情況下，堅持眞理者不是屈服於暴力，也不是以牙還牙，以眼還眼。如果以暴力對抗暴力，只會更嚴重地損害眞理。雙方在暴力抗爭中，會越來越被憤怒與仇恨所控制，失去應有的理智，可能導致兩敗俱傷，互相毀滅，乃至整個人類的自殺。因此，如果堅持眞理者希望人類生存下去，不是越來越遠離眞理，而是越來越接近眞理，那麼他就必須忍受對手加在他身上的一切痛苦，絕不用暴力還擊，並且用自己的受難去感化對手，使對手相信自己對他並無惡意，用自己的仁愛去溫暖對手的心靈，使對手回到理智的狀態中來，也接受非暴力的原則。使對手相信，非暴力原則是雙方共同利益之所在。這是人類避免自我毀滅的唯一出路。

甘地並不是在書齋裏先構想出“satyagraha”，然後再運用到生活中去的。他是在實際鬥爭中逐步形成“satyagraha”的整套哲學的。

1906年8月，特蘭斯瓦爾政府官報公布一項命令，要求所有的印度人向當局登記，並且必須一直隨身攜帶居留證，如果違背，則處以三個月徒刑或驅逐出境。這道法令被稱之爲「黑法」。9月11日，甘地等在約翰尼斯堡的猶太帝國戲院召集羣衆大會，通過決議，不服從黑法。在甘地的提議下，全體向神莊嚴發誓，不惜入獄，奮鬥到底。甘地當時用消極抵抗（passive resistance）來描述這個運動。隨着鬥爭的深入，這個名稱引起了混亂。這個外國詞兒在印僑當中也很難上口。於是甘地在《印度民意報》上懸賞爲這個運動徵求名字。甘地的侄兒瑪迦納・甘地建議命名爲"sadagraha"（沙達格拉哈），意爲「堅持正道」。甘地很喜歡這個詞，但認爲還不能夠完全表達他希望包含的意思，因此改爲"satyagraha"（撒塔格拉哈）。"satya"意爲「眞理」，"graha"意爲「堅持」[70]。後來甘地說：「"satyagraha"翻譯成英文意爲『眞理的力量』。我想，托爾斯泰也把它稱爲靈魂的力量或仁愛的力量，確實如此。」[71]

消極抵抗這個名稱主要是與婦女參政運動等歐洲的運動聯繫在一起的。用消極抵抗來稱呼甘地的非暴力抵抗至少容易引起兩個誤解。

第一個誤解是，消極抵抗通常被認爲是弱者的武器。婦女參政運動者在體力上較弱，在人數上較少，沒有參政權，只能把消

[70] Gandhi, *Satyagraha in South Africa*（甘地，《南非的堅持眞理運動》），Madras: Ganesan, 1928年，第12章，頁161～173。

[71] N. K. Bose, *Selections from Gandhi*（鮑斯，《甘地選集》），Ahmedabad: Navajivan Publishing House, 1957年，頁218。

極抵抗作爲唯一的武器(72)。甘地認爲堅持眞理運動絕不是弱者的武器，相反，這是精神上最強的人才能使用的武器：

> 「有人說，這是那些不能用暴力對抗暴力的弱者才使用的武器，這麼說是完全不確實的。這種偏見是由消極抵抗這個英文詞兒的辭不達意所造成的。認為自己是弱者的人不可能運用這種力量。有些人認識到在人類的心靈裏有某種精神遠遠高於，並總是征服人類的獸性，只有這些人才能成為堅持真理者。這種力量必然戰勝暴力，也就是戰勝一切暴政，一切非正義，就像光明必然戰勝黑暗一樣。」(73)

第二個誤解是，消極抵抗通常並不絕對排除暴力。婦女參政運動者爲了達到她（他）們的目的，有時焚燒建築物，當情況要求使用暴力時，並不拒絕使用暴力。因此，當印度人在南非使用消極抵抗這個名稱時，他們立刻被人認爲是對他人的生命和財產的一種威脅，就像婦女參政運動者是一種威脅一樣(74)。甘地指出了堅持眞理運動與消極抵抗在對待暴力問題上的區別：

> 「消極抵抗可能與使用武器同時進行。堅持真理運動與暴力截然相反，永遠不可能走到一起去。在消極抵抗裏，

---

(72) Richards, *The philosophy of Gandhi*（《甘地哲學》），頁49。

(73) *Young India*（《少年印度》周刊），1927年11月3日；Gandhi, *Non-violent resistance*（甘地，《非暴力抵抗》），頁35。

(74) Gandhi, *The selected works of Mahatma Gandhi*（甘地，《聖雄甘地選集》），Ahmedabad, Navajivan Publishing House, 1968年，第3卷，頁153～155。

常常會出現一種困擾對手的想法，同時準備經受由此引起的，加在我們頭上的苦難；而在堅持真理運動中沒有最輕微的傷害對手的念頭。堅持真理運動理所當然地通過自我受難來征服對手。」[75]

甘地通過選擇「堅持眞理運動」這個名稱，把印度人運動中的非暴力抵抗與歐洲人運動中的消極抵抗區別開來，從而避免了概念混淆，同時使南非各界更好地理解印僑的目的與手段。但是，他選擇堅持眞理運動這個名稱還有更深遠的意義：它把甘地的行動與甘地哲學的基本信念牢牢地聯繫在一起。甘地關於眞理（卽神）、靈魂（atman），和梵我合一的信念通過這個名稱得到了具體的表述。因此，它也被稱爲眞理的力量，或靈魂的力量[76]。

甘地指出，「不合作和民事不服從是堅持眞理運動這棵大樹的不同分支」[77]。

民事不服從這個名稱是美國作家索洛（公元1817～1862年）首先使用的，表示他反抗國家的法律，並以此爲題寫了一篇著名的論文。甘地用民事不服從這個名稱向英文讀者說明他反對南非當局的鬥爭的性質。有些人認爲甘地是從索洛那裏獲得民事不服從這個觀念的，但是甘地本人否定了這一點[78]。甘地早在1906年就開始發動堅持眞理運動，後來在1907年被捕入獄後才讀了索洛

---

[75] Gandhi, *Satyagraha in South Africa*（甘地，《南非的堅持眞理運動》），Madras: Ganesan, 1928年，頁179。

[76] 同[74]，第6卷，頁180～181；同[72]，頁50。

[77] 同[74]，第6卷，頁209。

[78] 同[74]，頁40，同[72]，頁51。

的著作，並開始借用這個名稱[79]。甘地對民事不服從作了相當詳細的規定。他寫道：

「我希望我能夠說服每一個人，民事不服從絕不會導致無政府狀態。刑事不服從才可能導致這種後果。每一個國家都使用暴力制裁刑事不服從。如果它不這樣做，它就會毀滅。但是，企圖鎮壓民事不服從就是企圖囚禁人類的良知。民事不服從只會帶來強大與純潔。一個民事抵抗者從來不使用武器，對一個願意傾聽輿論的聲音的國家來說，他是無害的。對一個專制國家來說，他是危險的，因為他動員輿論都來關心那個促使他反抗國家的問題，從而導致國家的顛覆。因此，當一個國家變得無法無天時，換言之，變得腐敗靡爛時，民事不服從就變成了一種神聖的責任。而與這樣的國家做交易的公民就是同流合污。」[80]

民事不服從可以是個別的，也可以是集體的。甘地確切描述了眞正實行集體民事不服從時的情況：

「集體民事不服從就像一次地震，是政治上的一次天崩地裂。集體民事不服從展開的地區裏現存政府的功能就終止了。那裏的每一個警察、每一個戰士、每一個政府官員只有兩條路可走：或是離職，或是為自治服務。警察局、法院等等都不再是政府的財產，而由人民來負責照管。但是

---

[79] Tendulkar, *Mahatma*（鄧多卡兒，《聖雄》），第1卷，頁99～100。

[80] Gandhi, Immediate issue（〈當前的急務〉），載 *Young India*（《少年印度》周刊），1922年1月5日；同上，第2卷，頁76。

人民為了作到這一點，不可以最輕微地炫耀或運用暴力。不服從應該非常徹底，如果政府命令我們走右邊，我們必須毫不遲疑地走左邊。雖然對政府的反抗在本質上必須如此堅決，但是民事不服從的要義是我們必須用鎮靜沉着的精神去進行。但是，如果『不服從』缺乏和平的精神，如果用一種虛張聲勢或粗野無禮的精神，或者在一種激怒、憤恨，或復仇的情緒支配下去進行，那麼在本質上和事實上『不服從』就從『民事的』變為『刑事的』了。」[81]

集體民事不服從事實上就是一場不流血的政變，一場和平的革命，這顯然是非暴力抵抗所能達到的最高鬥爭形式。甘地在南非發動的三次和在印度發動的四次全國規模的堅持眞理運動（除第二次以外）都屬於民事不服從範圍。

不合作是比民事不服從溫和的鬥爭形式。甘地第一次想到這個名稱是在1919年11月24日德里的哈里發問題會議上。甘地在聆聽一位代表的發言時覺得，如果這位代表不可能或不願意訴諸武力，而又在不止一件事情上與政府合作，空談有效地抵制這個政府是徒勞無功的。對這個政府的眞正的抵制，是停止與其合作。但是甘地一時找不到一個合適的印地語或烏爾都語的詞彙來表達這個意思，於是他在發言時只能用英語詞彙“non-co-operation”（不合作）來表達這個新觀念[82]。幾個月以後，甘地與兩位穆斯林領袖組成一個特別小組，討論了三小時，商定了不合作運動的方案[83]。不合作包括名人退回頭銜和榮譽稱號，議員退出行政立

---

[81] 同[79]，第2卷，頁66。

[82] Gandhi, *Autobiography*（甘地，《自傳》），頁558～559。

[83] 同[79]，頁283～284。

法會議，律師拒絕出庭，學生從公立學校退學，選民抵制選舉，官員退職，直至警察和士兵退役，納稅人拒絕納稅等等，但是不故意違犯任何民事法律。正因爲不合作比民事不服從溫和，所以能夠比較安全地由廣大羣衆一起來進行(84)。全印度第二次堅持眞理運動主要採取不合作的鬥爭方式。

不管是不合作，還是民事不服從，在實行過程中，都可能有個別人，甚至很多人因爲憤怒或受到政府方面的挑釁而訴諸暴力。由於運動中出現暴力行爲，可能引起政府的殘酷鎭壓。甘地是一個抱有崇高理想的人，同時是一個非常現實的人，他完全了解發動運動所帶來的危險性。他從領導第一次全印度的堅持眞理運動起，尤其在阿姆利則慘案之後，態度是堅定明確的。有些人是那樣膽戰心驚，生怕與英國脫離關係就意味着禍亂無已。甘地認爲，如果一定要在混亂與奴役兩者之間作一個選擇的話，他將毫不猶豫，寧肯眼看印度經歷一陣混亂，而不願意眼看印度永遠受奴役(85)。有人認爲，印度人還不適合獨立。甘地認爲，只有印度人自己才有資格判斷是否適於獨立。即使印度人還不適合獨立，他們渴望獨立，使自己一天天更適合，那也沒有什麼錯誤或邪惡。如果一直使印度人覺得不能自立，只有依靠英國人的刺刀才能使印度人避免自相殘殺，或被鄰國併呑，那麼印度人永遠也不會適合的。如果印度不得不經歷內戰或外國入侵的痛苦，那在各國爭取自由的歷史上也不是什麼新鮮事兒。歸根結底，自由不是在溫室裏成長起來的(86)。他在論1919年4月13日阿姆利則市賈

(84) *Young India*（《少年印度》），1921年3月23日；Gandhi, *Non-violent resistance*（甘地，《非暴力抵抗》），頁4。

(85) 同(79)，第3卷，頁2。

(86) 同上，頁7。

利安瓦拉・巴格廣場大屠殺的一篇文章裏明確表達了自己對於堅持眞理運動可能付出的慘重代價的清醒認識，以及不惜付出這種代價也一定要政治自由的決心：

「我們難道能夠忘記那五百多個在道德上和法律上來說都沒有做任何錯事而被殺害的人嗎？如果他們知道會被殺而從容就義，如果他們明知自己無辜，而昂首挺胸，面對五十名來福槍兵的射擊，他們將作為聖人、英雄和愛國者載入史册。但是，即使不是這樣，這場慘劇也成了全國最重要的事件之一。國家是在痛苦和受難中誕生的。在我們爭取政治自由的鬥爭中， 許多人無辜地， 或因為他人的罪行， 而犧牲了自己的生命， 或忍受了其他的苦難， 如果我們不在心中珍藏對他們的紀念，我們就喪失了被稱為一個國家的全部權利。當我們孤立無援的同胞慘遭殘酷屠殺時，我們無法保護他們。如果我們願意，我們可以不進行報復。如果我們不報復，國家將不會走入歧途。但是，我們將——我們難道能夠——不讓這些紀念永世長存嗎？我們難道能夠不建立國家紀念碑來告訴世人，這些人的犧牲使我們每個人都失去了至親骨肉，從而向死者遺屬說明，我們是他們的苦難的分擔者？如果國家觀念不是至少意味着這樣的骨肉之情，那麼它對我毫無意義。」[87]

一方面，甘地代表印度人民的意志，一定要不惜一切代價爭

---

[87] **Gandhi, Jalianwala Bagh**（甘地，〈賈利安瓦拉・巴格廣場〉），載 *Young India*（《少年印度》周刊），1920年2月18日；**Gandhi,** *Non-violent resistance*（甘地，《非暴力抵抗》），頁105～106。

取政治自由，另一方面，甘地在理論上和實踐上都反覆強調把代價減小到最低限度。甘地從來不把所有的英國人看做自己的對手，他經常提到自己有許多英國人的朋友。他也不把作爲自己對手的英國人看成鐵板一塊，總是盡量先說服、感化、影響英國人民，不同政黨、內閣和印度總督當中比較開明、比較同情印度的人，爭取局勢向有利於印度的方向發展。這是堅持眞理運動不可分割的組成部分。

甘地的衆多的英國人朋友中，至少有三位對他領導的堅持眞理運動作出了貢獻。1914年安德魯斯（公元1871～1940年）奉戈卡爾之派前往南非，在甘地與政府之間進行斡旋，立刻與甘地成了莫逆之交，並終生保持着純正的友誼[88]。他在1930年代出版過三本關於甘地生平的書，對於向英美人民介紹甘地起了一定的作用[89]。在甘地出席倫敦圓桌會議期間曾幫助他擴大影響。斯萊德（公元1892～1982年）是一位英國海軍上將的女兒，於1925年來到印度加入眞理耕讀新村，成爲甘地的忠實信徒，曾陪伴甘地前

---

[88] Gandhi, *Gandhi and Charlie: the story of friendship as told through the letters and writings of K. Gandhi and Rev'd Charles Freer*（甘地，《甘地與查理：K. 甘地與Rev'd 查理 Freer 的通信與文章所講述的友誼的故事》），Cowley Publications, 1989年。

[89] Andrews 編，*Mahatma Gandhi: his own story*（《聖雄甘地：他自己的故事》），1930年；Andrews 著，*Mahatma Gandhi's ideas; including selections from his writings*（《聖雄甘地的思想；包括他著作的選段》），New York: Macmillan, 1930年；Andrews 編，*Mahatma Gandhi at work; his own story continued*（《聖雄甘地在工作；他自己的故事續集》），New York: Macmillan, 1931年。

往倫敦出席圓桌會議[90]。雷洛茲是一個英國貴格教徒，1930年甘地準備食鹽長征前夕，曾派他送信給副王歐文，這本身就表示甘地決無意傷害任何一個英國人[91]。這些英國朋友投身堅持眞理運動本身就對英國輿論發揮了很大的影響。

對於印度的態度和政策，一般說來，作爲地方大員的副王（印度總督）往往要比英國內閣更現實一些，工黨要比保守黨開明一些，而英國人民要比政府多一些同情心。甘地從1915年回印度到1948年去世，多次碰到過死硬派執政，堅持眞理運動受挫，自己被捕入獄，但他從未喪失信心，堅信只要堅持眞理，總有一天會使英國人自願將政權和平地移交給印度人。

在第二次全印度堅持眞理運動的高潮當中，1920年10月27日甘地在《少年印度》上發表了第一份告英國人書：

「我大膽提議幾個目標。你們大權在握。你們能夠悔悟對印度人犯下的錯誤。你們能夠迫使勞埃喬治先生履行諾言。我向你們保證，他還留有很多後路。你們能夠迫使副王退職，讓比較好的人來擔任，你們能夠改正自己對米契爾・奧德維爵士和戴爾將軍的看法。你們能夠迫使政府召集印度人民正式選出來的，代表各種意見的公認的人民領

---

[90] Fischer, *The life of Mahatma Gandhi*（《聖雄甘地的生平》），頁279；斯萊德著有回憶錄：M. Slade（印度名字爲 Mirabehn），*The spirit's pilgrimage*（《精神的朝聖》），New York: Boward-McCann, Inc., 1960年。

[91] 同[79]，第3卷，頁18；Reginald Reynolds（雷洛茲）著有 *A quest for Gandhi*（《探尋甘地》），Garden City, New York: Doubleday, 1952年。

袖，舉行一次會議，研制符合人民意願的自治方案。但是，除非你們把每一個印度人真正當做你們的平等者和兄弟，你們是不可能作上述事情的。我並不是乞求庇護，我只是作為一個朋友向你們指出體面地解決一個嚴重問題的辦法。」[92]

次年7月19日，甘地在《少年印度》上再次發表告英國人書:

「這是我第二次大膽向你們講話。我知道你們大多數人厭恶不合作運動。但是，如果你們相信我的誠實的話，那麼我請你們把我的兩種活動（抵制洋布和戒酒）與我其他活動區別開來。如果你們不覺得我是誠實的，我無法向你們證實這一點。我們仇恨英國人建立的制度時，不必仇恨英國人，當我這麼說時，我的有些印度朋友指責我是僞裝的。我正在試圖使他們懂得，一個人可以討厭自己的兄弟的罪行，但並不仇恨他……」[93]

這封信發表後不到一年，甘地被捕，被判刑六年。以現實主

---

[92] 同[79]，第2卷，頁26。Lloyd George(勞埃喬治，David，公元1863～1945年），英國政治家，1916～1922年任首相。Sir Michael O'Dwyer（米契爾·奧德維爵士）是旁遮普省督，慘案的主要負責者，General Dyer（戴爾將軍）是賈利安瓦拉·巴格廣場大屠殺的指揮官。

[93] 同[79]，第2卷，頁50。

義自詡的政治學家會嘲笑甘地的這兩封信只是癡人說夢。是的，當時還沒有足夠多的英國人意識到只有甘地的建議才是體面地解決印度問題的唯一出路，並且相信甘地的誠實，迫使英國政府採取更合理的態度。但是甘地無論在獄中，還是出獄以後都沒有放棄最終說服英國人的希望。1930年，甘地再次向英國人呼籲：

「讓那些真心渴望印度幸福的英國朋友按照印度的要求，幫助她去為自由而鬥爭吧……不管我作什麼，不管發生什麼事情，英國朋友可以得到我的保證，雖然我急於擺脫英國的束縛，我並非英國的敵人。」[94]

甘地堅信，只有說服英國人，化敵為友，印度才有希望和平地接掌政權。1931年，這種希望第一次出現了。

1929年5月工黨贏得了大選，麥克唐納（公元1866～1937年）出任首相。工黨一般要比保守黨開明一些，對印度自治運動有一定的同情。10月，紐約股票市場崩潰，世界經濟大蕭條爆發，英國處境日益困難。印度政府的處境更為為難，為了鎮壓以食鹽長征開始的第三次全印度堅持眞理運動，開槍彈壓29次，打死103人，傷420人，拘捕了六萬餘人，甘地與大部分國大黨領袖都在獄中。但鎮壓並不奏效。是進一步加強鎮壓呢？還是採取妥協辦法呢？總督歐文選擇了後者。他在與倫敦磋商後，無條件釋放了包括甘地在內的國大黨工作委員會成員。甘地於1931年2月14日寫信給歐文，希望他在較大程度上作為一個有人情味的人，而不

---

[94] 同上，第3卷，頁7～8。

僅僅是作爲印度副王與自己會見一次[95]。顯然，甘地有意運用在南非與斯末資將軍的良好個人關係有助於達成協議的經驗。歐文立即同意了。當時國大黨與英國人都有意妥協。甘地富有經驗，深孚衆望，品德高尚，淡於權勢，赤誠愛國，待人誠懇，特別適於從事談判。而他的談判對手歐文又正是一個敏感的貴族和虔誠的英國國教徒，對印度人的政治渴望懷有同情，對甘地的宗教情懷能夠理解。他們一開始是作爲精神方面很敏感的人，而不僅僅是政治對手進行接觸的。一位溫和派的斡旋者在給兄弟的私信中寫道：「今天下午『兩個未被釘上十字架的基督』會面了。」[96]但是反對印度自治的邱吉爾認爲，讓甘地這個長於煽動的苦行僧半裸着身子，踏上副王府的臺階，與英國國王的代表平起平坐，是危險的、荒謬的[97]。不過當時邱吉爾並不掌權。甘地與歐文經過反覆談判，終於達成了協議。甘地 3 月10日在艾哈邁達巴德歡迎會上指出，大家曾願意用民事不服從的武器去爭取自治。同時，作爲堅持眞理者，他們應該試一試通過談判與和解去打開自治的大門，應該履行協定的條款。甘地在孟買的歡迎大會上講道：

---

[95] Gandhi to Irwin（〈甘地致歐文〉），1931年 2 月14日，India Office Library, Cunningham Paper, Mass.（印度事務部圖書館，康寧涵檔案，手稿）EUR. D. 670.（原件）轉引自 Brown, *Gandhi: prisoner of hope*（《甘地：抱著希望的囚徒》），頁248。

[96] V. S. S. Sastri to T. R. V. Sastri（〈V. S. S. 薩斯特里致 T. R. V. 薩斯特里〉），1931年 2 月17日，Jagadisan 編，*Letters of Srinivasa Sastri*（《斯里尼瓦薩·薩斯特里書信》），頁209。

[97] 同[79]，第 3 卷，頁53。

「我知道，我們當中有些人一聽到『休戰』這個詞，就會打冷顫。那是因為我們除了鬥爭之外沒想過別的，完全不相信有妥協的餘地。但那不是堅持真理者的立場。堅持真理者在樂於鬥爭的同時，必須同樣渴望和平。他必須歡迎任何體面的議和的機會。」[98]

國大黨決定派甘地爲代表去參加倫敦的圓桌會議。但是甘地很快發現，以新副王爲首的印度政府缺乏履行協定的誠意，而印回雙方也無法達成必要的一致。因此，起程赴倫敦前夕，甘地承認自己極可能空手而歸。他是抱着知其不可爲而爲之的心情出發的[99]。果然不出甘地所料，圓桌會議可謂一無所獲。他在最後一次會上講道：

「這可能是最後一次我與你們坐在一起談判。並不是我希望如此。我希望與你們一起坐在這張桌子旁邊，進行談判，向你們懇求，希望在我進行最後的冒險的衝刺之前，鞠躬盡瘁。但是，我有沒有這份好運繼續提供我的合作，並不取決於我。這主要取決於你們。但是，這甚至並不取決於你們。這取決於那麼多條件，你們或我們都完全無法控制。」[100]

---

[98] 同上，頁64、67。

[99] 同上，頁109。

[100] 同上，頁129。

這不是最後一次甘地與英國人坐在一起談判。因為歷史確實出現了許多英國人與印度人都無法控制的變化。影響最大的變化是倫敦圓桌會議之後8年，德國人發動了第二次世界大戰。大戰一爆發，印度副王立即就邀請甘地等各方領袖會商。1940年9月27和30日，甘地與副王進行了正式會談，表示不支持戰爭。同時說明，如果英國給予印度自由，則可以得到自願幫助英國的印度人的支持。副王當然不予考慮，談判遂告破裂。一年多以後，日本發動了太平洋戰爭，攻陷新加坡和緬甸，威脅印度。為了推動印度對戰爭作出更大的努力，連一貫反對印度自治的邱吉爾首相也只得派掌璽大臣克里普斯赴印談判[101]。甘地與國大黨談判代表都認為英國必須把全部權力與責任移交給印度人，談判又告破裂[102]。幾個月以後，國大黨通過了甘地起草的「英國政權退出印度」的決議，發動最後一次全國規模的民事反抗運動，甘地與國大黨領袖均被捕。邱吉爾身為戰時首相，在堅決鎮壓與妥協之間，毫不遲疑地選擇了鎮壓。顯然，面對邱吉爾這樣的強硬派，無論是談判還是民事反抗，一時都無法取得進展。

但是甘地從來沒有放棄通過談判使印度贏得自由的希望。1944年，第二次世界大戰接近尾聲，這種希望終於開始逐步化為現實了。甘地出獄以後，健康剛剛恢復，就在6月17日寫信給副王韋維爾勛爵，願意幫助他打破政治僵局。韋維爾回信表示樂於考慮甘地的建設性意見。甘地隨即提出了建議，但是被客氣地謝

---

[101] 同上，第5卷，頁159～160、339。

[102] Brown, *Gandhi: the prisoner of hope*（《甘地：抱著希望的囚徒》），頁336。

絕了[103]。因爲邱吉爾首相指責副王根本不應該與甘地談判。韋維爾儘管被迫請甘地吃了閉門羹，但他身爲地方大員，比倫敦的邱吉爾對印度局勢更敏感、更現實。他預見，大戰結束後，英軍不可能再在印度打一場殖民地戰爭，因此不可能繼續靠鎮壓控制印度，必須及早作出政治安排，盡可能保持英國在印度的利益。1945年3月，韋維爾飛回倫敦，經過艱苦努力，總算說服內閣接受了他的觀點[104]。當時英國輿論，卽使保守的輿論也已認爲應該準備把權力移交給印度人[105]。韋維爾回到印度，卽與印度各政黨商議組織新的參事會，希望通過各黨一起參加行政管理來實現權力的和平轉移。甘地作爲非正式顧問出席了會議。但會議因國大黨與穆盟不能達成協議而破裂。

1945年7月底，甘地25年前告英國人書中的夢想終於實現了。甘地領導印度人民進行的20多年的非暴力抵抗終於使英國人認識到，繼續不惜依靠血腥鎮壓維持對印度的殖民統治是錯誤的，只有和平地把權力移交給印度人才是唯一體面的出路。英國人用選票表達了自己的意志。比較開明的工黨擊敗了邱吉爾的保守黨，贏得了大選。1946年3月，工黨內閣派遣內閣使團赴印，

[103] **Gandhi to Wavell**（〈甘地致韋維爾〉），1944年6月17日；**Wavell's reply**（〈韋維爾的回信〉），1944年6月22日；**Gandhi to Wavell**（〈甘地致韋維爾〉），1944年7月27日；**Wavell's reply**（〈韋維爾的回信〉），1944年8月15日；載 **Mansergh** 等編，*The transfer of power, 1942～1947*（《1942～1947年權力的轉移》），12卷，**London**，1970～1983年，第4卷，頁1032、1039～1040、1136、1197～1199。

[104] 同上，頁345、353～354。

[105] 倫敦 *Times*（《泰晤士報》），1945年3月20日社論。

與印度公認的領袖們協力，以促成印度完全自治的早日實現。4月13日，是國民周結束的日子，也是賈利安瓦拉・巴格廣場大屠殺的26周年，甘地發表演講，先沉痛悼念了大屠殺中犧牲的民衆，然後說道：

「我為什麼回想這些事件呢？並不是為了挑起痛苦的過去的記憶，或為了使仇恨死灰復燃，而是為了強調以這些事件為標誌的舊秩序與近在眼前的新秩序之間的區別。我對內閣使團的誠意没有最輕微的懷疑。我確實相信他們最後已經下定決心完全撤退。他們關心的問題是如何以一種有秩序的方式完成撤退，他們專心致志於這個目標。如果一個人正在誠懇地賠罪，我們應該為此向他表示感謝和祝賀，而不應該挖他過去的爛瘡疤，君子風度要求我們這樣做。」[106]

甘地的非暴力鬥爭終於促使英國和平地將政權移交給印度人。儘管主要由於國大黨與穆盟仍然無法達成一致意見，內閣使團空手而歸，但印度獨立已是不可逆轉的潮流。1947年2月20日英國政府決定在1948年6月之前退出印度，並任命蒙巴頓勛爵爲最後一任印度副王。蒙巴頓就任後，仍無法使印回共建一個統一的印度，只得宣布印巴分治方案。1947年8月15日，印度與巴基斯坦分別宣告成立。

---

[106] Gandhi, Speech at prayer meetings（甘地，〈祈禱會上的講話〉），1946年4月13日，*CW*（《甘地全集》），第83卷，頁403；同[79]，第7卷，頁95～96。

甘地在1947年12月4日與緬甸首相的會見中，談到了印度當時的教派衝突。回顧了印度獨立鬥爭的歷史，他說，印度與印度人似乎忘記了他們的遺產，這確實是個悲劇。他們今天似乎陷入了自相殘殺。他不希望緬甸向印度學習這種自相殘殺。他們應該忘記今天醜陋的一面，他希望這是暫時的，他們應該記得印度沒有經過流血而贏得了自由。他承認印度人所實踐的並非勇敢者的非暴力。但是，不管怎樣，這種非暴力使印度這個四億人口的大國沒有經過流血擺脫了外國統治[107]。應該說，這是甘地對自己領導的堅持眞理運動的比較客觀的評價。

第五節 Sarvodaya（大同）

堅持眞理運動的理想是實現“sarvodaya”（大同），印度的獨立僅僅是第一步而已。甘地哲學認爲，“satya”（眞理）就是神，就是宇宙的最高實體，就是宇宙本身，每一個人只要堅持不懈地實行“tapasya”（苦行），用“ahimsa”（非暴力）的方式去追求眞理，最終就能達到梵我一如的境界。因此，甘地哲學在社會領域裏的推論必然是要實現一個讓所有的人得到幸福的社會——“sarvodaya”。甘地在把羅斯金的《奮鬥到最後》翻譯成古吉拉特文時，就以“sarvodaya”作爲書名。“sarvodaya”意爲「所有的人的幸福」，而不僅僅是大多數人的最大的幸福。甘地反對把功利主義作爲生活的目標與意義。功利主義可能犧牲百分之四十九的人類的幸福以促進百分之五十一的人類的幸福。與此相比，

---

[107] 同[79]，第8卷，頁213。

“sarvodaya”（大同）是更爲高尚和人道的信條[108]。甘地是一個非常注重實際的人，他的絕大部分精力都關注在當前。與此同時，他又是一個有崇高理想的人，不時會談到他心目中的理想社會。1931年他赴倫敦出席圓桌會議，在船上曾這樣對一位路透社記者描繪他夢想中的印度：

「我將為這樣一個印度而工作，在這個國家裏，最窮的人也覺得這是他們的國家，在國家的締造中也有他們的發言權；在這個國家裏，沒有高等階級與低等階級的區別；在這個國家裏，所有的宗教、種族、職業、利益團體都將和睦相處。在這個國家裏，不可能存在賤民制度或酗酒和毒品之類禍害。婦女將享有與男子同樣的權利。因為我們將與世界其他各國和平相處，既不剝削別國，也不被別國剝削，所以我們將只維持最低限度的軍隊。凡是與千百萬人民大衆沒有利害衝突的各種利益，不管是外國的還是本國的，都會得到充分的尊重。我討厭區分外國的和本國的。這就是我夢想中的印度，我在圓桌會議上將為這樣的印度而奮鬥。」[109]

甘地並不是第一個，當然也不是最後一個描繪理想社會的人。在他以前有許多人描繪過，在他以後還會有許多人繼續描繪。甘

---

[108] *The selected works of Mahatma Gandhi*（《聖雄甘地選集》），6卷，S. Narayan 總編，Ahmedabad, 1968年，第6卷，頁230；Richards, *The philosophy of Gandhi*（《甘地哲學》），頁72、74。

[109] Tendulkar, *Mahatma*（鄧多卡兒，《聖雄》），第3卷，頁112。

地的貢獻在於他不僅提出了一個獨特的理想社會——“sarvodaya”（大同）的藍圖，而且提出了獨特的實現這個理想社會的途徑——“satyagraha”（堅持眞理運動），並且自己畢生身體力行，提供了不可多得的楷模。

甘地堅信所有的人都是同胞手足，他關心所有的人的福祉。這種信念與關懷特別明顯地體現在他對賤民的態度上。在他的理想社會裏，是不應該有賤民的。他把他們稱爲“harijans”——神之子民。他通過這個名稱說明，賤民像再生族婆羅門、刹帝利、吠舍，一生族首陀羅一樣出自最高實體——梵。甘地在獄中爲《神之子民》寫的發刊辭裏說：

>「“harijan”意為『神之子民』。世界上所有的宗教都把神描繪成主要是與世隔絕者的朋友，無依無靠者的幫助者，軟弱可欺者的保護神。撇開世界上的其他地方不談，在印度，誰能比這四千多萬被劃為不可接觸者的印度人更與世隔絕，更無依無靠，更軟弱可欺呢？因此，如果任何羣體能夠被合適地稱為神之子民，那麼他們肯定是與世隔絕，無依無靠，軟弱可欺的人。」[110]

甘地把不可接觸者（賤民）稱爲神之子民，當然不僅是一個名稱的問題。許多正統的印度教徒堅決認爲賤民制度是印度教的一個不可分割的組成部分，是吠陀經的教導，神聖不可違背的。甘地則堅決反對賤民制度，決無妥協餘地，他斷然地說，如果不

---

[110] *Harijan*（《神之子民》周刊），1933年2月11日，創刊號，頁7。

可接觸制度被認爲是印度教生活方式的一個組成部分的話，他就不再把自己稱爲印度教徒。他甚至更進一步，堅定地說，寧肯讓印度教死亡，也不願意讓不可接觸制度繼續存在(111)。如果印度教徒堅持有權根據宗教的理由把賤民隔離開來，那麼白人就同樣有權把印度教徒或印度人隔離開來。因此，印度人在企圖清除自己的主子——英國人眼中的木屑之前，必須先除掉自己眼中這根不可接觸制度的大樑(112)。甘地廢除不可接觸制度的決心就像他廢除英國殖民統治的決心一樣堅決。與此同時，他認爲不可能用暴力革命的方式來廢除賤民制度，從長遠來看，神之子民的事業只有以非暴力與堅持眞理運動的方式來推進(113)。甘地說過，他所要的，他爲之而生活的，他樂於爲之而死的就是連根鏟除不可接觸制度。他是這麼說的，也是這麼做的。早在南非開設律師事務所時，甘地本人就曾爲了在自己家裏接待一個不可接觸者，並堅持親自爲他收拾房間，而不惜與妻子發生爭執。回到印度，建立眞理耕讀新村後，第一件大事就是接受了一家賤民作爲學員(114)。

---

(111) Gandhi, *The essential Gandhi*（《甘地選粹》），頁253。

(112) 同上，頁136。《新約聖經》〈馬太福音〉七章三節：「爲什麼你看見弟兄眼中的木屑，卻忽略了自己眼中的大樑呢？你既然有大樑在自己眼中又怎可對弟兄說：讓我除去你眼中的木屑吧！你這僞君子啊！先除掉自己眼中的大樑，讓視線清晰後，才替弟兄清除眼中的木屑吧！」

(113) Gandhi, *In search of the Supreme*（甘地，《探尋至高無上的神》），3卷，V. B. Kher 編，Ahmedabad: Navajivan Publishing House, 1931年，第3卷，頁177～178。

(114) Andrews ed., *Mahatma Gandhi: his own story*（安德魯斯編，《聖雄甘地：他自己的故事》），頁209～211；Tendulkar, *Mahatma*（鄧多卡兒，《聖雄》），第1卷，頁172。

1924年春，印度南端特拉凡哥爾邦維康姆村的賤民發動堅持眞理運動，反對印度教頑固派禁止他們走過神廟附近的道路，鬥爭進行了一年多，甘地不僅在《少年印度》上發表文章鼓勵他們，而且親自前去幫助他們，鬥爭終於取得了勝利[115]。1932～1933年，甘地身陷囹圄，傾全力爲解放賤民而鬥爭，不但指導獄外同志創辦了《神之子民》周刊，而且三次絕食抗議英國當局和印度教頑固派對賤民的歧視。出獄以後，甘地在9個月中跋涉12,500英里，爲解救賤民募集了80萬盧比的基金[116]。儘管賤民問題是一個長期歷史形成的難題，不可能在短時期內徹底解決，但甘地的堅定態度與非暴力方式顯然是解決這類社會問題的可取的途徑。

在宗教問題上，甘地一直抱着諸教平等的思想。他認爲只有一種眞正的，完美的宗教，這種宗教是通過人類的各種各樣的具體的宗教表現出來的，就像一棵樹只有一個樹幹，但是有許多枝葉一樣[117]。根據這種宗教觀，甘地自然認爲比較理想的國家是世俗性的，而非宗教性的，即不應該有國教，宗教是純粹個人的私事[118]。他反對由國家進行宗教教育。他也反對國家部分地或全部地援助宗教團體，因爲一個宗教組織如果依靠國家資助，就沒有什麼宗教意義了。但是，他是把宗教與倫理區別開來的。基本倫

---

[115] Gandhi, *Non-violent resistance*（甘地，《非暴力抵抗》），頁177～203；Bondurant, *Conquest of violence*（《征服暴力》），頁46～52。

[116] Tendulkar, *Mahatma*（鄧多卡兒，《聖雄》），第3卷，頁161、183、187～188、191、198～207、233、280。

[117] N.K. Bose, *Selections from Gandhi*（鮑斯，《甘地選集》），Ahmedabad, Navajivan Publishing House, 1948年，頁257。

[118] *Harijan*（《神之子民》周刊），1947年3月24日，頁292。

理是所有的宗教所共有的，毫無疑問，對人民進行基本倫理的教育是國家應盡的責任[119]。

在甘地的理想社會中，各種宗教應該是和睦共處的。然而在甘地生活的現實世界裏，不同宗教之間的矛盾有時達到極其尖銳的地步，尤其是印度教與伊斯蘭教的矛盾最終導致了印度的分裂。這是甘地晚年最為痛心疾首的事。面對這場歷史的悲劇，或許任何個人都無法力挽狂瀾。甘地為把不同宗教從現實中矛盾重重的局面導向理想中和睦共處的境界，眞可謂嘔心瀝血。他的一生都在用自己的行動證明對諸教平等的堅定信念。他去南非是受雇於一家伊斯蘭教徒開的大公司，南非印僑中的商人多為伊斯蘭教徒，勞工中也有不少人信奉伊斯蘭教，甘地與他們患難與共，因此他的事業一開始就與伊斯蘭教徒建立了良好的合作關係[120]。回到印度以後，在其他國大黨領袖毫不重視之際，他就開始堅決要求英國人釋放穆斯林領袖穆罕默德·阿利和紹卡特·阿利兩兄弟，加強印回團結，共同為印度自治而奮鬥[121]。後來在阿利兄弟的領導下，興起了哈里發運動。甘地全心全意地支持哈里發運動，使印度教徒與穆斯林之間達到了空前的友好，為第二次全印度的堅持眞理運動奠定了廣闊的羣衆基礎。由於土耳其自己決定廢除哈里發，從而結束了哈里發運動。羣衆運動停頓所引起的頹喪情緒使印度教徒與穆斯林的關係發生了逆轉，1924年發生了一

---

[119] Gangal, *Gandhian thought and techniques in modern world*（《現代世界中的甘地思想與技巧》），頁132。

[120] 同[109]，第1卷，頁35～36。

[121] Gandhi to M. Ali（〈甘地致M. 阿利〉），1918年11月18日；Brown, *Gandhi: the prisoner of hope*（《甘地：抱著希望的囚徒》），頁124～125。

系列教派衝突。甘地決定住在穆罕默德·阿利家裏，作爲一種印回團結的象徵，從9月18日開始絕食21天，以感化印回雙方，重新和睦相處。他在寫給老朋友安德魯斯的信裏說：「一個人所能做到的極限不就是獻出他自己的生命嗎？」[122]甘地這種把印回團結看得高於自己生命的情操感動了各方，緩和了印回雙方的敵對情緒。1940年穆斯林聯盟正式主張成立獨立的巴基斯坦，從此，任何想使國大黨與穆盟間協調的企圖，總會在這個問題上擱淺。甘地儘管深知打開這個死結的困難，但是卽使在第二次世界大戰期間，被英國人關在監獄裏時，仍然嘗試與穆盟領袖眞納會談，由於政府的阻撓而未果。出獄以後，甘地不顧自己73歲的高齡，患有鈎蟲病和阿米巴性的疾病，趕到眞納家中，與他進行了三個星期的艱苦談判，爲印回團結，共建統一的印度盡了最後的努力[123]。印巴分治前夕，各地發生了印回仇殺。甘地趕往暴亂最嚴重的加爾各答，不要軍警保護，與一個穆斯林部長一起住進暴亂地區的一幢逃難者遺棄的空房子裏，以實際行動向大衆證明印回是完全可以和平相處的。甘地承認，這樣做是得冒很大危險的[124]。但是，第二天已經有印度教和回教團體喊出了印回團結，迎接印巴自治領成立的口號。有些地段從前印回和睦相處的情況又恢復了。印度總督蒙巴頓打電報給甘地，稱他爲一個人組成的邊防軍，因爲整個旁遮普邊防軍未能維持西部的秩序，而甘地一

---

[122] Gandhi to C. F. Andrews（〈甘地致 C. F. 安德魯斯〉），1924年9月17日；*CW*（《甘地全集》），第25卷，頁157。

[123] Brown, *Gandhi: the prisoner of hope*（《甘地：抱著希望的囚徒》），頁351。

[124] Gandhi to V. Patel（〈甘地致帕特爾〉），1947年8月13日；*CW*（《甘地全集》），第89卷，頁35。

個人卻恢復了東部的秩序(125)。甘地所到之處，歡呼聲震耳欲聾，他不斷給人祝福，簡直忙不過來。這使他回憶起從前在南非以及哈里發運動期間印回友好的情景。令人遺憾的是，印回矛盾是如此深刻，以至於甘地不得不一再用絕食，也就是用自己的生命來抗爭，才使加爾各答和德里恢復了平靜。他因爲對伊斯蘭教徒深切同情而遭到了印度教頑固派的仇視，終於死在他們的槍口之下。他眞正實現了自己爲印回團結不惜獻身的誓言。

甘地把教育看成改造社會的最基本的途徑。他寫道：「我覺得如果我們在培養個人人格方面取得成功的話，社會自然而然會健全起來的。我很願意把社會組織託付給這樣培養出來的人。」(126)因此人格的培養應該是眞正的教育的首要目標。理想的教育應該培養追求眞理的赤子之心，普渡衆生的慈悲仁愛，視死如歸的勇猛剛毅，廉潔奉公的高尚品質和身體力行的實踐精神。基本的倫理教育必須是學校課程的一部分，但不以某種宗教爲正統，而是鼓勵學生研究各種宗教，以培養寬闊的視野和容忍精神。他對當時以英語爲教育語言，照搬英國模式，排斥印度語言和文化，輕視體力勞動，脫離大衆，爲英國人提供官吏和買辦的教育抱尖銳的批評態度。由於當時的教育全盤英國化，使受教育者甚至在自己家裏也成了陌生人，更無法與廣大人民溝通。甘地一針見血地指出：

---

(125) Mountbatten to Gandhi（〈蒙巴頓致甘地〉），1947年8月26日；Philips 等編，*The partition of India*（《印度的分治》），頁234，❺。

(126) 同(127)，頁255。

「我們，受過教育的人，是通過一種外國語言接受教育的。因此，我們不能喚起民衆。我們想代表大衆，但是我們失敗了。他們看待我們就像看待英國官員一樣。他們的心扉對英國官員和對我們都是緊閉的。他們的渴望不是我們的渴望。因此便有了一條鴻溝。你們不僅親眼目睹了組織工作的實際上的失敗，而且目睹了大衆的代表者與被代表的大衆之間缺乏溝通。」[127]

要恢復知識分子與大衆之間的聯繫，重鑄民族魂，必須以印度傳統文化爲基礎。1920年11月他在艾哈邁達巴德創辦古吉拉特國民大學時講道：

「系統地研究亞洲文化像研究西方科學一樣重要。梵文、阿拉伯文、波斯文、巴利文和摩揭陀文的巨大寶藏必須有人去細心探索，尋求民族力量的源泉。我們的理想不僅僅在於從古代文化中吸取養料或使古代文化復活，而且在於以過去的傳統為基礎，加上後來各個時代的經驗，建設一種新文化。有許多不同文化傳入了印度，影響着印度的生活，反過來，它們也受印度本土的影響，我們的理想是各種不同文化的綜合。這種綜合自然是“swadeshi”（自產）類型的，每一種文化都保證擁有合理的地位，它不像美國那樣，由一種主導文化來吸收其他文化，以人為的、強迫的統一為目標，而不以和諧為目標。」[128]

[127] 同[109]，第1卷，頁186。

[128] 同[109]，第2卷，頁23～24。

按照甘地的意見，印度人必須以自己的文化遺產爲基礎來建設新文化，與此同時，他們不應該豎起反對其他文化的壁壘。其他文化的寶藏應該得到廣泛的閱讀、重視，並翻譯成印度語言，使印度人民都能夠受益。應該讓多種文化的春風吹遍各地，但是印度必須以自己的文化環境爲背景來檢驗它們[129]。

使知識分子與大衆隔膜的另一個原因是對體力勞動的態度。甘地強調體力勞動的高貴，這是與當時知識分子的一般態度截然相反的。印度百分之八十左右的人口生活在農村，體力勞動是他們日常生活不可或缺的組成部分。如果學校培養出來的學生鄙視體力勞動，一心進城當官或從商，則改造農村勢必遙遙無期。此外，在印度這樣貧困的國家裏，學生勞動可以提供全部或部分他們自己的教育經費。學生在校勞動期間學會的勞動技能有助於他們謀生[130]。

甘地的教育哲學並非徒托空言，這種哲學的主要實踐是他創建的幾個耕讀新村。眞理耕讀新村以眞理、非暴力、節欲、節食、不偷竊、不私蓄爲六大誓言，提倡體力勞動，學習倫理、農業、紡織與文科，文科包括歷史、地理、數學與經濟學。學生必須學習梵文、印地文和至少一種達羅毗荼文。也教授烏爾都、孟加拉、泰米爾、泰盧固字母。英語是第二語言[131]。耕讀新村的學員是甘地哲學的最忠實的信奉者，是歷次堅持眞理運動的核心，他們不追求政治權力，印度獨立後也不求顯達，他們只追求無私的奉獻，把自己的一切獻給印度的民族解放和社會改造事業。我

---

[129] Richards, *The philosophy of Gandhi*（《甘地哲學》），頁101。

[130] 同上，頁105～106。

[131] 同[109]，第 1 卷，頁167～171。

們這兒只舉三個例子：一位是甘地的侄子瑪迦納・甘地，他1904年開始追隨甘地，終生默默地工作，不求回報，被稱爲耕讀新村的靈魂。甘地把他看做第二個自我，從不猶豫把最困難的任務交給他，把他看做自己最好的合作者，精神上的繼承者。但是，瑪迦納不幸壯年去世，對甘地是一個非常沉重的打擊[132]。另一位是維諾巴，他是個大學生，1916年離開了大學，加入眞理耕讀新村，研讀過梵文，也學過阿拉伯文，篤信印回合作，同時重視體力勞動，從不間斷紡紗。1940年10月，甘地選擇他第一個發表反戰演說，開始個別的民事不服從[133]。甘地去世後，他成爲甘地精神上的繼承人（尼赫魯是政治上的繼承人）。第三位是斯萊德，她的父親擔任過英國駐印度海軍司令。她於1925年拋棄了英國的舒適生活，來到印度，加入耕讀新村，成爲甘地的得力助手之一。甘地去世以後，她堅持鄉村建設工作，曾在喜馬拉雅和克什米爾山區從事耕畜良種繁育十餘年[134]。

在一個理想社會裏，經濟學不應該與倫理相對立。甘地認爲：

「傷害一個個人或國家的倫理的經濟學是不道德的，因此，是罪惡的……真正的經濟學不違背最高的倫理標準，就像所有名副其實的真正的倫理同時也是優秀的經濟學。堅持鼓吹崇拜貪欲之神的經濟學，使強者能夠以犧牲弱者

[132] Gandhi, Soul of the Ashram（〈耕讀新村的靈魂〉），*CW*（《甘地全集》），第36卷，頁279～281。

[133] 同[109]，第5卷，頁343～347；第6卷，頁1。

[134] Slade, *The spirit's pilgrimage*（《精神的朝聖》）。

為代價來聚斂財富的經濟學是陰暗的僞科學；……另一方面，真正的經濟學代表社會公正；它一視同仁地促進所有的人，包括最弱的人的福利，是正常生活所不可缺少的。」[135]

這段話可謂了解甘地經濟思想的關鍵。

在生產領域，甘地對於工業化的消極方面進行了尖銳的批判。他指出，大量歷史事實說明，英國紡織工業的發展使資本家發了財，但摧毀了印度的手工紡織業，使千百萬印度農民和手工業工人陷入可怕的貧困之中。因此他在印度不倦地爲手工紡織業的復興而努力，先在耕讀新村裏使用織布機，進而託一位婦女活動家找到了紡紗車，加以推廣，發展成“khadi”（土布）運動，並提倡穿土布衣服，自己堅持每天紡紗。後來發動羣衆抵制洋布，發展成“swadeshi”（愛用國貨）運動，並要求國大黨員都每天紡紗半小時，成立全印土布協會，關心土布店的發展。甘地於1924年退出國大黨以後，更加致力於建設性工作，他把土布運動擴大爲發展鄉村工業的運動，成立了全印鄉村工業協會來推動這個運動[136]。他指出發展鄉村工業的重要性：

「沒有多少年以前他們（鄉村居民）還習慣於自己生產許

---

[135] *Harijan*（《神之子民》周刊），1937年10月9日，頁292；*The selected works of Mahatma Gandhi*（《聖雄甘地選集》），6卷，S. Marayan 主編，Ahmedabad, 1968年，第6卷，頁321～322。

[136] 同[109]，第1卷，頁173～175、291～292；第2卷，頁53～57、338；第4卷，頁1～13。

多日常用品，但是現在他們卻仰人鼻息。從前城鎮居民的許多日常用品是依靠鄉村居民供應的，現在他們卻從城市裏運來這些東西。只要鄉村居民決定用他們的全部業餘時間做些有用的事兒，而城鎮居民決定使用這些鄉村產品，鄉村居民與城鎮居民之間破裂的聯繫就會重新恢復。」[137]

西方經濟學基本上以物質進步作爲衡量一切的標準，把本國的失業與貧困現象以及殖民地國家的極度貧困化看做工業化過程中不可避免的代價。甘地提出了一種完全不同的經濟哲學，把人本身作爲衡量的標準，歡迎那些減輕千百萬人的不必要的體力勞動的適度技術，但反對控制在少數人手裏，使用資本高度密集的複雜機器，以標準化方法進行大量生產，從而造成大量失業的工業化。

在分配領域，甘地主張公正的分配。爲了達到這個目標，必須縮小貧富差距。爲此他提出了著名的託管理論。理想的生活應該不私蓄，但是在現實生活中不易做到，因此富人可以繼續管理他的財產，但他沒有權利把財產看成他個人的東西，他應該把財產看成社會委託他照管的東西，他可以把財產的一部分用於他個人的合理的需要，其餘部分則必須用於社會福利[138]。這種取之於民，用之於民的一個重要方面是爲大衆創造充分的就業機會，讓他們能夠自食其力，而不是做點兒慈善事業。對健康的人進行施

---

[137] 同上，第4卷，頁5。

[138] *Harijan*（《神之子民》周刊），1940年8月25日；**Pyarelal**, *Gandhian techniques in the modern world*（《現代世界中的甘地技巧》），**Ahmedabad**, 1953年，頁31。

捨是對人的汚辱。甘地寫道：

「我不會把（外國）衣服賞賜給那些衣不蔽體，但不需要這些衣服的人，去汚辱他們，我應該給他們迫切需要的工作。我不會違反天意去作他們的恩賜者，但是，當我認識到對他們的貧困我也難辭其咎時，我就應當給他們一種有權得到補償的地位，不是把麵包屑或舊衣服恩賜給他們，而是把我的最好的食物和衣服送給他們，和他們一起勞動……我發現不可能用一首卡比爾的詩來安撫貧病交加的人。饑餓的千百萬人民需要一首詩——活命的糧食。但不應該恩賜給他們。他們必須自己去掙。他們應該通過汗流浹背的勞動去掙自己的糧食。」[139]

甘地完全了解，世上的富人並不都會像他一樣關心給窮人工作。他們大多數更關心賺錢。那麼，用暴力剝奪他們的財富，在國家的控制下來爲窮人謀福利是不是一種比託管更好的解決辦法呢？甘地的回答是：

「我堅信如果國家用暴力消滅資本主義，國家本身就會陷在暴力的羅網裏，永遠不可能發展非暴力。國家代表一種集中的、有組織的暴力。個人是有靈魂的，但是國家作為一部沒有靈魂的機器，決不會拋棄它賴以生存的暴力。因

---

[139] *Young India*（《少年印度》周刊），1921年10月13日；卡比爾是印度詩人，參閱 Majumdar, *An advanced history of India*, 頁398～400。

此我寧願贊成託管理論。」[140]

如果有些富人不接受託管理論，不把自己個人享用剩下的財富用於社會福利，怎麼辦呢？甘地的答案是人民可以用非暴力的不合作來說服和感化那些不履行職責的託管人。但是，不能用比非暴力不合作更激烈的手段。要求過多就會殺死下金蛋的鵝[141]。甘地一生領導的多次堅持眞理運動都是爲窮人爭取福利的。最重要的有：1917年他冒着坐牢的危險，調查了占巴朗靛青種植園佃農的困苦狀況，迫使政府通過了占巴朗農業改革法案，使佃農的處境有所改善。次年，領導艾哈邁達巴德紡織工人罷工，達到了增加工資的目的。又領導受災的基達農民抗稅，使窮苦農民獲得了免交當年田賦的權利。1928年他協助帕特爾領導巴多利農民反對過高的增稅比率，促使調查委員會建議政府接受較低的增稅比率。1930年，他領導全國人民抗繳鹽稅，迫使政府重新解釋鹽稅法的意思。但是這些鬥爭都沒有剝奪或侵犯私有財產的意圖[142]。

在爭取印度獨立的民族解放運動的領袖中，甘地無疑起了最大的作用。但是甘地認爲，如果只用印度人取代英國人，其他一成不變，那不是眞正的 "swaraj"（自治）。當我們學會自己管理自己時，"swaraj" 就實現了。這樣的 "swaraj" 必須由每一個人

[140] N. K. Bose 編, *Selections from Gandhi*（《甘地選集》），Ahmedabad, 1948年，頁42; Tendulkar, *Mahatma*（鄧多卡兒，《聖雄》），第4卷，頁11。

[141] Gandhi, *All men are brothers*（甘地，《四海之內皆兄弟》），K. Kripalani 編, Unesco, 1958, 和1969年，頁137。

[142] Gandhi, *Non-violent resistance*（甘地，《非暴力抵抗》），頁204～290。

自己去實現。別人恩賜給我的東西不是"swaraj"，仍然是異己的統治[143]。甘地心目中的政治獨立並不意味着模仿英國的衆議院，或俄國的蘇維埃，或義大利的法西斯，或德國的納粹[144]。他和索洛一樣相信管得最少的政府是最好的政府[145]。比較接近老子無為而治的思想。在個人與國家的關係方面，甘地強調個人自由的可貴。N. K. 鮑斯覺得甘地與社會主義者們的區別在於：甘地相信人主要是按照自己的意志生活的，而他們相信人主要是按照習慣生活的，因此，甘地主張自我糾正，而他們則試圖建立一種制度，使人無法剝削他人，甘地回答說：

> 「我承認人實際上是按照習慣生活的，但是我認為讓人按照意志生活更好。我也相信人能夠把他們的意志發展到某種程度，從而把剝削減少到最低限度。我懷着最大的恐懼看着國家權力的增長，因為，它把剝削減少到最低限度固然是一件好事，但它摧毀個人的人格，對人類貽害無窮，正是個人的人格才是一切進步的源泉。」[146]

甘地重視個人的自由，但他決非極端個人主義者，他認為人從根本上來說是一種社會生物，人通過學會調節自己的個人主義

---

[143] 同[109]，第1卷，頁106。

[144] *Harijan*（《神之子民》周刊），1937年1月2日。

[145] *Young India*（《少年印度》周刊），1931年7月2日，頁162。

[146] N. K. Bose, An interview with Mahatma Gandhi（〈會見甘地〉），*The modern review*（《現代評論》），第58期，1935年10月。

來適應社會進步的要求才能發展到今天這個地步。他以身作則，表明人應該自願地爲羣體服務而不求回報。可以說，馬克思主義、無政府主義和甘地在最終理想上並無太大區別，他們都想建立一個無需國家機器，個人享有充分自由，具有高度道德的社會。但是在實現這個理想的手段上，他們存在根本分歧。馬克思主義主張建立無產階級專政作爲過渡。無政府主義與甘地都不同意這種途徑。無政府主義者主張立即廢除國家，但即使從理論上來說，用暴力一舉打碎現存的國家機器之後，不建立一定的組織，社會必然陷入混亂之中，從而導致更多的暴力，最終還是得由最強的暴力重建國家機器，恢復社會的基本秩序。無政府主義者從來沒有能夠擺脫理論上的這個兩難處境。因爲他們認爲政治就意味着以暴力爲後盾，任何政治性的組織都會損害個人自由。甘地在政治理論上的最大貢獻在於他突破了西方政治學的框架，指出政治可以是非暴力的。他主張通過堅持眞理運動，逐步地、非暴力地削弱現存國家機器帶來的各種危害，逐步地提高人民的自治能力，發展各種各樣的非暴力的社會組織，讓人民自覺地遵守和維護正常的社會秩序，爲個人自由提供越來越多的保障，使國家機器越來越沒有存在的必要，從而把國家的作用降低到最低程度。甘地不僅在理論上避免了無政府主義者的兩難境地，而且在實踐上也作出了一次高度成功的示範。那就是基本上用和平的方式結束了英國在印度的政權。

能不能用甘地的方式改造今天印度的國家機器，最終建成一個無爲而治的國家呢？或者能不能用他的方式解決今天印度仍然十分嚴峻的種姓問題、宗教問題、教育問題和經濟問題呢？更擴大一點說，他的學說對當代世界有何啓示呢？我們將在第六章中來探討這些問題。

以一般歷史上的偉人的標準來衡量，甘地是高度成功的。無論是作爲政治家，還是作爲宗教家，二十世紀恐怕很難找到像甘地一樣始終受人高度崇敬的人物。但是，以甘地自己的理想來衡量，他沒有完全成功。他並沒有能夠在印度實現他的理想。因此如果有人用今天印度的現實狀況來衡量甘地思想，那是張冠李戴。就像我們不能用春秋魯國，或戰國七雄，或秦朝的情況來衡量孔子的思想一樣。甘地和孔子一樣，在生前只取得了部分的成功，但是他們用自己的文字與言論，更用自己的行動提出了一些人類最基本的東西，這些東西基本上不被同時代和以後若干時代的人們所理解，只有在歷史的長河中才會顯現它們的巨大價值與意義。

第三章 付諸實踐的甘地哲學——堅持眞理運動

第一節 堅持真理運動的基本要點

甘地抱有崇高的理想——一些在一般政治家看來根本不可能實現的理想，與此同時，他是一個非常實際的人，他的政治活動幾乎總是達到一般政治家根本無法想像的實際效果。不管是甘地的忠實追隨者，還是激烈反對者，在一點上是意見一致的：甘地是極其現實主義的。這不僅因爲甘地一直堅持理想與實踐是不可分割的，也不僅因爲他認爲言行不一是不誠實的表現。而且因爲他也用一個律師的法律眼光和一個印度巴尼亞（小商人）種姓的實業眼光來觀察形勢，根據這些觀察提出來的解決辦法不僅具有高度的創造性，而且對症下藥，非常切實可行❶。

甘地儘管寫了大量的報刊文章、通信，還有大量演講，以至他的全集多達90卷，但他一貫堅持說，他的行動比他的言論更重要。他甚至說：「事實上，我寫的東西應該與我死後的軀體一起焚化。我所做的事情，而不是我所說的和寫的東西將會流傳下去。」❷因此我們如果要眞正了解甘地哲學，必須比較具體地研

---

❶ 參閱 Woodcock, *Mohandas Gandhi*（《莫漢達斯・甘地》），頁5。

❷ 1937年4月甘地在甘地社(Gandhi Seva Sangh)會議上的講話——Tendulkar, *Mahatma*（鄧多卡兒，《聖雄》），第4卷，頁152。

究它是如何付諸實施的，也就是比較詳細的分析他所領導的堅持眞理運動的基本規則、紀律、步驟，並解剖幾個實例。

堅持眞理運動的基本規則大致如下❸：

（一）始終依靠自己的力量：在合適的情況下，可以接受外界的援助，但不應該依賴它。

（二）堅持眞理者（satyagrahis）應該具有主動進取精神：堅持眞理者應該持續不斷地觀察和估價可能發生衝突的形勢，在一切可能的地方進行建設性的工作（比如甘地進行過的土布運動），在需要的地方進行積極抵抗，或運用說服和調停的辦法，來解決衝突，推進運動。

（三）對運動的目標、戰略和戰術進行宣傳：宣傳必須成爲運動的一個不可分割的部分。必須繼續不斷地教育和說服對手、公衆和運動的參加者。

（四）在不違背眞理的前提下，把要求降低到最低限度：至關重要的原則是隨時準備調整要求，不斷地重新估價形勢和目標。

（五）通過適合具體形勢的步驟和階段，逐步使運動向前發展：必須密切觀察不斷變化的形勢，謹愼地決定什麼時候邁入堅持眞理運動的下一個階段，但是，必須避免僵持的局面。只有在用盡了一切其他方法，仍然無法達成體面的和解的情況下，才發動直接行動。

（六）檢查堅持眞理者內部的弱點：運動的參加者和領袖必須密切注意自己內部的任何不耐煩、沮喪、違背非暴力的態度的

---

❸ 參閱 N. K. Bose, *Studies in Gandhism*（《甘地主義研究》），第2版，Calcutta: Indian Associated Publishing Co., 1947年，頁175。

出現，及時加以糾正，保持內部的士氣和紀律。在必要時，甚至不惜讓運動暫停，以整頓內部。

（七）堅持不懈地尋求在體面的條件下與對手合作的渠道：必須盡一切努力幫助對手（這是與堅持眞理者的眞正目標相一致的），用行動證明自己的誠意，爭取與對手達成協議，而不是戰勝對手。

（八）在談判中拒絕犧牲原則：堅持眞理運動拒絕無原則的，或犧牲基本目標的妥協。必須小心，不要陷入討價還價或作政治交易的漩渦。

（九）在接受和解之前，堅持在基本問題上達成協議。

這些基本規則初看之下，似乎過於完美，在大規模的羣衆運動中難以實現。比如，要充分實行第六條，只有像甘地這樣有號召力和洞察力的領袖才能當機立斷，及時使運動暫停，避免更大規模的流血悲劇的出現。沒有這樣的領袖，是很難做到這一點的。這些原則是從甘地領導的成功的運動中總結出來的，只有了解了這些成功的運動的具體情況，才能體會這些原則是能夠貫徹的，並且對甘地去世以後世界各地的非暴力抵抗運動有很大的指導意義。顯然，運動的領袖與參加者越是熟悉和領會這些原則，運動就越有希望取得成功。相反，如果運動的參加者，甚至領導者也沒有研究過這些原則，則運動受挫的可能性就會大大增加。

關於堅持眞理運動的紀律，甘地在1930年食鹽長征前夕作了比較全面的總結❹：

（一）不得發怒，要忍受對手的憤怒。拒絕還擊對手的攻擊。

---

❹ *Young India*（《少年印度》周刊），1930年2月27日；**Tendulkar**, *Mahatma*（鄧多卡兒，《聖雄》），第3卷，頁14。

（二）即使由於不服從而受到嚴厲的懲罰，也拒絕服從對手出自憤怒的命令。

（三）不可侮辱和咒駡對手。

（四）即使冒生命危險，也要保護對手不受侮辱或攻擊。

（五）不拒捕，也不抗拒對手查封財產，除非是託管的財產。

（六）甘冒生命危險也拒絕交出任何託管的財產。

（七）如果入獄，應該爲人表率。

（八）作爲堅持眞理運動的一個單位的成員，應該服從領導者的命令，如果與領導者之間有嚴重的意見分歧，則退出這個單位。

（九）作好思想準備，運動的組織者無力保證贍養各人的家屬。

在非暴力運動中，羣衆往往是手無寸鐵的，而對手往往是有強大武力作後盾的，因此儘管羣衆不一定從哲學上接受非暴力，僅僅從現實力量對比上判斷，在運動初起時也較易維持非暴力。但是由於羣衆並非眞正理解"ahimsa"不僅意味着非暴力，而且意味着以仁愛感化對手，因此往往易於心懷憤怒、侮辱和咒駡對手，從而一開始就在感情上與對手敵對起來，斷絕了妥協的可能性。此外，要使羣衆嚴格把自己的行爲控制在民事不服從的範圍裏，敢於坦然接受短期入獄的懲罰，也非易事。如果部分激進的羣衆越出民事反抗的範圍，則必然導致對手的殘酷鎭壓，從而使任何人都不可能坦然入獄。

堅持眞理運動的步驟一般可以描述如下[5]：

---

[5] 參閱 Krishnalal Shridharani, *War without violence*（《沒有暴力的戰爭》），New York: Harcourt, Brace, 1939年，頁5～42。

（一）**談判和仲裁：** 在採取下一步行動之前，必須通過已有渠道盡一切努力來解決衝突或爲民申寃。

（二）**使羣衆做好直接行動的準備：** 一旦確定衝突的形勢將導致直接行動，就開始仔細地分析行動的動機，進行紀律方面的教育，在羣衆中進行最充分的討論，討論內容包括各種安危攸關的問題、將採取的適當程序、對手的情況、公衆輿論的氣氛等等。

（三）**鼓動：** 這一步驟包括積極的宣傳運動，以及羣衆集會、遊行、呼喊口號等示威活動。

（四）**最後通牒：** 向對手作最後的強烈呼籲，說明如果不能達成協議，將會採取什麼樣的步驟。最後通牒的遣詞造句和行文風格應該爲達成協議留下最大的餘地，讓對手能保留面子，並爲有關問題提出建設性的解決辦法，促使對手坐到談判桌旁來。如果對手不接受最後通牒，則採取下一個步驟。

（五）**經濟制裁和罷工：** 可以廣泛組織羣衆站在公共建築物（如政府機構、大使館）前面表示抗議，繼續示威和向公衆進行廣泛的宣傳。可以採用靜坐示威、非暴力的罷工，並組織總罷工。

（六）**不合作：** 可以根據問題的性質採取不同的行動，比如退回封號、榮譽官職，辭去地方機構所委派的職位；拒絕出席政府的招待會、接見、官員舉辦或爲他們舉辦的官方和半官方的集會；逐步從國立學校和學院中領回自己的子弟；律師、當事人逐步抵制法院，建立私立仲裁法庭，解決私人之間的糾紛；拒絕出國參戰；候選人拒絕參加競選；選民抵制選舉；士兵和警察退役；公民拒絕納稅等等。有時候公民的自動流亡也是一種鬥爭手段。

（七）**民事不服從**：應該非常小心地選擇不予服從的民事法律。被選定的民事法律應該是造成不滿的主要原因，或具有象徵性意義。在任何情況下不得違反刑事法律。

（八）**代行政府的一些職能**：比如維持公共交通的正常運行。爲了採取這一步驟，必須做好最充分的準備工作。

（九）**平行政府**：即代行某一級政府的全部職能。要做到這一步，必須獲得公衆的最大限度的合作。

（十）**談判與和解**：使對手信服，羣衆的意志是明確的、堅定的，最好的辦法不是鎮壓，而是坐到談判桌邊來，通過談判達成雙方都可以接受的解決辦法。

絕食是一種非常特殊的鬥爭手段。甘地反覆強調，把絕食作爲堅持眞理運動的一個組成部分是非常危險的。他反覆警告，不可不加區別地使用絕食作爲鬥爭手段，他充分意識到在這種絕食的背後往往有暴力成分❻。雖然甘地完全相信絕食可以成爲堅持眞理運動中最有效的武器❼。但是他認爲必須非常小心地硏究以後才決定在某種情況下能不能加以採用。他說：

> 「絕食是一種激烈的武器。它有它自己的科學。就我所知，沒有人具有關於絕食的完美的知識。不科學地進行絕食注定會傷害絕食者，甚至會損害絕食者為之而奮鬥的事業。因此，還沒有贏得使用這種武器的權利的人不應該

❻ *Harijan*（《神之子民》周刊），1939年3月11日；同❸，頁159。
❼ *Harijan*（《神之子民》周刊），1942年7月26日。

使用它。只有與絕食所針對的對象相聯合的人才可以進行絕食。絕食所針對的對象必須與絕食的目標有直接關係。」❽

甘地自己的多次絕食最淸楚地說明了這段話的含義。他曾因爲耕讀新村裏的學生發生墮落行爲而絕食，爲使艾哈邁達巴德的罷工的紡織工人堅守誓言而絕食，爲平息他一視同仁的印度教徒和伊斯蘭教徒之間的衝突而絕食，爲說服他自己所屬的印度教取消賤民制度而絕食，總之，絕食針對的對象幾乎都是與他血肉相連的。他幾乎從未明確針對他的主要對手——南非或印度的白人政權——而絕食。他對印回問題的態度尤其說明在怎樣的情況下才適於採用絕食作爲鬥爭手段。1924年，印回尚有希望恢復哈里發運動期間的親密合作時，甘地曾絕食以感化雙方的極端派。但1947年印巴分治前夕，甘地不僅自己並不絕食反對，而且勸一對爲此絕食的夫婦盡早結束絕食❾。因爲以眞納爲領導的穆盟已經下定決心獨立，不是任何人的絕食所能打動的。相反，當印度自治領境內的印度教徒與伊斯蘭教徒發生衝突時，甘地兩次絕食，感化他們放下武器。甘地從未將羣衆性的絕食作爲堅持眞理運動的鬥爭手段，並非因爲他沒有發動羣衆性絕食的號召力，而是意識到這種鬥爭方式過於激烈，不適合由大衆來進行，只能由他自己一個人來進行。

---

❽ *Harijan*（《神之子民》周刊），1940年10月13日；同❸，頁157。

❾ Tendulkar, *Mahatma*（鄧多卡兒，《聖雄》），第8卷，頁22～23。

甘地所開創的堅持眞理運動不同於印度以前的“duragraha”(頑強堅持)。兩者之間的區別不在於所採用的手段或效果。頑強堅持也基本上採用非暴力的手段，在許多情況下也能取得預期的效果。兩者的區別在於性質。堅持眞理運動從一開始就盡最大的努力使對手相信自己抱着仁愛之心，決計無意傷害對手。自始至終把說服和感化作爲一切活動的中心，堅持不懈地爭取達成協議而不使對手感到屈辱。堅持眞理者完全公開自己的目標，完全排除秘密鬥爭方式，隨時將自己下一步行動計劃通知對手。明顯地盡一切努力使對手的困難減少到最低限度。堅持眞理運動的另一個顯著特點是與建設性活動（比如土布運動）齊頭並進，不僅爲自己人而且爲公衆提供服務。隨時準備接受法律的處罰是堅持眞理運動的又一個典型的特點。一般的絕食、示威、罷工不具備上述的原則、紀律、步驟和特點，因而不能被稱爲堅持眞理運動。

我們在這一章裏將具體分析幾個甘地領導的堅持眞理運動。每一次運動將盡可能說明如下十個方面[10]：

(1)起迄的時間、地點。

(2)目標。

(3)堅持眞理運動的參加者與領導。

(4)對手的參加者與領導。

(5)組織和建設性活動。

(6)準備。

(7)初步行動。

---

[10] 參閱 Bondurant, *Conquest of violence*（《征服暴力》），頁45～46。

⑻行動。

⑼對手的反應。

⑽結果。

第二節　艾哈邁達巴德工人的堅持真理運動

一、起迄時間與地點

1918年2月至3月，孟買管區艾哈邁達巴德的紡織工人與工廠主之間的衝突。

二、目標

（一）背景：1917年季風帶來的異乎尋常的狂風暴雨使艾哈邁達巴德地區發生了嚴重的瘟疫，至11月中，死亡人數已達550人⓫。城市工人爲了避免傳染，紛紛遷居鄉村。由於第一次世界大戰，英國紡織品出口到印度來的數量大減，印度紡織工業正處於黃金年代⓬。當地的工廠主爲了使工人繼續留在廠中工作，提供了防疫補貼，這種補貼有時高達工人工資的百分之七十五。但500名居住條件較好的工人未得到補貼，他們要求百分之二十五的物價津貼。工廠主薩拉巴的姐姐阿拉索雅支持這些工人，並寫信給甘地要求幫助⓭。甘地於12月21日寫信給薩拉巴，希望他改

⓫ Erikson, *Gandhi's truth*（《甘地的眞理》），頁323。

⓬ R. J. Soman, *Peaceful industrial relations. Their science and technique*（《和平的工業關係。他們的科學和技術》），Ahmedabad, 1957年，頁209～210。

⓭ 同⓫，頁325。

善工人的待遇⑭。

1918年1月底，工廠主宣布，由於瘟疫已結束，他們將於2月15日停止防疫補貼。他們並不在乎因此引起工人的不滿，因爲當時煤炭短缺，停工反而有利⑮。2月2日，甘地與薩拉巴在孟買商談，決定由甘地出面斡旋⑯。工人要求從7月起提高工資百分之五十，作爲停止防疫補貼的條件。工廠主只願意提高工資百分之二十。2月8日，甘地向3,000餘名工人講話，指出百分之五十的要求太高，建議他們向工廠主呼籲，如呼籲無效，可提交仲裁⑰。2月14日，成立仲裁委員會，甘地、班克、帕特爾代表勞方，薩拉巴、雅迦培、昌杜拉爾代表資方，以稽徵處處長查費德爲主席⑱。但仲裁尚未發揮作用，部分工人已經自行其是，進行罷工。甘地從基達趕回艾哈邁達巴德，勸說雙方，但爲時已晚⑲。工廠主決定從2月22日起停業。

---

⑭ Gandhi to Ambalal Sarabhai（〈甘地致薩拉巴〉），1917年12月21日，*CW*（《甘地全集》），第14卷，頁115。

⑮ Coal famine（〈煤炭短缺〉），載*The Bombay Chronicle*（《孟買記事報》），1918年1月1日；*Bombay police abstract*（《孟買警察簡報》），1918年，par. 293，轉引自 Brown, *Gandhi's rise to power*（《甘地的崛起》），頁115。

⑯ M. H. Desai, *A righteous struggle*（《正義的鬥爭》），Ahmedabad, 1951年，頁4。

⑰ *Gujarati*（《古吉拉特》），1918年2月17日，*CW*（《甘地全集》），第14卷，頁185～186。

⑱ 同⑯，頁38。

⑲ *Gandhi to secretary of the millowners's association*（《甘地致紡織廠主協會秘書》），1918年2月21日，*CW*（《甘地全集》），第14卷，頁211～212。

甘地盡其所能地調查了工廠的經濟狀況，比較了孟買工人的工資，向工人建議，合理的要求是把工資提高百分之三十五。工人接受了這個建議。

（二）直接目標：提高工資百分之三十五，或將爭端提交仲裁。

三、堅持眞理運動的參加者和領導者

（一）甘地：他既是工人的朋友，又與工廠主有密切的關係。

（二）其他領導：阿拉索雅才智出衆，幼年喪母，由監護人包辦的婚姻相當不幸，後與丈夫分居，前往英國學習社會工作，回印度後即在家鄉艾哈邁達巴德開辦工人子弟學校與成人夜校，從事工人運動，受到工人的愛戴，成爲第一個工人領袖，後被譽爲工會之母。她是這次堅持眞理運動的實際發起者，甘地的主要助手⑳。

帕特爾當時是艾哈邁達巴德的普通律師，後來他成了國大黨的主要領袖，獨立印度的首任內政部長。

班克出身於相信宗教的富裕家庭，參加過學生運動和解放賤民的工作，後赴英國學習，受費邊社會主義思想影響。回印度後，在孟買成爲全印自治聯盟的積極活動者㉑。

察甘勒是聖雄甘地的侄子，從小由甘地撫養，在南非時代就參加了耕讀新村。

---

⑳ 同⑪，頁300～303。

㉑ 同上，頁303～308。

（三）參加者：艾哈邁達巴德各紡織廠的五千至一萬名工人。

四、對方的參加者和領導者

（一）參加者：艾哈邁達巴德各紡織廠的廠主。

（二）主要領導者：薩拉巴是艾哈邁達巴德的開明的工廠主，支持取消賤民制度和結束英國統治的鬥爭。甘地的眞理耕讀新村接受了一戶賤民以後，曾一度斷絕了捐款來源，薩拉巴慷慨解囊，幫助甘地度過難關。薩拉巴的妻子很贊成甘地的耕讀新村的生活方式。薩拉巴自幼喪母，對姐姐阿拉索雅感情很深，理解與支持她對工人的關心。但是，他作爲一個工廠主，堅定地把唯利是圖作爲原則，是這場鬥爭中最堅定的對手（紡織廠主協會主席不打算與工人對抗）㉒。

五、組織和建設性活動

（一）自食其力原則：甘地堅持，在罷工期間，工人必須靠其他工作維持生活。

（二）福利活動：甘地和其他領導者指導工人做好衞生工作，提供醫藥與其他服務，組織收集工人生活狀況的資料。由於有了這些經驗，後來成立了艾哈邁達巴德紡織工人協會，爲會員提供各種福利。

（三）快報：從2月26日到3月19日，以阿拉索雅的名義一共出版了17期，1期爲班克所寫，其餘均爲甘地所寫。使罷工工

㉒ 同上，頁296～300、327。

人了解堅持眞理運動的原則和具體做法㉓。

（四）日常大會：每天傍晚（3月12日廠主結束停業後，改爲早晨）在沙巴瑪迭河畔的一棵大樹下召集工人開大會，人數從5,000至10,000人㉔。

六、準備

（一）紀律：（1）非暴力。（2）不騷擾罷工期間上工的工人。（3）不依靠救濟，而是靠其他工作養家活口。（4）不管罷工時間多長也不屈服。

（二）誓言：2月26日，廠主停業的第5天，第1張快報上刊登了誓言：（1）直到資方保證在（1917年）7月的工資的基礎上增長百分之三十五才復工。（2）在停工期間不製造任何騷亂，或使用暴力，或任意搶劫，也不損害廠主的財產，或虐待任何人，始終保持和平㉕。

七、行動

（一）示威：工人每天在艾哈邁達巴德的街上遊行，高呼：「Ek tek!」（信守諾言）。

（二）向廠主呼籲：3月1日，甘地寫信給薩拉巴，指出如果薩拉巴勝利，工人會更受壓迫㉖。

㉓ Desai, *A righteous struggle*（《正義的鬥爭》），頁38～70。

㉔ 同⑪，頁330～331。

㉕ *CW*（《甘地全集》），第14卷，頁215。

㉖ Gandhi to Ambalal Sarabhai（〈甘地致薩拉巴〉），1918年3月1日，*CW*（《甘地全集》），第14卷，頁229～230。

（三）對廠主結束停業的反應：廠主於3月12日宣布所有接受工資增長百分之二十的工人可以回廠工作。甘地呼籲工人堅持，只有工資增加百分之三十五才復工。

（四）絕食：罷工工人的態度開始動搖，對上工工人的態度越來越帶有威脅性。3月14日，察甘勒訪問工人時遭到嘲笑：「阿拉索雅和甘地怎麼樣啦？他們乘着汽車來來去去，吃着精美的食物，我們卻在垂死掙扎。」甘地擔心工人會違背誓言，在3月15日的大會上突然決定絕食，直到工人振作起來，把罷工堅持到達成協議，或他們全部離開工廠㉗。阿拉索雅和許多工人與甘地一起絕食，但在甘地的勸說下停止了。

（五）自食其力：許多工人受雇於眞理耕讀新村，爲紡織學校鋪地基。阿拉索雅帶頭勞動。

（六）拒絕廠主的第一次方案：薩拉巴提議，如果甘地永遠不再介入工人活動，則承認增加工資百分之三十五。甘地拒絕了㉘。

（七）協議：3月18日，雙方達成協議。工人從3月20日起復工，第一天增加工資百分之三十五；次日（3月21日）增加工資百分之二十。第三天（3月22日）起增加工資的百分比由仲裁者決定。由古吉拉特學院的副校長擔任仲裁者。在作出仲裁的決定以前，增加工資百分之二十七點五，作出仲裁決定之後，多退

㉗ 關於甘地的絕食，有不同的解釋，見⑪，頁351～352；Gandhi，*Autobiography*（甘地，《自傳》），頁501；Brown，*Gandhi's rise to power*（《甘地的崛起》），頁118。

㉘ Bondurant, *Conquest of violence*（《征服暴力》），頁68～69。

少補。

（八）工人接受協議：甘地結束絕食，發表演說，其他代表也相繼演說，工人接受廠主散發的糖果。

八、對方的反應

（一）停業：廠主宣布從 2 月22日起停業。

（二）防暴：武裝的警察在所有的街上巡邏，以防出現最壞的情況，2 天以後，由於在甘地的控制下局勢平靜，改爲只在重要地段設置載有警察的馬車，又過了 2 天，撤銷任何特別安排的警察。

（三）結束停業：3 月14日邀請所有接受增加工資百分之二十的工人回廠工作。

（四）反宣傳：散發傳單駁斥堅持眞理者。對堅持眞理者提出的生活費用資料提出質疑。廠主忠告工人小心工作才能掙更多的錢，工廠並非爲富不仁。

（五）散布謠言：據說廠主散布謠言，以動搖罷工者的立場㉙。

（六）與甘地談判：甘地絕食以後，薩拉巴個人深受震動，同時覺得憤怒，認爲這是對廠主施加壓力，甘地何必在勞資糾紛中把自己的命搭進去？向甘地提議，資方接受加工資百分之三十五的要求，但甘地得答應從此不再揷手工人運動。甘地未接受。

（七）達成協議：同意甘地的提議，將爭端提交仲裁。

㉙ 同上，頁70。

九、結果

（一）爭端提交仲裁。

（二）仲裁決定：8月10日，仲裁決定增加工資百分之三十五㉚。

這次事件在當時只被看成地方性的勞資糾紛，即使在印度也未引起很大注意，更不用說全世界了。但就在次年，甘地作爲全國性的領袖領導了反對羅拉特法的全印度的堅持眞理運動，引起了全世界的注意。實際上，這次事件在甘地個人心理的發展上有重大意義。在他的政治事業的發展上也有重大意義。它不僅證明這種鬥爭方式可以用來處理勞資關係，而且顯示了這種鬥爭方式的許多特點：一開始就尋求一種和平的解決，以誓言爲鬥爭的核心，參加者的紀律與自我教育，小心地防止報紙上出現會加劇雙方敵對情緒的報導，造成一種具有道德壓力的環境，以及最後找到一種保持各方面子與榮譽的妥協方案。這次事件幫助甘地在古吉拉特的城市裏樹立了威望，保證他總是能夠從這裏獲得勞資雙方的支持。勞資雙方都在甘地身上看到了一種希望，即建立融洽的、富有建設性的勞資關係，避免破壞性的、對抗性的勞資關係的希望。由於當時工人文化程度較低，接受新聞的影響較小，接受民間傳聞的影響較大，因此甘地的這次具體行動要比許多文章與演說更有效地爲甘地在大衆中贏得了領袖魅力。

㉚ 同⑯，頁90～91。

第三節　反對「羅拉特法」的堅持真理運動

一、起迄時間和地點

1919年3月1日至1919年4月18日，運動延續了七星期。這次運動是第一次全國性堅持眞理運動。行動計劃是在艾哈邁達巴德制定的；總部在孟買。最活躍的地區是孟買管區，而聯合省、旁遮普、比哈爾的大城市也很活躍，馬德拉斯、中央省和孟加拉次之。

二、目標

（一）背景：英國人擔心隨著第一次世界大戰的結束，印度國防統治法將失效，打算制定新的法律來對付民族解放運動，遂於1917年12月任命了以羅拉特爲首的委員會來研究形勢。委員會於1918年7月19日發表了報告，認爲印度存在革命的陰謀，應該採用強硬手段來對付這些陰謀㉛。在這個委員會的建議下制定的所謂「羅拉特法」（印度政府法1919年第11號）於2月6日送呈帝國立法會議。3月21日，立法會議以35票對20票（全體印度籍議員反對），勉強通過了該法案㉜。該法案規定，對無政府主義

㉛ *Report of committee appointed to investigate revolutionary conspiracies in India*（《爲調查印度革命陰謀而任命的委員會的報告》），Cd. 9190, London, 1918年。

㉜ *Records of the home department of the government of India*（《印度政府內政部檔案》），*Home politica*（《國內政治》），B, 1919年6月，第82號；轉引自 Brown, *Gandhi's rise to power*（《甘地的崛起》），頁162。

的罪行，可以由三名法官組成的特別法庭從速審判，不得上訴。它還授權給政府可以進行預防性拘留——逮捕和拘禁所謂威脅公共安全的嫌疑犯，可以命令所謂從事顛覆活動的嫌疑犯只能居住在某一地區，或不得從事某項活動，可以持續拘留所謂危險分子。

第二號法案意在使刑法作永久性的修改，由於公衆輿論的強烈反對，未敢送呈帝國立法會議[33]。該法案的規定包括凡擁有、出版或傳播妨害治安的文件的人將被判處徒刑。

（二）直接目標：撤銷羅拉特法，防止第二號法案的通過。

（三）長期目標：發動羣衆支持民族解放鬥爭，提高政治覺悟。

三、堅持眞理運動的參加者和領導者

（一）甘地：發起、組織並領導運動。

（二）其他領導：孟買管區參加過基達和艾哈邁達巴德地方性堅持眞理運動的帕特爾、戴賽（甘地的秘書）、阿拉索雅、班克、荷里曼（《孟買記事報》編輯）、奈杜夫人等人（他們多爲全印自治聯盟盟員）；馬德拉斯的阿雅迦（《印度報》負責人）和查理（公元1879～1972年）；比哈爾省（甘地在此省占巴朗領導過地方性堅持眞理運動）的哈桑、伊馬木等人；加爾各答的達斯（公元1870～1925年）（著名律師）等人[34]。

（三）參加者的數量：據說成百萬的人參加了運動。南方的反應相當不錯。在孟買據說有600名志願隊員。

---

[33] 同上，Deposit（存檔），1921年5月，第43號。

[34] Brown, *Gandhi's rise to power*（《甘地的崛起》），頁165～173。

（四）參加者的特點：羣衆得到了空前的發動，尤其是古吉拉特、聯合省、比哈爾和旁遮普以前政治上不活躍的羣體投入了政治鬥爭。

四、對方的參加者和領導者

（一）以副王切姆斯福德勛爵（公元1868～1933年）爲首的印度政府。

（二）英國警官領導的警察。

五、組織和建設性活動

（一）堅持眞理協會：2月24日，在艾哈邁達巴德附近甘地的眞理耕讀新村裏，孟買和艾哈邁達巴德的一些全印自治聯盟盟員成立了堅持眞理協會，後來成爲運動的司令部㉟。

（二）選擇不予服從的法律：在決定民事不服從之後，任命了一個堅持眞理委員會，選定不予服從的民事法律。

（三）建立地方委員會：在馬德拉斯等地成立了堅持眞理協會分會。

六、行動的準備

（一）堅持眞理誓言：甘地起草了誓言：「我們由衷地認爲，印度刑法修正案1919年第1號和刑法緊急權力案1919年第2號是不公正的，違反自由與正義的原則的，摧殘個人基本人權的。而整個印度的安全和國家本身是以個人人權爲基礎的，我們鄭重宣

㉟ Gandhi to C. F. Andrews（〈甘地致安德魯斯〉），1919年2月25日，*CW*（《甘地全集》），第15卷，頁104。

誓，如果這些法案成爲法律，在它們撤銷以前，我們將和平地拒絕服從這些法律，以及此後任命的委員會選定的其他法律，我們發誓，在鬥爭中我們將忠實地服從眞理，不對生命、人身或財產使用暴力。」㊱

在2月24日眞理耕讀新村的會議上，由到會者簽署了這個誓言。

（二）向副王呼籲：2月24日，甘地致電副王，如政府不重新考慮對法案的立場，他將不得不公布誓言並徵求更多的簽名㊲。

（三）徵求更多的簽名：至3月中旬，在孟買管區約有600～800人簽署了誓言㊳，在馬德拉斯約有120人簽署了誓言。堅持眞理協會的委員會刊布了給徵求簽名的志願人員的詳細指示，使有關消息廣泛傳播，甘地在報紙上發表公開信，解釋誓言㊴。

（四）寫信解釋目的：甘地向可能持不同意見的政治家和報刊編輯寫信說明自己的眞正用意㊵。

㊱ Satyagraha pledge（〈堅持眞理誓言〉），1919年2月24日，*New India*（《新印度》），1919年3月3日，*CW*（《甘地全集》），第15卷，頁101～102。

㊲ Gandhi to the Viceroy（〈甘地致副王〉），電報，1919年2月24日，同㉟，頁165。

㊳ 甘地估計600人，孟買總督估計800人，Brown, *Gandhi's rise to power*（《甘地的崛起》），頁166。

㊴ *The Bombay Chronicle*（《孟買記事報》），1919年2月26日；*Young India*（《少年印度》），1919年3月12日；1919年2月26日甘地的信，*CW*（《甘地全集》），第15卷，頁118～120、120～122。

㊵ *CW*（《甘地全集》），第15卷，頁105～107。

（五）羣衆集會：全印自治聯盟的分支機構在城鄉舉行集會支持堅持眞理運動㊶。

（六）會見副王：甘地於3月5日會見副王，但無收穫㊷。

七、初步行動

（一）向副王呼籲：3月12日，甘地通過副王的私人秘書再次向副王呼籲，但被回絕㊸。

（二）宣傳：整個3月份，報紙上登滿了關於反對羅拉特法的集會的消息，及文章、通信。

（三）地方性罷市：3月21日孟買的三個市場舉行罷市以抗議羅拉特法的通過㊹。

八、行動

（一）general hartal（總罷工罷市）：由於羅拉特法本身主要針對暴力革命者，因此無法用和平的方式不服從該法。甘地在馬德拉斯與朋友商量，除了舉行集會，想不出其他辦法。3月22日早晨，甘地突然想到了總罷工罷市的辦法。堅持眞理運動本是一種使自己變得純潔的運動，可以號召全印度人民一起在某一天

㊶ *Report of the committee appointed by the government of India to investigate disturbances in the Punjab, etc.*（即《Hunter report》〔《亨特報告》〕），London, 1920年，頁9。

㊷ Chelmsford to E. S. Montagu（〈切姆斯福德致蒙塔古〉），1919年3月12日；同㉞，頁168。

㊸ Gandhi to J. L. Maffey（〈甘地致J. L. 梅費〉），1919年3月12日；同㉞，頁168。

㊹ 孟買警察總監給孟買政府的報告（1919年）；同㉞，頁166。

停止各種事務、絕食和祈禱㊺。日期原來定在3月30日，後改爲4月6日。甘地3月23日在報紙上公布了這一決定㊻。德里仍按原定日期，在3月30日發動，許多商店關閉。4月6日，孟買五分之四的商店關閉，交通基本停止。中央省主要是阿姆拉奧蒂和欽德瓦拉舉行了罷工罷市。馬德拉斯市罷市，並舉行了100,000人的集會。在孟加拉省，達卡召集了1,000人的會議，加爾各答部分商店關閉，組織了10,000人的集會。在比哈爾省的大城市巴特那、穆扎法爾普爾、查普拉、蒙吉爾和伽耶都舉行了總罷工罷市。聯合省爲德里事件所激動，幾乎所有的大城鎮都舉行了示威、罷市、交通中斷。旁遮普也幾乎在所有的大城鎮都進行了罷工罷市。甚至在西北邊疆地區，大多數有文化的印度人也強烈地贊成甘地㊼。

（二）出售禁書和出版不登記的報紙：4月6日，甘地與其他志願人員在孟買出售包括《印度自治》在內的四種禁書。4月7日，甘地創辦不登記的報紙《堅持眞理》。委員會建議羣衆不服從關於禁書與報紙登記的法律㊽。

㊺ Gandhi, *Autobiography*（甘地，《自傳》），頁533～534。

㊻ Gandhi to the press（〈甘地致報界〉），1919年3月23日，*CW*（《甘地全集》），第15卷，頁145～146。

㊼ 根據檔案，警察方面的報告，目擊者的記載等。——Brown, *Gandhi's rise to power*（《甘地的崛起》），頁171～173。

㊽ Statement on laws for civil disobedience（〈關於民事不服從的法律的聲明〉），1919年4月7日，*The Bombay Chronicle*（《孟買記事報》），1919年4月8日，*CW*（《甘地全集》），第15卷，頁192～194；*Satyagraha*（《堅持眞理報》），第1期在 *The Bombay Chronicle*（《孟買記事報》），1919年4月9日上出現，*CW*（《甘地全集》），第15卷，頁190～191。

（三）暴力行動：羣衆本來就對政府嚴重不滿，所謂甘地被捕（實際上是被限制不得離開孟買管區）的消息成了導火線。4月10日，孟買騷動，次日罷市，扔石頭，阻攔交通。艾哈邁達巴德發生暴動，殺人，焚燒監獄、電報局和稅務局。納笛亞德和維蘭甘也發生了騷動。最嚴重的暴動發生在旁遮普省，4月10日阿姆利則市發生放火搶劫，四個歐洲人被殺㊾。

（四）甘地暫停民事不服從：甘地4月11日在孟買，4月13日在艾哈邁達巴德勸說羣衆遵守非暴力原則，絕食三天以感化他們。4月14日寫信給副王的秘書，說明自己的堅持眞理運動現在將用來糾正同胞的錯誤㊿。4月18日宣布暫停民事不服從51。

（五）餘波：雖然民事不服從暫停，但作爲追求眞理和非暴力的堅持眞理運動仍繼續下去。5月21日，甘地邀請其他領導人共商大計，5月28日會議上，他提出如政府不任命一個委員會調查旁遮普慘案，則恢復民事不服從52。6月12日，甘地要求堅持眞理協會執行委員會考慮在7月份恢復民事不服從53。6月18

㊾ 根據檔案，《亨特報告》，專著等；同㉞，頁175。

㊿ Gandhi to J. L. Maffey（〈甘地致梅費〉），1919年4月14日；同㉞，頁176。

51 甘地1919年4月18日關於暫停民事不服從對報界的聲明，*CW*（《甘地全集》），第15卷，頁243～245。

52 Notes on satyagraha conference held on 28 May, 1919（〈關於1919年5月28日堅持眞理運動會議的筆記〉），*CW*（《甘地全集》），第15卷，頁332～333。

53 Gandhi to Secretaries of Satyagraha Committee（〈甘地致堅持眞理委員會書記〉，1919年6月12日，*CW*（《甘地全集》），第15卷，頁364～365。

日，他通知副王，如果情況不改變，民事不服從將於7月份恢復[54]。他並對孟買的堅持眞理者作了詳細的指示[55]。7月1日，甘地告訴孟買警察總監，如果政府放鬆執行「羅拉特法」的態度，他將推遲民事不服從。7月12日，甘地與孟買總督會談後決定，由於「羅拉特法」有可能撤銷，如副王希望，他可推遲民事不服從。副王立刻表示希望推遲民事不服從。甘地遂於7月21日告訴報界，他決定推遲民事不服從，但如果「羅拉特法」不撤銷，不可能永久避免這種抵抗[56]。

九、對方的反應

（一）通過「羅拉特法」：3月21日，靠官方任命議員的多數，強行通過了羅拉特法。迫於輿論壓力，將該法的有效期限制爲三年。

（二）拒絕甘地的呼籲：3月5日，副王會見甘地，但雙方未達成任何協議。3月13日，副王通過秘書梅費拒絕了甘地的最後呼籲[57]。

---

[54] Gandhi to S. R. Hignell, private secretary to the Viceroy（〈甘地致副王的私人秘書 S. R. 希格內爾〉），1919年6月18日，*CW*（《甘地全集》），第15卷，頁377～378。

[55] Gandhi's instruction for satyagrahis（〈甘地對堅持眞理者的指示〉），1919年6月30日，*CW*（《甘地全集》），第15卷，頁412～416。

[56] Gandhi's letter to the press announcing suspension of civil disobedience（〈甘地向報界宣布推遲民事不服從的信〉），*CW*（《甘地全集》），第15卷，頁468～471。

[57] J. L. Maffey to Gandhi（〈J. L. 梅費致甘地〉），1919年3月13日；同[34]，頁168。

（三）暴力鎮壓：3月30日，德里羣衆前往車站阻止商人營業，車站官員無法驅散羣衆，遂召來軍警開槍鎮壓，殺死10人(58)。

（四）對出售禁書的反應：政府未捕人，以免使局勢惡化。

（五）不准甘地離開孟買管區：4月8日，甘地離開孟買，前往德里及阿姆利則，4月9日被押下火車，送回孟買後釋放(59)。

（六）戒嚴：艾哈邁達巴德、拉合爾和阿姆利則戒嚴。在阿姆利則戒嚴期間，4月13日，上萬手無寸鐵的羣衆在賈利安瓦拉・巴格廣場和平集會，戴爾將軍不加阻止，率裝甲車二輛馳近會場，命令五十名射擊手向一百碼開外的羣衆開槍。因該處周圍都是高牆，只有幾條巷子通向外面，羣衆難以逃生。射擊手一共射出1,650發子彈，因爲他們是能夠在一千碼開外射中目標的優秀射手，幾乎彈無虛發，官方統計殺死379人，受傷者爲此數的四倍。這根本不是鎮壓暴亂，而是十足的蓄意屠殺包括婦孺老幼在內的和平民衆(60)。

十、結果

（一）直接後果：運動的直接目標——撤銷「羅拉特法」沒有立即實現。但是，迫於運動的壓力，第二個法案未敢提交立法會議，政府也從未援引「羅拉特法」。

---

(58) 根據檔案；同㉞，頁171。

(59) *Hunter report*（《亨特報告》），頁60～61。

(60) R. Furneaus, *Massacre at Amritsar*（《阿姆利則大屠殺》），London, 1963年，頁33～78。

（二）長遠影響：甘地從這場鬥爭中吸取了教訓，認識到必須做更多的工作，讓羣衆理解非暴力哲學，才能爲下一次運動作好充分準備。這次鬥爭形成了一批堅持眞理運動者，在今後的鬥爭中將發揮重要作用。這次鬥爭第一次把廣大羣衆引進政治鬥爭，造成了空前巨大的震動，使國大黨認識到這種新穎鬥爭方式的重大意義，從而與這種鬥爭方式結合起來，互相促進，開創了民族解放鬥爭的新局面。

這場鬥爭沒有能達到它的直接目標——撤銷「羅拉特法」。在達到目標之前，由於爆發了暴力行動，不得不暫停了。暴力行動的根源在哪裏呢？首先，甘地當時還只是一個地方性的領袖，他從南非回來還只有 4 年，他的哲學影響還不大。其次，他沒有來得及締造一個自己的組織，各地響應甘地的政治活動家數量不夠多，並且也沒有來得及學會掌握比暴力鬥爭更難掌握的非暴力鬥爭的藝術，因此領導力量嚴重不足，不適應突然爆發出來的出乎意料之外的大規模羣衆運動。第三，在這種情況下，許多參加者與同情者並不是在眞正理解甘地哲學的基礎上投入運動的，而是出自對現狀的強烈不滿，不約而同起來鬥爭的。他們儘管一開始也採用非暴力鬥爭的形式，但不是嚴格意義上的堅持眞理者，而是不滿現狀者。英國人在第一次世界大戰的困難期間曾許諾給印度人民以民族自決，但 1918 年 4 月發表的《印度憲政改革報告》令人失望。「羅拉特法」更顯示了英國人沒有改革的誠意。而穆斯林則不滿英國對土耳其哈里發的態度。這些才是暴力行動的眞正根源。第四，堅持眞理運動方面沒有充分估計到出現暴力行動的嚴重性，因此沒有制定制止暴力的有效的具體措施。第五，政府阻止甘地前往旁遮普，而正是在那裏爆發了最嚴重的暴力行動。因爲甘地所到之處，由於他個人的影響力，可以較快地使運動保持在非暴力的範圍內。

這次運動儘管沒有達到直接的目標，並且發生了阿姆利則市賈利安瓦拉·巴格廣場大屠殺，但它在歷史上的作用是極其巨大的。首先，甘地暫停運動本身就是一個驚人的成功。在通常情況下，政府與羣衆都已訴諸暴力，如果沒有羣衆方面的最高領導人親自盡最大的努力來平息暴力行動，必然導致雙方暴力升級，或是走上暴力革命之路，或是羣衆被政府殘酷鎭壓下去，使政治局勢大大倒退。甘地始終堅持非暴力哲學，甚至連副王在寫給印度事務大臣的信中也承認，甘地是連一隻蒼蠅也不會傷害的，光明磊落的人[61]。在暴力行動出現以後，甘地盡量幫助當局恢復秩序，當局承認甘地在平息羣衆的激動情緒方面起了幾乎令人難以相信的作用，甚至勸甘地不要爲平息暴亂絕食太久，因爲政府需要他全力工作，安撫憤怒的羣衆。由於甘地與政府之間有一種最基本的信任感：甘地決無意傷害在印度的英國人的生命、財產和合法權利，而是希望在印度與英國之間建立一種新型的平等互利關係，政府也不將甘地和非暴力運動置於死地。結果，印度仍然基本上保持了原來程度的政治自由與民主，沒有嚴重倒退，從而爲下一步的非暴力鬥爭留下了較大的餘地。其次，甘地深感宣傳和教育工作的重要，他就在這年開始接辦英文周刊《少年印度》和古吉拉特文周刊《拉瓦吉瓦》，致力於使更廣大的羣衆了解和接受非暴力哲學。第三，這場運動使國大黨領袖大爲震動，他們

[61] **Lord Chelmsford to E. S. Montagu**（〈切姆斯福德爵士致 **E. S.** 蒙塔古〉），1919年4月9日；**Brown**, *Gandhi: the prisoner of hope*（《甘地：抱著希望的囚徒》），頁134。

意識到一種具有最大潛力的新的力量被引入了政治舞臺[62]。國大黨在次年通過了甘地的不合作運動提案，正式把堅持眞理運動作爲自己的鬥爭方式。由於國大黨的投入，使今後的堅持眞理運動有了比較好的組織基礎。國大黨原來是一個主要由受過英國教育的知識分子和中產階級組成的，以憲政活動爲主的，脫離工農大衆的政黨，接受甘地領導以後，逐步發展成以堅持眞理運動爲主要鬥爭手段，深入大衆，眞正代表全民族的羣衆性政黨。反過來，又爲發動更大規模的運動提供了組織基礎[63]。

第四節　反對「食鹽法」的堅持眞理運動

一、起迄時間與地點

1930年3月至1931年3月，這是一場全國性的運動，以孟買爲總部。每個省都進行了堅持眞理運動。

---

[62] *Congress presidential addresses. Full text of the presidential addresses (of the Indian National Congress) from 1911～1934*〔《國大黨主席致詞。（印度國民大會黨）1911年至1934年主席致詞全文》〕，第2版，Madras：G. A. Natesan，1934年，頁432。

[63] 國大黨的許多主要領導人在哲學上始終與甘地存在著深刻的分歧。他們仍然主要把非暴力作爲一種非常實用的鬥爭手段，而不是最高原則。在歷史的緊急關頭，他們往往與甘地分道揚鑣。獨立後的印度，主要是一個根據他們的設想建立起來的國家。儘管沒有人能夠否認，甘地在爭取印度獨立的鬥爭中作出了比任何領袖更大的貢獻。

二、目標

（一）直接目標：撤銷「食鹽法」。這些法令使政府壟斷食鹽貿易。當時的整個稅收約爲800,000,000美元，食鹽稅收約爲25,000,000美元64。每個人每年大約付鹽稅五安那，相當於他一年中三天的收入65。

（二）長遠目標：爭取印度獨立。甘地選擇「食鹽法」作爲民事不服從運動的對象，因爲它們不僅本身是不合理的，而且它們是一個不得人心的、沒有代表性的、異族統治的政府的象徵。英國官方資料指出這次運動的目標完全是想使行政機器徹底癱瘓66。

三、堅持眞理運動的參加者和領導者

（一）領導人：甘地；泰布佶，被甘地指定爲運動領導的第一繼承人；奈杜夫人，被甘地指定爲第二繼承人；國大黨主席賈瓦哈拉爾·尼赫魯；他的父親，他被捕後的國大黨代主席莫提拉爾·尼赫魯；被稱爲「邊境甘地」的迦法罕；泰米爾的查理；古吉拉特的 Va. 帕特爾（公元1875～1950年）；孟加拉的芃多；安陀羅的文卡塔帕亞；奧里薩的喬杜里；以及其他國大黨領導人。

（二）首批堅持眞理者：甘地挑選78個眞理耕讀新村的男學員，親自率領，進行食鹽長征。他們中有各省的人，有伊斯蘭教徒、基督教徒、賤民，大多數則爲印度教徒。

64 Bondurant, *Conquest of violence*（《征服暴力》），頁89。

65 Tendulkar, *Mahatma*（鄧多卡兒，《聖雄》），第3卷，頁19。

66 同64。

（三）參加者：在甘地親自領導的食鹽長征之後，全國各個地方幾乎都投入了鬥爭。

（四）參加者的特點：政府官方報告說明，大多數參加者是印度教徒，但是穆斯林也參加了，特別在西北邊省有較多的穆斯林參加。官方對於印度工商業界同情運動，從經濟上支持運動感到擔憂。另一個出乎意料的因素是大量的印度婦女投入了運動。甚至不少與政府合作的溫和派也轉而同情運動。

四、對方的參加者和領導者

（一）以副王歐文爲首的印度政府。

（二）英國人和印度人警察。

（三）軍隊。

五、組織和建設性活動

（一）印度國大黨的作用：這次運動是整個爭取獨立的政治運動的一個組成部分。國大黨用自己的整個組織系統來幫助甘地領導這場鬥爭。甘地開始食鹽長征以後，3月21日，國大黨中執會在沙巴瑪迭開會，正式批准中常會的決議，授權甘地發動民事不服從[67]。

（二）建設性工作：以手工紡織爲中心，土布的服裝成了運動的統一的制服，同時抵制洋布。

六、行動的準備

（一）獨立決議：國大黨內的溫和派不贊成與政府對抗，傾

---

[67] 同[65]，頁27。

向於合作；而激進派主張比民事不服從更具有進攻性的鬥爭方式；甘地成功地說服雙方，在1929年底拉合爾召開的國大黨年會上通過決議，把完全獨立作爲國大黨的目標，並授權中執會在適當時機發動民事反抗運動[68]。

（二）全國支持完全獨立日：1930年1月26日，全國到處都有羣衆集會，宣讀獨立誓言。由於羣衆的熱烈與和平，甘地確信行動的時機已經成熟[69]。

（三）十一點要求：1月30日，甘地發表十一點要求，包括全面禁酒，恢復一盧比合一先令四辨士的兌換率，降低田賦百分之五十，取消鹽稅，削減軍費至少百分之五十，文官減薪一半，用保護關稅對付進口布匹，制定海岸保留法，釋放除了謀殺犯之外的所有政治犯，取消中央情報局，核發自衞槍枝執照。只要副王答應這十一點條件，即可不發動民事反抗[70]。

（四）行動計劃：1930年2月間，國大黨中常會在沙巴瑪迭的眞理耕讀新村開會，決定認可甘地的提議，只有把非暴力作爲信條的人才能發起和領導民事不服從。甘地暗示「食鹽法」將是民事不服從的對象[71]。

七、初步行動

---

[68] 關於拉合爾會議的情況，見 Brown, *Gandhi and civil disovedience*（《甘地與民事不服從》），頁74～80。甘地在拉合爾的許多演講見 *CW*（《甘地全集》），第42卷。

[69] 同[65]，頁1、8～10。

[70] *Young India*（《少年印度》），1930年1月30日，*CW*（《甘地全集》），第42卷，頁434～435。

[71] 同[65]，頁12～13。

（一）致信副王：1930年3月2日，甘地寫信給歐文勛爵，先說明自己無意傷害任何一個英國人或他在印度的合法利益，然後陳述了印度人民的苦難，堅信只有非暴力才能對抗英國政府的有組織的暴力，同時對抗主張暴力革命的政黨的無組織的暴力。最後呼籲副王鏟除罪惡，如果副王無法鏟除罪惡，又對此信無動於衷，那麼甘地就要在3月11日率領耕讀新村的學員反對「食鹽法」[72]。甘地請一位英國青年雷洛茲作信差，將信送給歐文。

（二）挑選和訓練食鹽長征隊員：甘地在眞理耕讀新村裏挑選了78名男學員，舉辦了兩星期的講習，準備食鹽長征。

（三）沿途準備工作：3月6日，派帕特爾前往波沙德，組織民衆，接應食鹽長征的隊伍。帕特爾次日被捕。

八、行動

（一）食鹽長征：3月12日，甘地率領78名耕讀新村的學員，從艾哈邁達巴德出發，步行前往孟買北面，靠近賈拉爾普爾附近的丹迪海濱，製取私鹽，破壞「食鹽法」。甘地繫一條土布腰布，披一塊布巾，手持一根帶鐵尖的粗竹杖，健步走在最前面。後面跟着長達兩英里的志願追隨者。道路淸掃一淨，路上撒滿花瓣，道路兩邊是無計其數的夾道歡迎的羣衆，許多人爬在樹上或屋頂上，等着看一眼聖雄。甘地一行中午和晚上各在一個村莊或市鎭裏休息，甘地每到一地都在集會上講話，鼓勵民衆用非暴力去爭取眞正的自治。這支隊伍每天大約走10～15英里，有兩

[72] Gandhi to Irwin（〈甘地致歐文〉），1930年3月2日，IOL, Halifax Papers（倫敦印度事務部圖書館，哈利發克斯檔案），Mss. EUR. C. 152. (4)；同[65]，頁14～18。

個隊員累倒了，而61歲的甘地則不僅趕路和演講，而且還處理信件、寫稿、接待來訪者。甘地歷時24天，行程241英里的長征使全印度人民屏息注視着他的一舉一動，也使世界輿論密切關注，爲下一步行動作了準備㊼。

（二）堅持眞理運動的誓言：3月21日，國大黨中執會在沙巴瑪迭開會，授權甘地發動民事反抗。制定誓言：(1) 我志願參加國大黨領導的爭取印度獨立的民事抵抗運動。(2) 我接受國大黨的信條，即由印度人民用完全和平與合法的方法爭取“Purna Swaraj”（完全獨立）。(3) 我在這場運動中準備和願意入獄，承受其他一切可能落在我身上的苦難和懲罰。(4) 如果我入獄，我不要求國大黨基金爲我的家屬提供金錢方面的幫助。(5) 我將絕對服從那些負責這次運動的人的命令㊽。

（三）民事不服從的開始：4月5日，甘地一行抵達丹迪海濱，整夜祈禱。次日早晨，甘地前往海邊，在海水裏進行儀式性的沐浴，表示滌除不潔。上午8：30他彎腰撿起一小塊天然鹽塊，輕輕舉過頭，以這個動作表示破壞了「食鹽法」㊾。

（四）甘地對報界的聲明：甘地當即發表聲明，任何甘冒訴訟危險的人都可以隨地製造食鹽，各地工作者應該告訴村民鹽稅的含義和製鹽的辦法㊿。

㊼ Brown, *Gandhi: the prisoner of hope*（《甘地：抱著希望的囚徒》），頁236～238。

㊽ 同㊴，頁90、92。

㊾ Payne, *The life and death of Mahatma Gandhi*（《聖雄甘地的生平與去世》），頁392～393。

㊿ 同㊵，頁31。

（五）傳授製鹽的方法：國大黨中無人熟悉製鹽的方法，看到羣衆的熱烈響應，遂忙於學習，並散發傳授製鹽方法的傳單。

（六）羣衆的響應：羣衆似乎被甘地的行動驚呆了幾天，接着，突然全民都發動起來了，人人忙於製鹽，或禁酒，或焚燒洋布，或其他民事不服從行動。尼赫魯寫道：「當我們看到人民的極大熱情，看到製鹽活動就像燎原烈火一樣發展起來時，回想甘地翁第一次出這個主意時，我們曾懷疑這個辦法的有效性，不由得覺得有點慚愧和難爲情。」[77]

（七）hartal（罷市）：不少地方以罷市回答政府逮捕堅持眞理運動的領袖。

（八）辭職：在甘地的號召下，許多村長和下級官員辭職以表示同情堅持眞理運動。

（九）象徵性行動：許多地方舉行戲劇性的遊行。在孟買，一個「食鹽法」的象徵物被扔進大海，表示英國人的法律已經壽終正寢。

（十）拒絕付稅：有些地區，比如巴多利，抗交賦稅。

（十一）遏止暴力：喀拉蚩和加爾各答發生了暴力行動，甘地4月17日宣稱：如果非暴力在與政府的暴力鬥爭之外不得不與人民的暴力鬥爭的話，它仍然必須不惜一切代價地完成自己的困難的任務。甘地後來（4月26日）宣稱，如果追隨他的堅持眞理者不符合基本要求，他自己將用堅持眞理運動來糾正他們[78]。

（十二）感化部分政府軍拒絕開槍：4月23日，白沙瓦羣衆

---

[77] Nehru, *Autobiography*（尼赫魯，《自傳》），頁213～214。

[78] 同[64]，頁95。

舉行大規模示威。次日紅衫黨領袖迦法罕被捕，成千羣衆包圍他被監禁的地方。警方派兩輛裝甲車鎮壓，一輛被焚毀，車上人員倉皇逃逸，另一輛向羣衆射擊，造成上百人傷亡後，與警察人員一起撤退。三天以後，政府派第18步兵團第 2 營的兩排印度教徒士兵來恢復秩序，但他們拒絕向穆斯林羣衆開槍，有些人交出了武器。 4 月 25 日至 5 月 4 日， 城市處於迦法罕和紅衫黨的控制下。強大的英國軍隊在空軍支援下收復該城時，沒有遇到任何暴力抵抗。拒絕開槍的第18步兵團官兵中的17人被判重刑⑲。

（十三）反對出版法： 4 月27日，副王下令修改出版法，甘地號召堅持出版自由，寧肯報社被封，也不交罰款。

（十四）甘地致副王的第二封信：甘地寫信給副王，宣布他將領導自己的隊伍去占領達拉沙拉鹽場，除非副王廢止鹽稅，或逮捕甘地及其隊員，或打破每一個候補隊員的頭⑳。

（十五）從鹽場搶鹽：甘地與泰布佶相繼被捕， 5 月21日，由奈杜夫人率領 2,000 名志願隊員，前往距孟買 150 英里的達拉沙拉鹽場搶鹽，雖未成功，但當局的殘忍鎮壓震動了全世界。 6 月 1 日，15,000名志願隊員和羣衆前往孟買郊區的瓦達拉鹽場，突破警察的警戒線，衝進鹽倉，搶走了一些鹽，警察無法控制局勢，只得召來騎警衝擊和毆打羣衆。與此類似，10,000名羣衆衝進卡納塔克的沙利卡塔鹽場，冒着雨點般的警棍和子彈，搶走了大量食鹽㉑。

---

⑲ 同⑥⑤，頁35；同⑦④，頁394～395。

⑳ **Muzumdar**, *Gandhi versus the empire*（《甘地對抗帝國》），頁107～108。

㉑ 同⑥⑤，頁41。

（十六）經濟抵制：抵制外國產品，特別是洋布和洋酒。抵制洋布是製鹽之外最重要的活動，對英國人帶來了更大的經濟上的打擊，1930年秋季進口的紡織品比去年同期減少了三分之一。

（十七）各種不合作：比如，立法會議議長 Vi．帕特爾（公元1870～1933年）以及一些溫和派的議員辭職。

（十八）斡旋的嘗試：溫和派賈雅卡和沙浦樂出面在國大黨與政府之間進行斡旋，7月23～24日，甘地在耶拉不達獄中與他們長談。在斡旋者的安排下，身爲囚徒的尼赫魯父子被押往耶拉不達監獄，與甘地一起會談了三天（8月13～15日），提出了和解的條件。副王表示無法接受這些條件。9月5日，斡旋者宣告失敗[82]。

（十九）談判：1931年1月26日，政府無條件釋放甘地和其他國大黨中常委。中常委授權甘地與副王談判。2月14日，甘地寫信給歐文，希望先進行個人之間的接觸。歐文立刻同意了。2月17～19日，雙方進行了預備性會談。從2月27日起，開始正式會談，經過艱苦的談判，至3月5日達成協議。

九、對方的反應

（一）等待時機：副王歐文拒不回答甘地1930年3月2日的呼籲以後，他的大部分思想一直集中在尋找對付甘地的最佳辦法上[83]。他要等待時機合適，才逮捕甘地，使逮捕行動本身造成盡

---

[82] 同[73]，頁246。

[83] Viceroy to Secretary of State（〈副王致〔印度事務〕大臣〉），1930年3月7日，IOL, Halifax Paper（印度事務部圖書館，哈利發克斯檔案），Mss. EUR. C. 152 (6); Brown, *Gandhi: the prisoner of hope*（《甘地：抱著希望的囚徒》），頁238。

可能小的動亂，盡可能避免讓甘地罩上一層殉道者的光圈，避免給他在獄中進行絕食鬥爭的機會。因此，3月7日逮捕帕特爾之後，政府一直按兵不動。

（二）逮捕甘地之外的人：4月7日開始逮捕製私鹽者，4月14日逮捕小尼赫魯。

（三）軍警鎮壓：加爾各答、馬德拉斯、孟買都有開槍射擊羣衆的事發生，集會遊行也被禁止。4月24日白沙瓦警察出動裝甲車，向羣衆掃射，傷亡數百人。政府採取有計劃的暴力措施鎮壓運動，在不到一年內，發生了二十九次開槍射擊事件，死一百零三人，傷四百二十人。

（四）修改出版法：爲了防止新聞媒介廣泛報導堅持眞理運動和促使運動進一步擴大，4月27日修改出版法，限制新聞自由，相繼查封幾十家報社和印刷廠。

（五）逮捕甘地：5月4日，依據1827年的防止叛亂罪行法，將甘地逮捕。

（六）大規模逮捕：運動過程中一共約逮捕了六萬餘人。

（七）頒布禁令：針對國大黨所號召人民禁酒、拒絕納稅和勸公務人員辭職等鬥爭方式，頒布禁令，加以控制。

（八）斡旋的嘗試：政府用盡上述各種方法，仍無法使運動停止，遂允許溫和派於7～8月間在政府與國大黨之間進行斡旋，但也以失敗而告終。

（九）撇開國大黨的第一次圓桌會議：1930年底，在倫敦由印度各種政治色彩和社團的58個知名人士與16個土邦代表，但不包括國大黨人，與英國各個政黨的代表討論了印度的未來。給與印度自治領地位已經具有實際可能性[84]。會中大家都承認國大黨是代表多數印度人民的，應該有發言權。

（十）釋放甘地與其他國大黨中常委：1931年1月25日，副王歐文下令無條件釋放甘地及國大黨所有的中常委，並撤銷禁止國大黨集會的禁令。

（十一）談判：2月17日至3月5日，副王歐文與甘地談判八次，共談話整整二十四個小時，達成了協議。

十、結果

（一）甘地—歐文協議中關於「食鹽法」問題的解決辦法：政府雖不能在財政困難的情況下修改「食鹽法」，但同意作出新的解釋，即為了減輕比較貧苦的階層的負擔，政府擴大某些地方已經實施的行政規定，允許產鹽地區的鄉村居民自採或自製食鹽，供自己消費或在這些村莊中出售，但不得銷售給這些村莊之外的人。

（二）甘地—歐文協議的其他條款：政府同意採取和解行動，主要包括：（1）參加民事反抗，沒有使用暴力或煽動這種暴力，而被捕入獄的所有犯人都將釋放。（2）撤銷針對民事反抗的法令。（3）已經判決，但未交付的罰款可予免交。被沒收的財產，如果仍為政府所掌握，在某些條件下，可以發還。

國大黨將結束民事不服從，特別不再繼續以下行動：（1）有組織地違犯任何法律規定。（2）抗繳田賦和其他合法的賦稅。（3）

---

[84] Moore, *The crisis of Indian unity, 1917～1940*（《1917～1940年印度統一的危機》），Oxford: Clarendon Press，1974年，頁103～164。

發行支持民事反抗的宣傳品。(4) 企圖使軍政人員或村長反對政府或辭職。

（三）憲政改革：協議說明在未來的關於憲政改革的談論中，將邀請國大黨代表參加[85]。

這次運動可以說是堅持眞理運動的典型，基本上貫徹了非暴力的原則。這是一次規模極大的全國性的運動，參加者以百萬計。儘管1920年第一次堅持眞理運動以來已有十年，甘地思想已經影響比較廣泛，但是要普通羣衆眞正理解非暴力絕不是一件容易的事。然而在這次運動中，除了1930年4月18日一個稱爲印度斯坦共和聯盟的暴力革命組織襲擊吉大港軍火庫奪取武器，殺了六個人之外，人民方面基本上沒有暴力行動。與此同時，廣大羣衆明確地表達了自己爭取獨立的決心，使政府認識到，繼續鎭壓不解決問題，更好的辦法是回到談判桌上來。這次運動能取得這樣的成就，有多方面的原因：

首先，甘地經過深思熟慮，選擇「食鹽法」作爲突破口，是一個恰當的戰略。因爲食鹽是必需品，抽取沉重的鹽稅影響所有最貧苦的人，是最不人道的，最難以容忍的。同時，反對鹽稅不涉及英國在印度的其他投資，食鹽稅的收入本身在政府財政收入中所占比重不大，不至於直接引起政府方面的過分激烈的暴力鎭壓。在鹽稅這個問題上，也比較容易取得印度教徒與穆斯林的一致意見，有利於教派團結。反對「食鹽法」具有一定的經濟意義，但是具有更大的從倫理上否定殖民統治的意義。

其次，甘地吸取以前一開始就發動羣衆，不易控制的缺點，

---

[85] 同[64]，頁98～99。

這次一開始嚴格限於他親自挑選的78名眞理耕讀新村的學員。他們是甘地哲學的最忠實的信徒，旣有視死如歸的決心，又有始終堅持非暴力的毅力。甘地卽以他們作爲非暴力的楷模。

第三，甘地的食鹽長征可以說是他作爲一個非暴力的使徒和一個民族運動領袖的事業的頂峰。甘地已經61歲，三年前健康狀況很差，血壓一直偏高。但是他以驚人的毅力，徒步走完了 241英里，這種力量很大程度上反映了他內心的堅強意志。如果他坐汽車或其他交通工具，只用一、二天時間前往海濱取鹽，恐怕就沒有步行那樣的影響力。他用了整整24天完成這段行程，在這段時間裏，全印度（甚至可以說全世界）都注視着他和他的隊伍。在這24天裏，關於他的行動的消息不僅可以通過無數電訊、廣播和報紙讓受過教育的城市居民知道，而且可以通過ロ述傳播，讓更廣大的文盲、半文盲的農村居民也知道。他希望全國人民明白的道理是那樣簡單明瞭：一個得不到印度人民擁護的外國人統治的政府把自製食鹽作爲犯罪行爲，他帶頭不服從這種不合理的法律——在印度海邊撿起一塊天然形成的鹽。議會講壇上受過英國教育的議員發表的連篇累牘的高談闊論民主的講話實際上無法爲民衆所理解，而甘地的這個簡單的行動可以被每一個印度人所理解。這個階段的運動完全在他的直接控制之下，因爲是在他選擇的問題上他一步一步地走上前去與政府對抗，政府爲了等待時機逮捕甘地，預測他的計劃，遲遲不知所措，實際上限於癱瘓狀態。甘地從 3 月12日開始食鹽長征，到 5 月 4 日被捕，在一個多月時間內，相當有效地爲全國樹立了一個非暴力抵抗的榜樣。

第四，這次運動是國大黨事先正式批准的，國大黨的各級機構發揮了組織作用。

第五，甘地與國大黨隨時準備談判，甚至在獄中也不拒絕斡旋的嘗試，只要協議不違背堅持眞理的原則就願意接受協議。

儘管由於英國政府實際上無意讓印度眞正獨立，導致了此後的圓桌會議的流產，但是這次運動本身可以說是堅持眞理運動的一次典範，並且爲用非暴力手段爭取印度的最後獨立奠定了基礎。

上述的幾次運動作爲比較典型的堅持眞理運動，基本上體現了非暴力的主要精神。甘地在當時也深信不疑自己領導的運動是以非暴力爲宗旨的。但是，在印度取得獨立以後，爆發了大規模的印度教徒與伊斯蘭教徒之間的衝突。面對這種流血悲劇，甘地對自己領導的運動作了深刻的反思。他發現，在獨立鬥爭中，他曾經認爲是非暴力的鬥爭並不是眞正的非暴力，而只是消極抵抗，是弱者的武器，是一種權宜之計，人民一旦有機會訴諸暴力就可以拋棄它，而實際上也拋棄了它。他看到，把非暴力作爲強者的武器的觀念仍然只是一種幻想和夢想，非暴力鬥爭必須顯示出它不僅能夠幫助人們贏得政權，而且能夠保持和防衞政權，換句話說，它必須成功地影響和引導權力政治，否則作爲世界性力量和普遍和平的先驅的非暴力鬥爭是沒有什麼前途的。他與甘地社(Gandhi Seva Sangh)的有限的經驗證明，非暴力一旦掌權，它就自我否定了，就被腐蝕了。問題是非暴力究竟能不能用來影響權力政治而不與權力政治同流合汚，如果能夠的話，應該怎樣去做[86]。他說道:

「我的眼睛現在張開了。我看到，我們在與英國人鬥爭時所實行的所謂非暴力並不是真正的非暴力。神有意把我的

[86] 同[65]，第8卷，頁227。

眼睛蒙起來，他要通過我完成他的偉大的目標。現在這個目標完成了，他又把我的視力還給我了。」[87]

甘地對自己領導的獨立鬥爭的批判是非常嚴肅的。像他這樣一個具有虔誠宗教信仰的政治家要承認自己終生奮鬥的事業並不完全符合自己的眞正理想，其痛苦實在遠遠超過對手所能給予他的任何打擊。但是他仍然勇敢地承受了這種沉重的打擊，有勇氣坦率地向全世界承認這一點。確實，甘地建設一個非暴力社會的理想直到今天還遠遠沒有實現。不僅國大黨掌權的領導者們沒有能按照甘地的理想去實踐，而且他的忠實信徒維諾巴・巴維和J. P. 納拉揚（公元1902～1979年）也沒有能夠眞正實現第二次非暴力革命。怎樣用非暴力去保持政權，而不被權力所腐蝕，仍然是一個沒有解決的難題。但是，就非暴力奪取政權這一點而言，印度的獨立仍然是一大成就。從甘地哲學的標準來衡量，他自己領導的歷次鬥爭還沒有達到非暴力的最高水準。但是這些鬥爭畢竟是人類歷史上少見的成功的非暴力鬥爭的實例。這些鬥爭沒有像甘地所希望的那樣，使全體印度人民眞正慈悲爲懷，不僅對自己的外敵英國人不抱敵意，而且愛自己的不同宗教信仰、不同階級、不同種姓、不同民族、不同語言的同胞。但是，這些非暴力鬥爭避免了暴力鬥爭必然帶來的許多犧牲和痛苦，影響所及，使獨立後的印度基本保持民主政體和國內和平，在國際上提倡和平共處五項原則和不結盟運動，這仍然是一種不可否定的巨大成就。這些非暴力鬥爭的經驗已經成爲人類寶貴的精神財富，也一定能爲今後的非暴力鬥爭提供難得的借鑒。

---

[87] 同上，頁231。

第四章　東方傳統思想與甘地哲學

二十世紀印度社會和政治發展的最大特點或許是兼收並蓄。西方人和印度人一起努力把西方的社會和政治哲學移植到印度次大陸的豐富的文化土壤上來時，造成了生氣勃勃、絢麗多彩的文化熱。甘地哲學就是對東方傳統與西方影響兼收並蓄的產物。

印度人對西方文化的反應與中國人很不相同。中國人從1919年五四運動以來，比較普遍地對傳統文化採取否定的態度，認為傳統文化是造成中國落後的主要原因。印度雖然也有主張全盤西化的人，但影響不大。印度知識分子的主流對傳統文化抱比較肯定的態度。中印之間這種區別的一個主要原因是中國始終保持着獨立，而印度徹底喪失了獨立。中國維持着自己的政權，因此知識分子容易把一切毛病與問題歸諸自己的傳統文化，總是覺得向西方學習，不管是學習資本主義，還是學習馬克思主義，還不夠徹底。印度處於英國人的統治之下，英國人已經盡力在進行西化，印度人作為亡國奴更深地體會到自己的傳統文化的可貴。

印度思想界可以分為兩股大的潮流，一股是正統派，另一股是改革派。正統派試圖復活印度教，創建一個“Hindu Raj”——印度教帝國，恢復理想化的印度的過去的榮耀。正統的印度教政黨和印度教文化社團都往這個方向努力。甘地顯然不屬於正統派，他追求根本不同的目標。他也真誠地信仰印度教，但是他對印度教的解釋完全不同於正統派。他在印度教裏注入了新的因素。甘地哲學對東方傳統文化和現代西方文化是兼收並蓄的。因此我們只有同時分析甘地思想中的東方傳統成分和西方成分，才能更深刻地理解他的哲學，理解在他的哲學中這兩種成分是怎樣融為一體的。

這一章將側重研究東方（主要是印度）傳統文化對甘地的影響。研究甘地思想的學者普遍承認，他是深深地紮根在印度傳統文化之中的。甘地為什麼能夠那樣成功地喚起民衆，使千百萬文盲、半文盲的、從來沒有參加過政治活動的農民投身於爭取印度獨立的鬥爭？一個最深刻的原因就是甘地通過傳統文化與大衆心靈相通。甘地很明確，他的鬥爭並不依靠律師或其他受過高等教育的人，而寄希望於全國老百姓的支持。當時印度的教育基本上用英語，受過高等教育的人用英文談論和描寫民主、自由、獨立等等，老百姓不僅不熟悉這些西方的政治學概念，而且在語言文字上也無法溝通。因此他們的影響始終局限在受過英文教育的為數不多的中產階級之中。甘地並不輕視這部分力量，但是他更重視民衆。他也用英文演講和寫作，但更強調用印度語言講和寫。他的主要哲學概念和政治口號都是印度民衆習以為常的，來自東方傳統文化的東西。比如，他寧肯使用梵文的“swaraj”(自治)，而不那麼喜歡用英文的“independence”（獨立），他指出，

「我們這些受過英語教育的印度人常常無意識地犯下了大錯，以為少數講英語的印度人就是整個印度。我不同意任何人將“independence”（獨立）當做一個大衆都能理解的普通的印度名詞。我們的目標無論如何應該用一個三億人都能理解的本國詞彙來表達。我們有這樣一個詞彙，那就

是"swaraj"(自治)，是奈若氏第一個以民族的名義使用這個詞的。它的含義包括，而且遠遠超過"independence"。它是一個活的詞彙。成千印度人高貴的犧牲使這個詞變得神聖。這個詞即使還沒有滲透到印度最偏僻的角落，也是類似詞彙中最膾炙人口的。用一個意義含糊的外國名詞取代這個詞是褻瀆神聖。」❶

當然，這不是一個純粹的語言問題，實際上甘地心目中的"swaraj"具有許多與"independence"不同的意義，比如每個村莊都應該有適當的"swaraj"(自治)，這種含義就不是"independence"（獨立）所能表達的。甘地經常向人民解釋"swaraj"的眞正含義，比如他在1930年食鹽長征前夕曾提出非常具體的十一點要求，使每一個普通人都能夠理解"swaraj"對他意味着什麼。

尼赫魯認爲，在印度，哲學並不只是少數哲學家的事兒。哲學是大衆宗教的基本組成部分；哲學以某種通俗的形式滲透到大衆的心中，形成某種帶哲學意味的世界觀，這種情況在印度幾乎就像在中國一樣普遍❷。甘地就是通過這種傳統哲學與大衆心心相印的。他的主要哲學概念，他的主要術語，都來自東方傳統文化，他在祈禱會上或其他莊嚴的場合不僅念頌《薄伽梵歌》、《吠陀經》、《奧義書》，也念頌《古蘭經》、《阿維斯陀注釋》。但是，甘地並非只是一成不變地重複這些經典，或咬文嚼

---

❶ Tendulkar, *Mahatma*（鄧多卡兒，《聖雄》），第2卷，頁326。

❷ Jawaharlal Nehru, *The discovery of India*（尼赫魯，《印度的發現》），New York: John Day, 1946年，頁73～74。

字地解釋這些經典的原意，他不是一個祭司，也不是一個考據學家。他在這些經典裏注入了新的含義。他把西方的理性主義和人文主義的光輝與東方傳統文化結合起來，形成了自己獨特的哲學思想。正因爲如此，他的思想才可能對二十世紀的印度人民，甚至世界人民產生如此重大的影響。如果完全沒有注入西方思想的精華，只是不折不扣地闡述這些經典的原有意思，或者完全拋開傳統文化，只講西方民主，甘地都不可能產生這樣巨大的影響。西方的民主、自由、博愛、平等觀念正是通過這些印度化的形式才眞正紮下了比較深的根。如果西方的民主思想不與當地的傳統文化結合起來，是很難在東方文明古國眞正確立起來的。西方民主固然常常與中產階級有聯繫，但歷史事實證明，像印度這樣一個農民占人口大多數，工業化和教育程度都不高，歷史上也並無民主傳統的國家仍有可能建立民主政體，關鍵在於找到將西方民主與本國傳統文化結合起來的恰當渠道，使民主不再是受過西方教育的人把玩的洋貨，而變成普通老百姓都能理解的，爲他們帶來實際好處的東西。

第一節　印度教、佛教和耆那教

甘地多次聲稱自己是印度教徒。他認爲基督教、伊斯蘭教或其他宗教與印度教是平等的，正因爲如此，人們信仰自己祖先的宗教就夠了，沒有必要改宗其他宗教。他向基督教和伊斯蘭教的朋友們說：

「我認為這兩種宗教像我自己的宗教一樣真實。但我自己的宗教使我完全滿意。它包含我精神發展所需要的所有東西。它教導我，不要去祈禱讓其他人變得與我信仰一樣，而要去祈禱讓他們在他們自己的宗教裏充分成長。因此我為一個基督教徒或一個穆斯林所作的祈禱總是希望他做一個更好的基督教徒或穆斯林。我相信，我知道，神將問我們，現在就在問我們的問題不是我們為自己貼上什麼標籤，而是我們實際上是什麼樣的人，即我們做了些什麼。」❸

耆那教和佛教是對婆羅門教進行全面改革以後形成的新宗教，也可以看成是全盤革新的婆羅門教。甘地對印度教的革新的程度恐怕不亞於耆那教和佛教對婆羅門教的革新，儘管他沒有正式開創一個新的宗教。甘地在他革新印度教時，當然不僅吸收西方民主思想，而且吸收耆那教和佛教思想。其實在甘地哲學中，印度教、耆那教和佛教的影響是很難分割開來的。

印度傳統宗教對甘地的影響可以追溯到他的家庭環境。甘地在自傳中說：「留在我記憶中的我母親的突出印象是一種聖潔的印象。她非常虔誠，她從來不會想到不做每天的祈禱就吃飯。前往 "Haveli"——毗濕奴神廟——是她每天的責任之一。就我記憶所及，我記不起她什麼時候漏掉 "Chaturmas"❹。她發幾個最難實行的誓言，毫不懈怠地實行到底。生病不成爲放棄誓言的理

❸ *Young India*（《少年印度》），1924年9月4日，*CW*（《甘地全集》），第25卷，頁86。

❹ 字面意思是四個月，意爲發誓在雨季的四個月中絕食和半絕食。是一種齋戒。

由。我還記得她在遵守“Chandrayana”誓言時❺，生病了，但是這沒有使她不守誓言。連續兩天或三天絕食對她來說不算一回事。」❻甘地思想定型以後對宗教的虔誠，對誓言的執着，以及有時進行絕食，都明顯看得出他受母親的影響。甘地幼年時代必須常常到毗濕奴神廟去，但那對他並沒有什麼吸引力❼。他成年以後也很少涉足印度教神廟，他關心的是宗教的精神，而不是偶像崇拜和複雜的儀式。甘地從小時候起就養成了對印度教的各個支派和姐妹宗教的寬容。他的父母不僅常帶孩子去毗濕奴神廟，也去崇拜濕婆和羅摩的神廟❽。甘地的家鄉是耆那教勢力特別大的地區。耆那教徒常常訪問他父親，並且破戒接受他們這些非耆那教徒的食物。他們與他父親討論的話題既有宗教的，也有世俗方面的❾。我們要到後來才能看出耆那教對甘地宗教思想的影響是特別清楚的。他少年時代與耆那教的接觸顯然是他成年以後特別執着非暴力的一個根源。

少年時代的甘地在印度本土並未眞正深入自己的傳統文化，倒是他在英國期間開始對祖國的宗教遺產發生了濃厚的興趣。在南非期間面臨着基督教和伊斯蘭教的吸引力，他有些彷徨，但通過討論與閱讀，確定了印度教信仰。1908～1909年在南非被囚禁期間他讀了不少書。1922～1923年長達近兩年的獄中生活使他有

❺　一種節食，根據月亮的盈虧增減每天食物的份量。

❻　Gandhi, *Autobiography*（甘地，《自傳》），頁4～5。

❼　同上，頁36。

❽　同上，頁38。印度教後期形成三大派別：毗濕奴教（以毗濕奴爲主神）、濕婆教（以濕婆爲主神）和性力派。毗濕奴教的一個支派羅摩派主要崇拜羅摩。

❾　同上，頁38。

機會比較系統地閱讀了150種書籍，他雖然沒有來得及按照計劃把自己訓練成一個梵文學者（他六年的刑期提前結束了），但加深了對印度傳統文化的了解。

甘地在幼年時代聽過別人念印度教經典《薄伽梵歌》，但是念的人不能引起聽衆的靈感。他在《自傳》中對自己小時候沒有機會由虔誠博學的人教他念這部經典著作而感到莫大的遺憾。他對《薄伽梵歌》的熱愛是從倫敦時代開始的。當時兩個通神論者與他談到《薄伽梵歌》。他們正在讀安諾德的譯本——《聖歌》——他們邀請甘地與他們一起讀原文。甘地覺得很難爲情，因爲他沒有讀過梵文或古吉拉特文的《薄伽梵歌》。但是他希望自己不多的梵文知識有助於共同研讀。《薄伽梵歌》第二章的第六十二和六十三節給甘地留下了特別深的印象，這兩節寫道：

> 「如果一個人熱中於考慮感性事物，就會被這些事物所吸引，從這種吸引中會產生願望，願望會迸發成強烈的情感，強烈的情感會導致魯莽滅裂的妄念；妄念會使記憶紊亂，從而失去高尚的目標和理智的心靈，直到身心同歸於盡。」❿

甘地在《自傳》中寫道：這本書對他來說是無價之寶。他對此書的印象從此日益加深，結果認爲它是使人認識眞理的最好的書。在他陷入黑暗之際，它爲他提供了莫大的幫助。不過當時甘

❿ 同上，頁77。參閱 *Bhagavad-gita as it is*（《薄伽梵歌》），頁39～40。

地並沒有深入研究它。數年之後，它才成爲甘地常常閱讀的經典⓫。後來，《薄伽梵歌》成了他行動的確信無疑的指導，成了他日常參考的指南⓬。當他陷入懷疑的時候，當他在地平線上看不到一絲光明的時候，他就求助於《薄伽梵歌》，尋找一段使他覺得鼓舞的經文⓭。在南非時，有一段時間甘地每天早晨背誦一、二首《薄伽梵歌》，後來可以背誦十三章。甘地的秘書戴賽編著了一本《無私行動的福音，即根據甘地解釋的「薄伽梵歌」》⓮。這本書是了解甘地哲學與《薄伽梵歌》的淵源關係的主要資料。甘地認爲，《薄伽梵歌》不是歷史性著作，而是在描寫戰爭的外衣下，描寫人類心靈中永不休止的決鬥，把戰爭的內容引進來只是使內心世界的決鬥的描寫更加生動。黑天神是完美和智慧的化身。關於人可以成爲神的化身的信念表達了人類崇高的精神追求。人類直到變得像神一樣完美之前是不會自我滿足的。這就是人類的自我實現。這種自我實現是《薄伽梵歌》的主題，就像它是所有經典的主題一樣。救治人生苦惱的萬能靈藥是功成不居。這是《薄伽梵歌》展開的中心。這種功成不居的態度就像太陽，

⓫ 同上，頁77～78。

⓬ Gandhi, *My religion*（甘地，《我的宗教》），Ahmedabad: Navajivan Publishing House, 1958年，頁16。

⓭ R. K. Prabhu 和 U. R. Rao 編, *The mind of Mahatma Gandhi*（《甘地的心靈》），Ahemedabad: Navajivan Publishing House, 1969年，頁94。

⓮ Mahadev Desai, *The gospel of selfless action or the Gita according to Gandhi*, Ahmedabad: Navajivan Publishing House, 1946年。

而獻身精神，知識和其他品質就像行星一樣圍繞着它旋轉。甘地覺得人要在自己的生活中實行《薄伽梵歌》的中心教導，就必然追求眞理和非暴力⓯。甘地在1922年 3 月10日被捕時，只帶了五本書，其中一本就是《薄伽梵歌》⓰，1928年 1 月底，甘地送給第三個兒子的結婚禮物就是《薄伽梵歌》⓱，由此可見甘地對此書的珍愛。

甘地對佛教的注意也是從倫敦時代開始的。與他一起研讀《薄伽梵歌》的兩兄弟也向他推薦了安諾德寫的釋迦牟尼傳《亞洲之光》，甘地懷著比讀《薄伽梵歌》更大的興趣閱讀此書，一口氣把它讀完了。1922～1923年在耶拉不達獄中時，他研讀了大約 150 種書籍，其中就有卡諾斯的《佛祖的福音》和大衛的《佛教要義》。佛陀的思想對他的影響可以從他1927年11月15日在斯里蘭卡佛教會議上的演講中明顯地看出來：

> 「我的謹愼的觀點是：佛陀的教導的基本部分今天組成了印度教的一個不可分割的部分。今天印度教的印度已經不可能走回頭路，回到喬答摩・佛陀對印度教進行偉大改革以前的狀態去了。他通過極大的自我犧牲，自我克制，通過自己的生活的純潔無暇，對印度教留下了不可磨滅的影響，印度教對這位偉大的導師永遠懷着無窮的感激……我

⓯ 同上，頁123～131。

⓰ 同❶，第 2 卷，頁94；其他四本書是：《羅摩衍那》、《古蘭經》、耕讀新村用的聖詩和〈登山寶訓〉（《聖經》的一部分）。

⓱ 同❶，第 2 卷，頁306～307。另一本作爲禮物的書是耕讀新村用的《巴迦瓦》聖詩（Ashram Bhajanavali）。

的確定的觀點是：佛教或不如說佛陀的教導在印度結出了豐碩的果實，它不可能不是這樣，因為喬答摩自己是印度教徒中的一員。他全身浸透了印度教的精華，他使掩埋在吠陀經裏，被莠草埋沒的某些教導重新復活了。沒有意義的陳詞濫調所組成的森林遮蓋了吠陀經裏的金色的真理，佛陀的偉大的印度精神在這片陳詞濫調的森林中開闢了一條道路……我斗膽自稱為佛陀的追隨者，我把這種成就歸諸印度教的勝利。佛陀從來沒有排斥印度教，他只是使它的基礎更廣闊。他給了它新的生命和新的解釋。」⓲

他承認自己從覺者（佛陀）的生平中得到啓示，覺得非常感激⓳。與他同時代的法國著名作家羅曼羅蘭、詩哲泰戈爾的長兄波諾達達、最後一任印度副王蒙巴頓都把他比作釋迦牟尼⓴。實際上甘地的主要哲學概念眞理，非暴力和苦行都與佛教有密切關係。

精通印度教經典的拉吉昌德拉是對甘地最有影響的三個現代人物之一（另外兩個是羅斯金和托爾斯泰），他是甘地1891年從英國回到印度後結識的。在南非時，甘地與基督教和伊斯蘭教有了較深的接觸，在宗教問題上感到徬徨，曾與拉吉昌德拉通信討

⓲ 同❶，第2卷，頁111、291～292；Paul Carus, *The gospel of Buddha*, Rhys Davids, *Lectures on Buddhism.*

⓳ Gandhi, *All religions are true*（甘地，《所有的宗教都是眞的》），Bombay: Pearl Publications, 1962年，頁196。

⓴ 吳儁才，《甘地與現代印度》，第2冊，頁154、239；〔法〕拉皮埃爾等著，周萬秀等翻譯，《聖雄甘地》，頁471。

論。他們討論的範圍很廣，從靈魂和神的性質、得救的意義、再生、印度教經典和諸神的性質，到基督教信仰、聖經和耶穌㉑。拉吉昌德拉還向甘地建議了一些他應該讀的書。結果甘地覺得獲得了內心的平靜，相信所有他需要的精神方面的東西都可以在他自己的印度傳統裏找到㉒。拉吉昌德拉不僅在學問方面給甘地很大幫助，而且他希望面對面看到神的熱誠，以這種熱誠爲基礎的生活方式，對非暴力的堅定信仰都爲甘地樹立了一個楷模。儘管他英年早逝，並無名聲，甘地卻滿懷深情地把他看成是自己接觸到的印度傳統的活生生的代表人物。

印度教改革家、哲學家斯瓦米·維韋卡南達（辨喜，公元1863～1902年）是甘地的重要先驅者之一。1901年甘地從南非返回印度在加爾各答列席國大黨第十七屆全國代表大會之後，他見到了許多梵社的人，但更希望見一見著名的維韋卡南達。他滿懷熱情前往，但是被告知維韋卡南達有病在身，無法會見。次年維韋卡南達就去世了。1903年甘地回到南非後，開始閱讀維韋卡南達的《王瑜伽》㉓。甘地接受，發展並實踐了維韋卡南達關於"Daridranarayan"——即爲窮人服務就是爲神服務——的觀念。甘地說，人類的理解能力無法知道神的眞名，無法對神進行測度，"Daridranaraya" 是人類用來稱呼神的成百萬個名字之一，

㉑ Questions and answers（問題與回答），1894年，*CW*（《甘地全集》），第32卷，頁593～602。

㉒ Gandhi's reminiscences of Raychandbai（甘地對拉吉昌德拉的回憶），1926年11月和1930年6月，*CW*（《甘地全集》），第32卷，頁1～13；第43卷，頁98～99。

㉓ 同❶，第1卷，頁58、63。

它意味着窮人的神，出現在窮人心裏的神㉔。1927年甘地在斯里蘭卡對維韋卡南達協會講話時說：「如果維韋卡南達是你們協會的名字，那麼你們就不敢忽視印度的忍饑挨餓的百萬民衆。」㉕甘地在許多方面都繼承和發展了維韋卡南達的哲學。

甘地小時候就在父親的藏書中翻到過一本印度教經典《摩奴法典》，但是書中關於梵天創造宇宙的故事和類似的事情並沒有在他思想上留下什麼印象。他1909年在南非被囚禁期間有機會閱讀了三十來本書籍，其中就有《摩奴法典》。1922～1923年他在耶拉不達獄中又研讀了布赫勒翻譯的《摩奴法典》的英文譯本㉖。

甘地曾經謙虛地說過，《薄伽梵歌》和圖爾西・達斯的《羅摩衍那》是他可以說懂得的兩部印度教著作㉗。甘地父親生病期間，每天晚上都由一個虔誠的教徒來念《羅摩衍那》給他聽，當時甘地十三歲，也在一旁聆聽，留下了很深的印象。爲他信仰《羅摩衍那》打下了基礎。他後來認爲圖爾西・達斯的《羅摩衍

㉔ U. S. Mohan Rao 編, *The message of Mahatma Gandhi*（《聖雄甘地的啓示》），New Delhi: Publication Divesion, Ministry of Informationand Broadcast-Gove. of India, 1968年，頁46。

㉕ 同❶，第2卷，頁291。

㉖ Gandhi, *Autobiography*（甘地，《自傳》），頁38～39；Tendulkar, *Mahatma*（鄧多卡兒，《聖雄》），第1卷，頁99，第2卷，頁111。*Manusmriti* in Englishi translation by Buhler（布赫勒翻譯的《摩奴法典》的英文譯本）。

㉗ V. S. Narayane，引自 *Modern Indian tought: a philosophical survey*（《現代印度思想：哲學性的概覽》），Bombay: Asia Publishing House, 1964年，頁173。杜爾西・達斯（公元1352～1623年），把梵文史詩《羅摩衍那》翻譯成印地文敍事詩《羅摩功行錄》。

那》是所有關於信仰的書中最偉大的作品。在南非的托爾斯泰耕讀新村裏，每天晚上祈禱、唱詩時，有的詩篇就選自《羅摩衍那》。甘地眞正深入這部史詩則是在1922～1923年在耶拉不達獄中時。他1925年在巴特那演講時引用圖爾西・達斯（公元1532～1623年）的話：宗教的根源在於惻隱之心，接着指出，必須在印度復興這種惻隱的或憐憫的宗教㉘。當甘地解釋他夢想中的印度時，常常使用“Rama Rajya”（羅摩之國），即神的國度，在那裏王子與窮人享有平等的權利，統治是建立在純粹倫理權威上的，實現普遍的自治，那是一個地上的正義王國㉙。

甘地也是1922～1923年在耶拉不達獄中時眞正深入閱讀另一部印度史詩《摩訶婆羅多》的。他寫到，他第一次讀完了這部史詩長達6,000頁的全文，消除了原先對此書的偏見，開始把它看做精神探索的無窮無盡的寶藏。但不應該把它當歷史看待，應該把它理解成對善惡之間的永恒鬥爭的描寫。甘地認爲由於歷代的增添，現在已經很難知道原本是多大篇幅的著作了㉚。

甘地在南非與拉吉昌德拉通信討論宗教問題時已開始閱讀繆勒翻譯的印度教經典《奧義書》的英譯本。1909年在南非入獄期間也研讀過。在1922～1923年耶拉不達獄中，他再次研讀《奧義書》的英譯本，以及古吉拉特文的關於印度教哲學六大學派的著作。1924年他爲了平息印回衝突而絕食21天，絕食結束時的儀式

㉘ 1925年5月23日，Chatterjee, *Gandhi's religious thought*（《甘地的宗教思想》），頁16。

㉙ 同上，頁17。

㉚ *Young India*（《少年印度》），1924年9月4日，*CW*（《甘地全集》），第25卷，頁86～87。

中有一項就是由他的弟子巴維朗讀一些《奧義書》中的經文㉛。甘地晚年對《奧義書》特別重視。1936年末，他開始認為《伊沙奧義書》的第一節是印度教的要義與結晶。根據他的觀點，即使其他印度教經典都散佚了，只要這一節還留下來，印度教也仍然萬世長存㉜。他珍愛的《薄伽梵歌》是對這一節的評注。這一節寫道：

「在這個現象世界的中心，在它所有變動不定的形式裏，有永不變動的神。因此，越過這種不停的變動，熱愛內在的精神，停止為你自己攫取別人視為財富的東西吧。」

《薄伽梵歌》源於史詩《摩訶婆羅多》的第六篇，比較短，是印度教的入門者較容易掌握的。《摩奴法典》是婆羅門教的法典，篇幅也比較小，共十二章，二千六百八十四頌。《羅摩衍那》約二萬四千頌，精校本一萬九千多頌，內容比較集中。《摩訶婆羅多》的篇幅是《羅摩衍那》的五倍，約十萬頌，是世界上最長的史詩之一。《奧義書》被看做最後的《吠陀》。印度教徒一般要在人生的最後階段才研究此書，以了解人生的意義，參透宇宙的奧秘。甘地大致上順着從《薄伽梵歌》入手，經過《摩奴法典》、《羅摩衍那》和《摩訶婆羅多》兩大史詩，最後探究《奧

㉛ 同❶，第1卷，頁45、99；第2卷，頁111、157；繆勒（Max Muller，公元1823～1900年）是生於德國的英國語言學家。

㉜ Speech at Quilon（在奎隆的演講），1937年1月16日，*CW*（《甘地全集》），第64卷，頁258～260。

義書》的順序逐步掌握了印度教的幾部主要經典。他的主要哲學概念都出自印度傳統文化。

一、Satya（眞諦，眞理）

甘地把“satya”（眞理）作爲自己的哲學的中心概念並不是他對印度教傳統進行長期學術研究的結果。但是他的看法與學者們進行學術研究得出來的意見是一致的。“satya”（眞理）這個詞在吠陀語言裏已經有了。這個詞的詞根是“sat”（有）㉝。《阿闥婆吠陀》中的“satya”（眞理）雖然可能是一種動態過程的結果，但它本身是靜態的㉞。在吠陀裏已經有了通過人的行動使眞理得以實現的想法，稱爲“satyakriya”，“kri”的意思是「實踐」。有的學者認爲甘地的“satyagraha”（堅持眞理）是繼承了“satyakriya”的傳統㉟。在《黎俱吠陀》的韻文中可以發現這樣的思想：超人或原人（purusa）滲透整個宇宙，並且外在於宇宙。在《奧義書》中可以發現，《黎俱吠陀》中這種一切存在物的統一體的概念發展成了唯一的非人格的實體（sat）的概念，即唯一的宇宙靈魂的概念，唯一的梵的概念，這三個概念是作爲同義詞來使用的。各《奧義書》常提出的一個問題是：「什麼是實在？」有時稱這實

㉝ Rothermund, *The philosophy of restraint*（《約束的哲學》），頁37、40、43。

㉞ Willis, Malcolm, *The role of truth in the magic of the Atharvaveda*（《〈阿闥婆吠陀〉的巫術中的眞理的作用》），未出版的博士論文，Yale University，1957年，頁46，轉引自同上，頁44。

㉟ Zimmer, Heinrich, *Philosophy of India*（《印度哲學》），New York：Meridian Books，1956年，頁169。

在爲「梵」(Brahman，神)，有時稱之爲「梵我」(Atman，自我)，有時簡單地稱之爲 “sat”(有，存在)。在《旃多格耶》(Chandogya, 6.2.1.) 中，我們可以發現，「始初，只有唯一無二的存在 (sat)」㊱。在其他《奧義書》中我們讀到：「懂得梵 (Brahma) 就是眞實 (satya) 的人……隨心所欲不逾矩。」㊲在《摩奴法典》的關於人生責任的分類裏，“satya”(眞理) 是從範圍與有效性來說都具有的普遍性的責任，具有突出的地位㊳。

“satya”(眞理) 這個概念在佛教裏十分重要。它在中文佛經中音譯爲：娑，娑底也，薩哆也，薩底也；意譯成：至誠，實，實諦，眞諦，諦。㊴佛教的基本教義之一是 “Catursatya”(四諦)，“satya” 是眞理的意思，因被認爲是神聖的眞理，故也名 “Caturaryasatya”(四聖諦)。所有佛陀的教導都是以四諦爲中心的：

(1)**Duhkhasatya** (苦諦)：認爲世俗世界的一切，本性都是苦，有生、老、病、死，與不喜歡的人或事聚集在一起，與相愛的人或事離別，有所欲求而得不到滿足等八苦。

(2)**Samudayasatya** (集諦)：也名習諦，指造成世間人生及

㊱ Chatterjee, *An introduction to India philosophy* (《印度哲學導論》)，頁48、356。

㊲ *Taittiriya Upanishads*, (《泰迪黎耶奧義書》) I-1;——R. Hume, *The thirteen principal Upanishads* (《十三種主要的奧義書》), Oxford, 1951年，頁283。

㊳ Sushil Kumar Maitra, *The ethics of the Hindus* (《印度教徒的倫理》), Calcutta: University of Calcutta, 1925年，頁7～10。

㊴ 中村元編，《佛教語大辭典》，3卷，東京：東京書籍，1975年，上卷，頁440、453、523、524、536、596、597、599。

其痛苦的原因，卽業（karma）與惑（klesa）。

(3)**Nirodhasatya**（**滅諦**）：就是根絕集諦所包括的一切業與惑，達到佛教的最高理想境界，卽涅槃。這種境界的達成，並不是通過淸靜無爲，而是通過探究四諦，也進行旅行、傳道、救濟等積極的活動。佛陀本人從成道到去世的四十五年當中就一直積極活動。佛陀得道以後不久，他的心就對無數苦難的大衆充滿同情，決心普渡衆生。

(4)**Margasatya**（**道諦**）：指超脫苦、集的世間因果關係，達到涅槃的解脫之道。卽正見、正思維、正語、正業、正命、正精進、正念、正定等八正道㊵。

"sat"（眞實）和"satya"（眞理）在印度的其他某些哲學派別裏也非常重要。耆那教五戒的第二條就是"satyam"（不欺誑），這不僅指說眞話，而且指說眞實、有益、令人歡喜的話。瑜伽學派的自制之訓練的五種方法的第二種也是"satya"，指思想與講話的實事求是㊶。

此外，眞理在印度傳統故事裏也有廣泛的形象的表現。古代印度文學裏最著名的一個故事是講一個名叫卜拉呂德的小男孩爲了堅持眞理，忍受住了他父王的暴怒。這個故事在印度是婦孺皆知的，甘地很喜歡用這個故事來說明堅持眞理的含義㊷。因此，

㊵ Chatterjee, *An introduction to India philosophy*（《印度哲學導論》），頁113～160；任繼禹主編，《宗教詞典》，頁297、300、38、783、886、489、179、282、991、889、39。

㊶ Chatterjee, *An introduction to India philosophy*（《印度哲學導論》），頁107、302。

㊷ Tendulkar, *Mahatma*（鄧多卡兒，《聖雄》），第1卷，頁77、169；第2卷，頁2、247、378；第3卷，頁227；第8卷，頁221。

甘地的堅持眞理的概念旣爲印度哲學家們所熟悉，對樸實的村民來說也並不生疏。

事實上，"satyagraha"（堅持眞理）在印度人聽來是相當耳熟的，不過它發展了印度傳統的關於眞理的觀念。眞理，"satya"，是甘地的鬥爭藝術的核心，也是整個甘地哲學的核心。作爲社會改造的工具的"satyagraha"（堅持眞理）把傳統的倫理信條引入了社會行動的領域。甘地寫道：「整個的建設性計劃——包括手紡和手織，印度教徒和穆斯林的團結，廢除賤民制，禁酒——就是追求眞理和非暴力。」㊸

甘地並不否定正統印度教哲學把眞理（satya）與存在（sat）聯繫起來的學說。他只是在這個學說的基礎上論證了通過在一個社會中進行活動去發現眞理的道路。實際上，甘地是一個通過行動探尋神的人。"Satyagraha"（堅持眞理運動）就是把哲學上的絕對眞理轉化爲可以通過非暴力和自我受難來檢驗的相對眞理。

二、Ahimsa（不殺生，不害，無害，非暴力）

"ahimsa"（非暴力）是印度各派哲學的共同特點之一㊹。早在《旃多格耶奧義書》中就已經把"ahimsa"列爲五種道德之一㊺。它在各種印度教的經典裏反覆出現。瑜伽學派的自制之訓練

㊸ *Harijan*（《神之子民》），1937年5月8日。

㊹ Chatterjee, *An introduction to Indian philosophy*（《印度哲學導論》），頁21。

㊺ *Chandogya Upanisad*, III. 18.4. 另外四種道德是禁欲、施捨、正直和實事求是。——Bondurant, *Conquest of violence*（《征服暴力》），頁111。

的五種方法的第一種就是“ahimsa”，禁止傷害任何生命㊻。

“ahimsa”在耆那教裏表現得最爲突出。耆那教相信，最高的存在是全知全能的完美的靈魂，最低的存在是沒有意識的土、水、火、氣，或植物，在這兩者之間是有二至五種感官的各種靈魂，比如爬蟲，螞蟻，蜜蜂和人類㊼。耆那教的五戒中的第一戒就是“ahimsa”，絕對禁止傷害生命，不僅動物有生命，而且像植物和土裏的微生物這樣的不會運動的東西也有生命，因此都不能加以傷害。耆那教的聖人們爲了遵循這種信念，甚至在鼻子上罩一塊布，透過這塊布來呼吸，以免在呼吸時吸進了浮游在空氣中的微生物，傷害了它們的生命。一般俗人會發現這種理想太高。因此，耆那教建議他們限於不傷害有兩種以上感官的動物，部分地遵行“ahimsa”。耆那教的形而上學的理論認爲，所有的靈魂從潛在可能性的發展來說都是平等的，耆那教承認己所不欲，勿施於人的原則，它的“ahimsa”的態度是這種理論與態度的合乎邏輯的結果㊽。有些批評者認爲，“ahimsa”是野蠻人很原始的對一切生命形態的敬畏態度的殘餘，這種意見是不公正的。耆那教徒認爲，只是不殺生是不夠的，一個人甚至不應該想到和講到殺生；甚至不允許，更不鼓勵別人殺生。否則的話就不

㊻ 同㊹，頁302。

㊼ Umasvami, *Tattvarthadhigama-sutra*（烏瑪斯瓦密，《塔蒂瓦第德格瑪經》），J. L. Jaini 英文翻譯，Arrah, India: The Central Jaina Publishing House, 1920年，第2章，第23篇。

㊽ Hermann Jacobi, *The Jaina sutras*（H. 雅各比，《耆那教經典》），英文譯本，Sacred Books of the East series（東方聖典叢書），Oxford, 1884年，第1部，頁38～39；第2部，頁247～248。

能完全實現“ahimsa”的誓言㊾。

“ahimsa”在佛教中也很重要。在《出曜經》惟念品,《俱舍論》第四卷等處翻譯爲不害,在《五分律》第五卷等處翻譯成不殺生,在《法句經》奉持品等處翻譯成無害㊿。佛教像耆那教一樣,把不殺作爲五戒的第一戒。《大乘義章》卷十二說:「言五戒者,所謂不殺、不盜、不邪淫、不妄(語)、不飲酒,是其五戒也。」“ahimsa”是有部大善地法之一,法相宗善法之一。《大乘廣五蘊論》說:「云何不害? 謂害對治, 以悲爲性。謂由悲故,不害羣生。」(51)

《摩訶婆羅多》的一對格言是:沒有比眞理更偉大的宗教,“ahimsa”是最偉大的宗教或責任。這對格言在印度是家喻戶曉的,印度教、佛教、耆那教經典中揭示的非暴力的精神與勇於負起責任的故事也婦孺皆知(52)。甘地的非暴力思想來自印度傳統,同時又超越了傳統。他在1916年寫道:

「……雖然我關於“ahimsa”(非暴力)的觀點是我研究世界上大多數信仰的結果,但是現在這些觀點不再依靠這些著作的權威了。這些觀點是我生命的一部分,如果我突然發現我所讀的宗教著作與我一貫所作的解釋不一樣,我將仍然堅持“ahimsa”(非暴力)的觀點。」(53)

㊾ 同㊹,頁107。

㊿ 中村元,《佛教語大辭典》,下卷,頁1155、1166、1317。

(51) 《宗教詞典》,頁167、129～130、167。

(52) 同㊹,頁111。

(53) Gandhi, *Modern review*(甘地,《現代評論》),1916年10月,轉引自 *Speeches and writings of Mahatma Gandhi*(《聖雄甘地的言論與著作》),第4版,Madras: Natesan, n.d., 頁345。

甘地的貢獻在於他在追求社會和政治的眞理時，把非暴力鬥爭改造成了一種積極的力量。當他引證《羅摩衍那》的神話來說明非暴力時，他實際上把非暴力轉變成了一種積極的社會鬥爭的藝術，這種解釋當然並不是正統的：

「羅摩只是一個凡人，和收留他的猴羣一起，向居住在四面環水，固若金湯的楞伽的十首王羅婆那的粗暴力量挑戰，這意味着什麼呢？這不是意味着精神力量征服物質力量嗎？……我相信非暴力是印度教的根基，我的生命奉獻給通過非暴力的宗教為印度服務的事業。」[54]

尼赫魯認爲甘地對非暴力的堅定信念是以《薄伽梵歌》爲基礎的[55]。實際上，《薄伽梵歌》是以戰爭爲背景的，甘地離開正統觀點，把這些戰爭解釋爲人類內心鬥爭的象徵：「那戰場就是我們自己的身軀。永恒的戰鬥在（比較高的和比較低的兩種衝動的）兩個陣營之間不斷地進行。黑天神是人類內心的良知，是在一顆純潔的心靈裏輕輕耳語的內心的聲音。」[56]他認爲《薄伽梵歌》的中心教導是功成不居，這是與非暴力並行不悖的：「我覺得，一個人如果試圖在自己的生活中實行《薄伽梵歌》的中心教

---

[54] *Young India*（《少年印度》），1920年8月11日。傳說羅摩的妻子被楞伽（錫蘭）的十首王羅婆那刼去，羅摩與哈努曼和其他猴王結成聯盟，跨海到楞伽，救出了妻子。

[55] Nehru, *The discovery of India*（尼赫魯，《印度的發現》），New York: John Day, 1946年，頁100。

[56] Gandhi, *Hindu Dharma*（甘地，《印度教的達摩》），Ahmedabad: Navajivan Publishing House, 1950年，頁156。

導，他就必然遵循眞理和非暴力。只要沒有占有（行動的）果實的欲望，就沒有違背眞理或動用暴力的誘惑。」[57]

三、Tapas（苦行，減損飲食，道，勇進，禁欲）

“tapas” 原意為「熱」，因為印度炎熱，宗教徒把受熱作為苦行的主要手段。“tapas”在印度教經典裏有時指宗教性的苦修，有時指肉體上的禁欲和苦行。

早在《阿闥婆吠陀》時代就講到，一個人可以通過 “tapas”（苦行）而獲得超自然的力量。《阿闥婆吠陀》裏有一首聖歌把 “brahma”（梵天）描寫成出自苦行（tapas），人能夠通過苦思冥想和自我受難的苦行而到達他的目標。自古以來印度人就認為有兩種魔力，一種是祭祀儀式的魔力，另一種是苦行的魔力，這兩種魔力都是無所不能的[58]。《肯納奧義書》寫到，苦行（tapas）、克制（dama）和工作（karman）是理解 “brahma”（眞理——神）的神秘方式的基礎[59]。《奧義書》認為 “tapas”（苦行）能夠產生巨大的內在力量，而這種內在力量正是甘地所強調的。

根據傳統，印度教徒的一生分為四個時期（四行期）：

第一個時期：Brahmacarya（梵行期），也稱學生期，兒童根據自己的種姓，到一定年齡，辭別父母，從師學習吠陀，熟悉祭祀儀式。

---

[57] 同上，頁163。

[58] S. Dasgupta, *Indian idealism*（《印度的理想主義》），Cambridge: Cambridge University Press, 1931年，頁2～10。

[59] R. E. Hume, *The thirteen principal Upanishads*（《十三種主要的奧義書》），頁151、340。

第二個時期：Grhastha（家住期），在種姓結構裏，經營世俗生活，結婚，養家，完成社會責任。

第三個時期：Vanaprastha（林棲期），在完成所有必要的義務以後，擺脫社會和家庭生活的通常的要求，隱居起來進行學習和沉思冥想，從事各種苦行。

第四個時期：Samnyasa（遁世期），乞食為生，雲遊四方，嚴守五戒（不殺生、不妄語、不盜、忍耐、離欲），置生死於度外，以期獲得解脫[60]。

大多數人從來沒有超過家住期。只有少數修行的人才進入第三個時期，數量更少的希望與神融為一體的人才進入第四個時期。《摩奴法典》認為這四個時期是為公共福利進行合作的最好方式。但是，它對家住期給與很榮耀的地位：就像所有的生物靠呼吸空氣才能生存下去，所有其他時期的成員都得靠家住者的支持才能生存下去[61]。這個時期允許人全面實現生活的三個主要目標：仁愛、富裕和責任（即公正）。根據《摩奴法典》，一個林棲者（vanaprasthin）必須征服自己的情感，將自己的感官置於控制之下，放棄自己的財產，把自己的妻子託付給兒子們，或讓她跟隨自己，使自己變得貞節、耐心、友好，對一切生物慈悲為懷[62]。

1906年，37歲的甘地徵得妻子的同意後，發了“brahmacarya”

---

[60] Richards, *The philosophy of Gandhi*（《甘地哲學》），頁56；《宗教詞典》，頁300～301。

[61] Sarvepalli Radhakrishnan and Charles A. Moore, *A source book in Indian philosophy*（《印度哲學資料》），New Jersey, 1973年，頁179。

[62] 同上，頁181～182。

（禁欲）的誓言。甘地的“brahmacarya”（禁欲）誓言顯然不同於人生的“brahmacarya”（梵行）時期，因爲兩者涉及的義務和遵守的戒律不同。甘地發這個誓言的原因是他希望獻身於社會服務事業[63]。他以一種獨特的方式進入了自己人生的一個新的階段。他沒有隱居到森林裏去，也沒有雲遊四方，乞食爲生（儘管他不止一次帶着耕讀新村的學員長途跋涉，以村民捨施的食物度日，很接近遊方僧的活動方式）。但是他積極地實施了林棲者和遁世者的其他道德標準。他沒有出家，而是努力使自己的整個家庭按照出家人的標準來生活。他不僅要求自己，而且要求整個家庭放棄財產。他要求自己與妻子放棄性生活。他自己素食，經常半裸，安居陋室，以步當車，把一切感官的享樂降低到最低限度。另一方面，他抱着積極入世的人生態度，爲自己的同胞服務，爲世人服務是他人生的最高目標。他堅信，越是無私，就越是能卓有成效地爲世人服務。

“tapas”在佛教中也是一個重要的概念。在《雜阿含經》四三卷、《佛所行贊》一卷等處翻譯成「苦行」，在《金七十論》等處翻譯成「減損飲食」，在《五分戒本》等處翻譯成「道」，在《俱舍論》一卷，《往生要集》等處翻譯成「勇進」[64]。但是佛教對苦行並不像耆那教那樣極端。佛陀在29歲時拋棄紅塵，過了六年苦行者的生活，遊歷過伽耶附近的苦行林，在苦行林中從事過十分嚴格的苦修生活，但發現這樣做無助於獲得解脫。於是停止苦修，坐在菩提伽耶的一株菩提樹下參禪，最後到達覺悟。

---

[63] Gandhi, *Autobiography*（甘地，《自傳》），頁234～242。

[64] 中村元，《佛教語大辭典》，上卷，頁250、266、267、341，下卷，頁1013、1386。

佛陀認爲解脫之道旣不是放縱肉欲，也不是過分苦修，而是稱爲八正道的中庸之道。

甘地對待苦行的態度比較接近佛陀，他並不主張與世隔絕，隱居到喜馬拉雅山裏去，進行極端的苦修。他在對待社會的態度上比佛陀還要入世，而在道德上則奉行像佛教僧侶一樣嚴格的戒律。甘地把苦行重新解釋爲在鬥爭中願意自我受難，以贏得對手的尊重。他把苦行的概念擴大爲包括社會和政治領域中的自我犧牲，使苦行成爲堅持眞理運動的鬥爭藝術的一種要素。我們在這裏再次發現，甘地並不是一般意義上所說的利用傳統，而是眞誠地信仰傳統的宗教信條，他相信苦行能導致個人的解脫，但是與此同時，他在苦行這個傳統概念裏注入了新的因素，使它具備了歷史上所沒有的意義。或許正因爲甘地並不僅僅把傳統思想中的精華當做手段來加以利用，而是誠心誠意地相信它們，所以他始終言行一致，表裏如一，贏得了無計其數的追隨者。

第二節　拜火教、伊斯蘭教和錫克教

印度文化遺產的主流是印度教，同時拜火教、伊斯蘭教和錫克教也有相當的影響。甘地採取兼收並蓄的態度。

甘地的父親曾與伊斯蘭教徒和拜火教徒交往，他們向他談到自己的信仰，他總是懷着敬意，常常興致勃勃地聆聽他們的意見。甘地在父親臥病期間侍奉湯藥，從而有機會聆聽這些談話。這也是使甘地從小對各種信仰寬容的一個原因[65]。甘地在南非期

---

[65] Gandhi, *Autobiography*（甘地，《自傳》），頁38。

間閱讀過《左羅阿斯脫如是說》[66]。對傳說中的拜火教創始人左羅阿斯脫（約公元前628～551年）的主張有所了解。1922～1923年，在耶拉不達獄中時，他讀過毛湯的《早期的拜火教》[67]。他把左羅阿斯脫和佛陀、耶穌、穆罕默德一樣看做偉大的先知，把拜火教的經典《阿維斯陀注釋》看做與《古蘭經》、聖經、猶太教法典、和《薄伽梵歌》一樣神聖的經典，把拜火教看做與基督教、印度教、伊斯蘭教、猶太教一樣良好和眞實，但是同樣並不完美的宗教[68]。1944年甘地夫人在獄中去世，舉行葬禮時，在念《薄伽梵歌》、《古蘭經》和聖經的一些經文的同時也念了《阿維斯陀注釋》的一段經文。從此以後，甘地舉行的祈禱會的內容總是包括這段經文[69]。

1921年，孟買曾發生迫害拜火教徒、猶太教徒和基督教徒的暴亂，甘地挺身而出，不惜以絕食勸阻印度教徒[70]。但是拜火教徒在印度人數不多，較少涉及需要甘地全力以赴的重大問題。相比之下，伊斯蘭教徒人口衆多，印度幾乎所有比較重要的問題都與他們有關，這就勢必要求甘地更爲關注伊斯蘭教。

甘地少年時代已經在父親的病榻旁邊聆聽過伊斯蘭教徒談論他們的信仰。在留學倫敦期間，他閱讀了卡萊爾的《英雄與英雄

---

[66] *The sayings of Zarathustra*（《左羅阿斯脫如是說》）。——同上，頁183。

[67] Moulton, *Early Zoroastrianism*（《早期的拜火教》）。——Tendulkar, *Mahatma*（鄧多卡兒，《聖雄》），第2卷，頁111。

[68] 同上，第2卷，頁69、378；第3卷，頁181；第4卷，頁136；第7卷，頁365。

[69] 同上，第6卷，頁238；第7卷，頁76、166、280。

[70] 同上，第2卷，頁69。

崇拜》。在讀了〈作爲先知的英雄〉那一章後，認識了先知穆罕默德的偉大、勇敢和刻苦。在南非期間，他閱讀了《古蘭經》、歐文的《穆罕默德傳》和卡萊爾對先知的讚頌，使他提高了對穆罕默德的評價(71)。甘地對伊斯蘭教的認識不僅來自書本，而且來自現實生活。他在南非時的雇主阿卜杜拉儘管不識字，但相當熟悉《古蘭經》和伊斯蘭教的內容，甘地在與他接觸的過程中獲得了不少關於伊斯蘭教的知識。當他們關係密切以後，有時長時間進行宗教方面的討論(72)。南非印度僑民中有不少穆斯林，甘地在南非開始的政治活動的一個重要特點就是與他們緊密合作。

甘地回到印度以後，充分運用了他在南非獲得的印回合作的寶貴經驗。他與穆斯林領袖阿利兄弟建立了親密的私人友誼，積極支持穆斯林的哈里發運動，使其與印度民族解放運動相結合，發展成聲勢浩大的不合作運動。1922～1923 年， 在耶拉不達獄中，他讀了阿利的《伊斯蘭教的精神》和《薩拉森史》，雪布里的先知的傳記， 穆罕默德・阿利注的《古蘭經》(73)。通過這些研究，甘地覺得更了解穆斯林的思想了。但是甘地把先知解釋成一個敬畏眞主的人，他認爲早期伊斯蘭教迅猛發展的動力不是寶劍，而是先知的純樸、謙讓和虔誠。甘地對於伊斯蘭教起源的這種理解與許多穆斯林的理解大不相同，這種理解使他對印度的印

(71) 同上，第 1 卷，頁39、45、90。

(72) 同(65)，頁123。

(73) Amir Ali（阿利），*The spirit of Islam*（《伊斯蘭教的精神》），*History of Saracens*（《薩拉森史》）；Shibli's life of the Prophet（雪布里的先知的傳記）；Mahomed Ali's *Koran*（穆罕默德・阿利註的《古蘭經》）。——同(67)，第 2 卷，頁111。

回和睦抱着希望。當哈里發運動結束，印回關係發生逆轉時，甘地仍堅信，印度教徒必須信任伊斯蘭教徒。他在論印回衝突的小册子中寫道：

「儘管伊斯蘭教偏離了道德的巔峰，但是它的歷史上有過許多光輝的篇章。在它輝煌的歲月中，它並不是那樣不寬容的。它受到全世界的欽佩。當西方還沉浸在黑暗之中的時候，東方的天空中升起了一顆明星，它為痛苦呻吟的世界帶來了光明和安慰。伊斯蘭教不是一種僞宗教。印度教徒應該虔誠地研究它，他們會像我一樣熱愛它。」[74]

正如他拒絕接受對印度教經典的咬文嚼字的解釋一樣，他也反對那樣對待《古蘭經》。1925年，兩個穆斯林背教者被衆人扔石頭擊死，甘地認爲卽使《古蘭經》裏允許這種懲罰方式，這種做法也必須服從理智和正義的細察詳審。他的這種態度惹起了一些穆斯林的敵意，使他意識到自己不再是印度穆斯林的代言人，但是他並不改變自己的態度[75]。

印巴分治以後，有些印度教徒表示反對在甘地主持的祈禱會上念《古蘭經》中的經文。甘地針對這種情況，表達了他對伊斯蘭教的看法：僅僅因爲祈禱文選自《古蘭經》或其他經典就予以反對是沒有意義的。不管某些穆斯林有什麼短處，不能遷怒於全體，更不可遷怒於先知或其他聖賢，或先知的教導。他曾讀過整

---

[74] 同[67]，第2卷，頁134。

[75] *CW*（《甘地全集》），第26卷。——Brown, *Gandhi: the prisoner of hope*（《甘地：抱著希望的囚徒》），頁189。

部《古蘭經》。他有得無失。他覺得自己通過閱讀世界上的各種經典，成了一個更好的印度教徒。他知道有許多對《古蘭經》進行嚴厲批評的人。其中的一種批評意見認爲，根據《古蘭經》，印度教徒是“kafirs”。甘地引證博學的穆斯林朋友的意見，確信在《古蘭經》中，“kafir”意爲不信神者。而印度教徒相信一神，因此不是“kafirs”。如果人們聽信嚴厲的批評家所講的東西，他們就會譴責《古蘭經》和先知。但是這種批評和譴責是毫無根據的[76]。

甘地與錫克教文獻的接觸比較晚。1922～1923年他在耶拉不達獄中時才閱讀了有關著作[77]。印巴分治，特別是西旁遮普的錫克教難民大量湧入印度，使甘地對錫克教給與更多的注意。錫克教兼取印度教與伊斯蘭教之長處，主張普遍寬容的教義也與甘地的宗教哲學相當接近。他在 1947 年 9 月 26 日的祈禱會上告訴聽衆，有些訪問他的錫克教朋友說，目前的仇殺違背錫克教，事實上違背任何宗教。其中一個人引述了一段《格蘭特・沙哈卜》的經文，經文中納那克師尊（公元1469～1539年）說，可以把神稱爲眞主、諾希姆等等。只要神在人們的心裏受到尊崇，神的名字並無關係。納那克師尊的努力就像卡比爾（公元1440～1518年）一樣，是以調和各種宗教爲方向的。次日，甘地在祈禱會上讀了《格蘭特・沙哈卜》的這段經文，並且解釋說：這段經文肯定人們用羅摩、胡達等許多名字來稱呼神。有些人進行一次朝聖和在聖河中沐浴，有些人前往麥加；有些人在廟中拜神，有些人則在清眞寺裏敬神， 有些人尊敬地俯首就表示念神； 有些人讀《吠

---

[76] 同[67]，第 8 卷，頁169。

[77] 同[67]，第 2 卷，頁111。

陀》，有些人讀《古蘭經》；有人穿藍，有人穿白；有些人自稱印度教徒，有些人自稱穆斯林。納那克師尊說，眞正遵守神的教律的人就知道了神的秘密的意旨。這一教導在印度教裏是很普遍的。甘地在認同錫克教的基本教義的同時，對有些錫克教難民舞刀弄劍威脅穆斯林的做法也進行不留情的批評。他在1947年11月24日的祈禱會上說：

> 「也許，薩達爾知道我1915年從南非回國以來與錫克教徒的親密關係。有一段時間，我的話對錫克教徒就像對印度教徒和穆斯林一樣是金科玉律。態度隨着時間的變化而轉變了，但是我知道我自己没有變……我曾深入地研究過錫克人的歷史和吸收了《格蘭特·沙哈卜》的精義。以那部經典的教義來衡量，人們所傳說的今天錫克教徒所作的那些事是無可原諒的、自殺性的。」[78]

我們可以看到，甘地對拜火教、伊斯蘭教和錫克教都抱着一視同仁的態度，旣吸收它們的精華，也毫不留情的批評一些教徒的缺點。

第三節　罷市、絶食、静坐、流亡等傳統鬥爭方式

甘地除了從哲學的角度廣泛吸收印度傳統文化之外，在鬥爭

---

[78] 同上，第8卷，頁136、137、200。《格蘭特·沙哈卜》是錫克教的主要經典。

的方法上也借鑒和發展了某些印度傳統的非暴力手段。古代印度比較常用的非暴力鬥爭手段有"dharna"（靜坐示威）、絕食、"hartal"（罷市）和"hijrat"（流亡）。

"dharna"（靜坐示威）這種方式在古代印度常常被債權人用來向債務人施加壓力，使其承認債務(79)。靜坐的"dharna"（示威）就是抱着殊死的決心坐在對手的門口，直到寃屈得以申雪。我們必須注意，這種靜坐示威的方法本身並不一定具備"ahimsa"（仁愛）的精神。古代印度人採用這種鬥爭方式時，抱着一種信念，即靜坐示威至死的人的靈魂將會向對手作祟。儘管這種鬥爭方式裏可能含有通過自我受難以證明自己的誠意，以說服對手的意向，但是它基本上是復仇的方式。

絕食也是如此。甘地對使用絕食作爲鬥爭手段非常謹愼，他從不疲倦地堅持，絕食是危險的武器，它可能迫使對手勉強就範，而不是心悅誠服。

"hartal"（罷市）是甘地在堅持眞理運動中按其傳統形式採用的一種鬥爭手段，它很像罷工，但是實際上目標很不相同。它完全是一種抗議的方式，一種表示極端不滿的示威。在古代印度，它被用來對付王公或國王，意在使他們注意某道詔書或其他政府措施的不得人心。"hartal"（罷市）通常是短期的，一天或兩天。在這一、二天裏，商店關門，作坊停工。在全國性哀悼時也舉行"hartal"（關店停工）。

---

(79) Washburn Hopkins, On the Hindu custom of dying to redress a grievance（〈論殊死申寃的印度習俗〉），*Journal of the American Oriental Society*（《美國東方學會雜誌》），第21卷，1900年7～12月，頁146～159。

另一種反抗壓迫的和平示威的方式是自動流亡——“hijrat”或“deshatyaga”（放棄祖國）。某一個地區的人民遭到嚴重壓迫，而又沒有其他辦法時，他們只得以不合作的方式進行最後的鬥爭，全體從這個地方遷走[80]。

這些鬥爭方式都具有消極抵抗的特點。但是得注意，它們並不一定具備堅持眞理運動的必要因素。堅持眞理運動要求從積極意義上堅持非暴力，經常考慮到對手的利益，而不僅僅從消極的意義上拒絕傷害對手，而這一點並非這些傳統鬥爭方式的要素。“dharna”（靜坐至死）這種方式具有復仇性質。自動流亡和罷市強調不合作，不一定要求考慮對手的處境，或堅持達到雙方都可以接受的調整。

由於印度羣衆一般比較熟悉這些傳統鬥爭方式，從有利的方面來說，他們比較容易參加以這些手段來從事鬥爭的堅持眞理運動，但是，從不利的方面來說，他們反而不容易分淸甘地在傳統鬥爭方式裏注入的新的因素：強調考慮對手的利益，不是一方勝利，另一方失敗，而是雙方都贏得勝利。甘地拒絕利用對手的不幸是堅持眞理運動的一個基本要素。比如，在南非時，他拒絕利用歐洲工人罷工，南非白人當局困難之際，發動新的堅持眞理運動。在第二次世界大戰之際，他不會像鮑斯（公元1897～1945年）一樣利用日本法西斯的支持去反對在東南亞節節敗退的英國人。堅持眞理運動中這種與人爲善的態度是社會與政治鬥爭的一種全新的因素。甘地一方面繼承了印度傳統的非暴力的鬥爭方式，另一方面又在裏面注入了新的精神，把它們發展成適應現代社會進步需要的鬥爭手段。

---

[80] Bondurant, *Conquest of violence*（《征服暴力》），頁119。

第四節　甘地的號召力與傳統文化的關係

印度傳統文化的影響使印度大衆比較容易接受堅持眞理運動的觀念，願意學習它的鬥爭藝術，相信它的效果。早在1931年有的學者在研究印度爲什麼會追隨甘地時就指出古代印度的鬥爭手段和“ahimsa”（非暴力）的神秘意義的影響，還指出印度大衆普遍相信，能夠控制自我的聖人具有天人感應的力量[81]。

有些與甘地有深交的人士也認爲甘地是一個印度教的改革家，是印度教理想的化身，從而在大衆當中產生了巨大的號召力。賈瓦哈拉爾·尼赫魯在思想體系方面基本上屬於西方民主思想，也受社會主義的影響，與甘地有很大的距離，但在個人關係方面他與甘地如同父子，他對甘地的了解是相當深刻的。他在自傳中寫道：「事實上，甘地翁繼續不斷地強調運動的宗教和精神方面。他的宗教不是教條式的，但是它意味着一種確定的宗教性的人生觀，整個運動深受這一點的影響，就大衆來說，這場運動具有宗教信仰復興運動的特點。」[82]

安德魯斯是甘地最親密的朋友之一，他寫道：「聖雄甘地紮根在印度的土地上。他不是一個沒有根基的人，他不像那麼多長期待在國外，全盤接受西方習俗的人。他的心胸越來越廣大……但是他的人格的中心仍然紮根在印度教裏面，他高於一切地、不

---

[81] H. N. Brailsford, Why India follows Gandhi（〈爲什麼印度追隨甘地〉），*The Forum*（《論壇》），第85卷（1931年5月），頁287。

[82] Nehru, *An Autobiography*（尼赫魯，《自傳》），頁72。

同尋常地熱愛印度教。」83

甘地思想的印度教根源是無可懷疑的。但是甘地並非原封不動地全盤接受傳統宗教，他對傳統作出了許多非正統的解釋，我們必須在這種背景上來理解他對傳統思想的反覆肯定。他在將傳統觀念和鬥爭手段運用到堅持眞理運動中來的時候，對這些觀念和手段作了根本性的改造。甘地反覆地向經典的權威提出挑戰。他實際上把西方思想中的理性和道德的精華有機地與傳統思想結合在一起。如果對經典的權威解釋或經典本身不符合理性與道德，他堅決服從理性與道德，要求對經典作出新的解釋：

「我並不相信《吠陀》的獨一無二的神聖性。我相信《聖經》、《古蘭經》和《阿維斯陀注釋》是像《吠陀》一樣神聖的。我對印度教經典的信仰並不要求我把每一個詞和每一節都當做是受神啓示的。我也並不自稱對這些神奇的書有什麼第一手的知識。但是我確實宣稱懂得和感覺到這些經典的要義所教導的眞理。不管某種解釋多麼具有學術性，如果它違背理性或道德，我就拒絕受這種解釋的束縛。」84

甘地的這種主張在印度教的思想史上倒並不是太出格的。事實上可以說，印度教就是以大量異端觀點爲特點的。對於像基督

83 **Andrews**, *Mahatma Gandhi's ideas*（安德魯斯，《聖雄甘地的思想》），頁61。

84 *Young India*（《少年印度》），1920年9月29日。

教這樣以惟我獨尊爲特點，受原始經典的權威束縛的宗教來說，甘地的這種主張確實是令人震驚的。但是，對一個印度教徒來說，這種主張並不那麼罕見。如果一個印度教徒聽到一個人否定經典的權威，同時自稱是一個眞正的印度教徒，他不會像基督教徒那樣感到奇怪。甘地誓死反對賤民制度的態度形象地說明了他不受權威束縛的堅定意志。他曾經大無畏地說：「即使印度的所有的印度教徒都起而反對我，都宣稱，今天我們所熟悉的賤民制度是得到“shastras”（經典）或傳承經批准的，我還是要說，這些“shastras”（經典）和這些傳承經是僞經。」[85]

甘地毫無疑問是一個宗教改革家。但是，是不是僅僅因爲甘地是個宗教改革家，所以印度大衆就追隨甘地呢？確實，甘地把自己與最貧賤的農民等同起來，他的嚴格的素食，他的手紡手織，他的簡單到極點的服裝，總之，他的苦行和聖徒式的生活使他有可能對印度人的心靈產生極大的號召力。但是，另一方面，在印度還有一些具備類似特點，同樣關心社會服務的人沒有取得像甘地這樣的成功。甘地取得成功的另一個重要因素是他的政治家才能。

他對印度人天性中的精神性因素的吸引力與他對印度政治和社會問題的深刻了解完美地結合在一起。他與大衆的密切接觸使他能夠對他們的要求與願望，對他們的能力非常敏感。甘地常常提到他依靠內心的聲音來作出決定和確定方向，這個內心的聲音是一種直覺，它甚至比民意測驗還要準確地使甘地感覺到民衆希望他如何行動。甘地以許多實際例子說明了一個對大衆具有魅力

---

[85] **Bondurant**, *Conquest of violence*（《征服暴力》），頁122。

的政治領袖是怎樣具備與行使這種魅力的[86]。

所謂魅力型的政治領袖是指那些被大衆認爲具有超凡出衆的品格與能力的領袖[87]。毫無疑問，許多印度農民就是把甘地看做一個具有超凡出衆的神聖力量的領袖的。他們把他稱爲聖雄，意卽「偉大的靈魂」。據說有的村莊的神廟裏供有甘地的像。許多人希望得到甘地的"darshan"（祝福）。

但是，甘地本人堅決反對任何人將他神化。他在1924年寫道：「在我們國家裏迷信已經夠多了。應該不遺餘力地防止以甘地崇拜的形式去增加更多的迷信。我厭惡個人崇拜。我相信應該崇拜道德本身，而不是崇拜有道德的人。」[88]他1940年曾在《神之子民》周刊上寫道：「希望不要有任何人說他是甘地的追隨者。我是我自己的追隨者就已經足夠了。」[89]「我是像你們一樣的會犯錯誤的凡人。卽使在睡夢之中我也從來沒有想到過我是"maha-atma"（偉大的靈魂，聖雄），而其他人是"alpa-atma"（渺小的靈魂）。印度教徒、穆斯林、拜火教徒、基督教徒、一神論者，我們在我們的造物主面前都是平等的。」[90]

---

[86] 參閱 Louis Renou, Gandhi and Indian Civilization（〈甘地與印度文明〉），載 *Gandhi memorial peace number*（《紀念甘地和平專號》），Kshitis Roy 編，Santiniketan: Visva-Bharati Quarterly, 1949年，頁231。

[87] Max Weber（韋伯），*The theory of social and economic organization*（《社會和經濟組織的理論》），A. M. Henderson 翻譯，Talcott Parsons 編，New York: Oxford University Press, 1947年，頁358～359。

[88] *Young India*（《少年印度》），1924年9月11日。

[89] *Harijan*（《神之子民》），1940年3月2日。

[90] 同上，1940年3月30日。

在考慮甘地的影響時，我們不應該忽視甘地與國大黨的關係。當甘地加入國大黨的行列時，國大黨是一個存在時間很長的民主的組織。確實，甘地發揮了決定性的作用，將國大黨從一個知識分子的政黨轉變成了一個人民的政黨[91]。在發動全國性的堅持眞理運動時，甘地出而擔任最高領袖，他是通過自己的久經考驗的能力和鬥爭策略的有效性來行使領導權的，他不是一個被人神化的獨裁者。在平時，國大黨按照通常的民主性的政治組織的方式來運作。儘管反對甘地的人攻擊他對國大黨行使獨裁性的控制，實際上甘地極其關心保持國大黨的民主性質：

「國大黨不是任何個人的禁臠。以我看來，這是一個具有世所僅見的最廣闊的思想天地的民主組織。」[92]

「任何人，不管他多麼偉大，卽使他是聖雄，也不是一個自覺的、追求自由的民族所不可或缺的。就像總體總是大於各個組成部分一樣，代表民族的國大黨也總是比它的最偉大的成員更偉大。它作為一個具有生命力的組織必然比它的最著名的成員生存得更長久。」[93]

此外，堅持眞理運動所設想的平行政府基本上是一種理性的、法治類型的政府。1946年發表的，得到甘地首肯的爲自由印

---

[91] Sir Reginald Coupland, *The Indian problem*（《印度問題》）, New York, London〔dtc.〕: Oxford University, 1944年，頁92。

[92] *Young India*（《少年印度》），1925年6月25日。

[93] 同上，1929年10月3日。

度設想的憲法從本質上來說也是理性的和法治的，在一種民主的結構裏採納了某些傳統的印度的制度（比如，"panchayat"，卽村民委員會）[94]。

在人類漫長的歷史上，我們不難找到終生懷抱崇高理想，嚴於律己，道德高尙，贏得民衆極大信任的宗教家；我們也不難找到體察民情，善於團結一切可以團結的力量，擅長折衝樽俎的政治家。但是，我們很難找到能將這兩種稟賦結合在一起的偉人。而甘地就是一個這樣罕見的人物。

甘地能夠取得驚人的成就，除了他個人兼具宗教家與政治家的素質之外，與時代的條件也是分不開的。蘇巴斯·金德拉·鮑斯（公元1897～1945年）堅持認爲，甘地在物質生活與精神生活方面與印度人的傳統與氣質的一致性是他贏得勝利的要素。採取新戰術的時機正好成熟。兩種主要的舊方法已告失敗：把自己的活動局限在英國人制定的憲法範圍內的立憲派取得的成果不大，而暴力抵抗則被英國人成功地鎮壓下去了。在這種歷史條件下，堅持眞理運動以超越憲法的，同時又是非暴力的鬥爭爲主要手段，贏得了蓬勃發展的肥沃土壤[95]。鮑斯與甘地在思想上的距離相當大，私人關係也不融洽，但我們不可因人廢言，鮑斯指出甘地成功的歷史原因還是很有見地的。

---

[94] 見 S. N. Agarwal, *Gandhian constitution for free India*（《甘地爲自由印度設想的憲法》，Mahatma Gandhi（聖雄甘地）作序，Allagabad: Kitabistan, 1946年。

[95] 見 Subhas C. Bose, *The Indian struggle, 1920～1934*（《印度的鬥爭，1920～1934年》），London: Wishart & Co., 1935年，頁327。

堅持眞理運動取得成功的原因是多方面的，除了從傳統文化中汲取力量之外，還必須考慮到經濟方面的原因。抵制英國貨受到印度工廠主和農民的支持。印度工廠主可以因此而占據更大比重的國內市場，而農民通過手工紡織可以在穿衣方面自給自足，甚至增加收入。

毫無疑問，甘地領導的堅持眞理運動是深深植根於印度的傳統文化之中的，但是，這種鬥爭方式一旦形成，就開始具有自己獨立的生命力，完全可以超越印度教，甚至超越印度傳統文化。許多印度民族解放運動的領袖儘管並不相信堅持眞理運動的宗教信條，但是他們接受了這種鬥爭形式。一開始，甘地的作用是任何其他人都不可能取代的，他喚醒了民衆，這是一般知識分子做不到的。但是當堅持眞理運動取得初步成效以後，一般知識分子對這種鬥爭方式產生了信心。賈瓦拉哈爾・尼赫魯在自傳中講到，剛開始時他對甘地的鬥爭方法非常懷疑，他並沒有接受非暴力信條，但是後來他承認非暴力不僅是良好的道德信條，而且是有效的、切實可行的政治手段[96]。

甘地的思想體系和他對人民的教導是以傳統文化作爲主要精神源泉的。但是，甘地本人並不要求參加堅持眞理運動的人一定得以某種精神上的信仰爲基礎[97]。

雖然甘地宣稱印度教是自己的宗教，但是他的教導卻不受教

---

[96] 同[82]，頁72～73。

[97] Arun Chandra Das Gupta, *Non-violence; the invincible power, it sprimordiality, practicability and precedents*（《非暴力；不可戰勝的力量，它的原創性、實踐性和先例》），第2版，Calcutta: Khadi Pratisthan, 1946年，頁53～54。

派的局限。他不僅從印度教，而且也從耆那教、佛教、拜火教、伊斯蘭教和錫克教汲取靈感，他不僅從東方的傳統思想中得到啓示，也從西方的基督教和其他思想家那裏得到啓示。

甘地甚至認爲堅持眞理運動並不要求參加者一定要有一種宗教信仰。1925 年， 有些運動的參加者覺得堅持眞理運動的誓言的開頭是「神明在上，我……」不一定符合每個參加者的信仰，甘地回答說：「至於有人從良心上反對〔使用『神明在上』這句話〕的問題，提及神的詞句可以從國大黨的誓言中刪掉……如果有人提出這樣的反對，我會立刻讓步。」[98]

不信神的人可以用眞理的名義宣誓，代替以神的名義宣誓。甘地本人是一個虔誠的宗教信徒和印度教的改革家，然而他對沒有宗教信仰的愛國者和有宗教信仰的人具有同樣巨大的號召力。

甘地對東方傳統文化，特別對宗教非常熱愛，但這並沒有妨害他的理性思考的能力，也沒有妨害他從實踐中吸取經驗教訓的能力。訴諸理性是堅持眞理運動的基本性質。運動對各種宗教信仰的人， 甚至唯物主義者， 採取兼收並蓄的態度，反對教條主義。運動並不受某一種宗教或意識形態的束縛，在很大程度上受參加運動的人所控制，力求達成一種衝突雙方都能接受的妥協，因此運動可以吸引各種宗教——哲學流派的人。

要求原封不動地保持傳統文化的人，特別是宗教上的極端派則成了甘地最兇惡的敵人。印度教大會黨堅決認爲甘地是打着印度教旗號的禍害，他對國大黨的獨裁處處削弱和羞辱了印度教。

---

[98] Gandhi, God and Congress（〈神和國大黨〉），載 *Young India*（《少年印度》），1925年 3月25日。

他們認爲，烏托邦性質的非暴力信條閹割了印度，剝奪了它抵抗邪惡的意志和力量，是不可能救世的。絕對的非暴力信念譴責一切武裝抵抗，甚至譴責對侵略的武裝抵抗，這並不能顯示聖雄的神聖性，只是顯示了偏執狂的無知⑲！

印度教極端派與甘地一樣重視印度教經典裏的術語和概念，甘地與印度教正統派都通過這些術語與概念去贏得大衆的支持。但是他們對傳統的態度截然不同。甘地把西方思想的精華融入印度教，而極端派則抱着狂熱的復古主義的態度。甘地接受西方的平等和人權思想，堅決反對賤民制度，接受西方的多元主義和寬容精神，堅決主張印回友好，這些革新都是極端派難以容忍的。這就使甘地與極端派互相對立，難以調和。在極端派思想的影響下，一些狂熱分子終於在1948年 1 月用暴力手段來解決他們與甘地的分歧，暗殺了甘地。

甘地不僅遭到印度教極端派的反對，而且也遭到主張建立巴基斯坦的伊斯蘭教徒的反對。眞納就認爲甘地只代表印度教徒，不能代表印度的穆斯林⑳。

---

(99) Satya Parkash 編，*Hindu Rashtravad: an exposition of the ideology and immediate programme of Hindu Rashtra as outlined by Swatantrayaveer V. D. Savarkar*（《印度教拉什特拉瓦德：薩瓦卡所描繪的印度教拉什特拉的意識形態和直接行動計畫的說明》），Rohtak: Dr. Satya Parkash 出版，1945 年，頁 146、177。

(100) 參閱 *Gandhi-Jinnah talks: text of correspondence and other relevant matter, July-October, 1944*（《甘地——眞納會談：1944 年 7～10 月，通信與其他有關材料》），New Delhi: Hindustan Times, 1944年。

事實上，甘地哲學和他開創的堅持眞理運動早已超越了印度教的範圍，不僅可以被印度的穆斯林所理解和運用，而且可以在西方完全不同的文化背景下發揮作用[101]。

[101] 關於印度西北邊省的穆斯林接受甘地思想的研究見 Bondurant, *Conquest of violence*（《征服暴力》），頁131～144。

第五章　西方思想與甘地哲學

甘地是一個堅定的民族主義者，他的哲學思想是以印度傳統文化爲根基的，但這並不意味着他絕對排斥西方思想。他承認自己受到西方教育的很大影響。他說：

> 「如果我關於“ahimsa”（非暴力）的觀點是我所受的西方教育的結果，我覺得沒有什麼可恥。我從來沒有排斥過所有的西方思想，我也不準備詛咒每一樣來自西方的東西都是罪大惡極。我向西方學到了很多東西，如果我發現自己也從西方學到了一些關於“ahimsa”（非暴力）的思想，我不會覺得驚訝。」❶

無須諱言，甘地對西方文明是抱着嚴厲的批評態度的。他從南非回到印度後不久的一次重要講話中，大段引用了英國大科學家華萊士（公元1823～1913年）的話來抨擊西方文明：

> 「接着他（華萊士）指出，工廠是如何從男人，女人和兒童的屍體上建立起來的，國家是如何地在迅速致富的同時，道德日益墮落。他通過衛生狀況惡劣，殺人貿易，

---

❶ Gandhi, *Hindu Dharma*（甘地，《印度教的達摩》），Ahmedabad: Navajivan Publishing House, 1950年，頁199。

僞劣商品的生產，貪污行賄和賭博等問題來說明道德的墮落。他指出，隨着財富的增長，正義是如何地被人漠視，酗酒而死和自殺是如何地有增無減，早產和先天性疾病是如何地普遍，娼妓活動是如何成了一種制度。他在研究的結論中作了這些重要的評論：『離婚法庭上的訴訟程序顯示了飽暖思淫現象的另一個側面，一位在倫敦社交界極活躍的朋友肯定地告訴我，在鄉村別墅裏和在倫敦，常常舉行各種狂歡會，比最荒淫無道的皇帝統治下的羅馬還要有過之無不及。關於戰爭，我無須多說。自從羅馬帝國興起以來，戰爭已經司空見慣……我們不得不認為，在發表最莊嚴的和平宣言的同時通過巨額的軍費預算說明統治階級幾乎不把道德作為指導原則。』」

甘地接着寫道：

「在英國人的保護下，我們學到了很多東西，但我堅決相信，如果我們不謹慎從事，我們將會把英國深受其害的實利主義痼疾的病毒全部移植到印度來。我們只有堅決保持自己的文明和道德，也就是不自誇過去的光榮，而是在我們自己的生活中體現古代的道德光彩，讓我們的生活成為過去的光榮的見證，我們才能從印度與英國的聯繫中得到益處。只有那樣我們才能使英國和我們自己兩蒙其利。如果因為英國是我們的統治者，我們就照抄英國，那麼他們和我們就會兩受其害。」❷

---

❷ Tendulkar, *Mahatma*（鄧多卡兒，《聖雄》），第1卷，頁197。

他特別嚴厲地譴責西方以暴力的強弱作爲評判一個民族優劣的最高標準，他在第一次世界大戰以後寫道：

「阿富汗人有一個惡劣的政府，但卻是自治的政府。我羨慕他們。日本人在血海中學到了（戰爭的）藝術。如果我們今天擁有用優勢的野蠻的武力把英國人驅逐出去的力量，我們就會被認為優於他們，即使我們缺乏議會辯論的經驗，或缺乏管理行政部門的經驗，我們仍然會被人認為適於自治。因為，野蠻是西方至今為止所承認的唯一的檢驗標準。德國人被打敗了，不是因為他們一定是錯誤的，而是因為協約國證明自己擁有更強大的野蠻的武力。因此，說到底，印度只有兩條路，或是必須學習英國人不肯教它的戰爭藝術，或是通過不合作運動，走一條苦行和自我犧牲的獨特的道路。」❸

甘地對西方文明的這種批判態度終其生沒有什麼大的變化。但是，他決不是盲目地全盤否定西方文明的頑固派。他曾寫道：

我並不認為應該排斥西方的每一樣東西。我曾以無限嚴厲的語言譴責西方文明。我仍然這樣作，但是，這並不意味着西方的每一樣東西都得排斥。我從西方學到了很多東西，我對它是感激的。如果我與西方著作有接觸，但是西方著作對我毫無影響，那麼我會認為自己是很不幸的。」❹

❸ 同上，第2卷，頁20。

❹ 同❶，頁181。

古希臘哲學家蘇格拉底（公元前470～399年）❺被甘地視爲一個堅持眞理者的楷模。甘地寫道：「蘇格拉底沒有噤若寒蟬，不敢向雅典的青年宣講自己所知道的眞理，而且勇敢地從容就義。在這個事例中，他是一個堅持眞理者。」❻甘地是1908年在南非監獄中開始接觸蘇格拉底的著作的，後來他根據柏拉圖的《蘇格拉底的抗辯和就義》意譯成《一個堅持眞理者的故事》，被英國殖民當局列爲禁書，在1919年反對羅拉特法的鬥爭中，這本書成爲非法出售的禁書之一❼。甘地主要讚美的是蘇格拉底的道德勇氣。蘇格拉底中年時從一個理論哲學家轉變成一個注重實踐的倫理學家，出入雅典的街頭巷尾，向同胞宣講自己認識的眞理，抨擊當時腐敗的民主政治，即使面對法庭的迫害，也毫無懼色。被判死刑後，不聽朋友們教他逃亡的勸告，堅持服從國法，從容服毒。甘地把眞理看得比自己的生命更寶貴，堅決反對任何形式的秘密鬥爭，儘管徹底否定英國殖民當局統治的合法性，但仍然隨時準備被捕和受審，坦然接受英國人對他個人的迫害，決不逃避，這種鬥爭形式顯然是以蘇格拉底爲榜樣的。我們可以說，蘇格拉底是甘地心目中值得效法的英雄之一。他寫道：

> 「我們聽說，蘇格拉底是他那個時代最熱愛真理的人，而他的外貌則據說是希臘最醜的。在我看來，他是美的，因

---

❺ 傅偉勳，《西洋哲學史》，頁67～76。

❻ Gandhi, *The science of satyagraha*（《堅持眞理運動的科學》），Bombay: Bharatiya Vidya Bhawan, 1962年，封底裏頁。

❼ 同❷，第1卷，頁90、242。柏拉圖的〈自辯〉（Apology）篇敍述蘇格拉底在法庭上的抗辯，〈克利多〉（Crito）篇敍述蘇格拉底的囚禁與就義。

為他整個一生都在追求真理，你可能記得，蘇格拉底的外貌並沒有妨礙菲迪亞斯欣賞他內在的真理之美，儘管作為一個藝術家，菲迪亞斯也習慣於從外貌方面觀察美。」❽

甘地對蘇格拉底的這種評價也可以說是他自己的寫照。牛津大學的愛德華·湯普生教授曾評論道：「我相信，自蘇格拉底以來，全世界還沒有見過像甘地那樣的絕對自制和泰然自若。」❾實際上也就是把甘地比作蘇格拉底。

有的學者認爲，甘地先在1907年閱讀了美國思想家亨利·大衞·索洛（公元1817～1862年）的文章《民事不服從》，然後在那年的9月11日提出了"satyagraha"（堅持眞理運動）❿。其他學者經過更細致的研究，確定《少年印度》雜誌上刊登有甘地和他的密友帕拉克的說明，他們是先確定"satyagraha"（堅持眞理運動）這個名稱的，要在這之後很久，甘地由於領導第一次堅持眞理運動，被關進南非的監獄，才讀到索洛的這篇文章⓫。甘地

---

❽ 同上，第2卷，頁159～160；吳儁才，《甘地與現代印度》，卷中，頁207～208。

❾ 同上，第3卷，頁132。

❿ George Hendrick, The influence of Thoreau's Civil Disobedience on Gandhi' Satyagraha（〈索洛的民事不服從對甘地的堅持眞理運動的影響〉），*New England Quarterly*（《新英格蘭季刊》），第29卷（1956年12月），頁462～476。

⓫ Elizabeth T. McLaughlin, Thoreau and Gandhi: the Date（〈索洛和甘地：日期〉），*Emerson Society Quarterly*（《愛默生學會季刊》），第43卷（1966年第2季度），第2部分，頁65以下；Brown, *Gandhi: the prisoner of hope*（甘地，《抱著希望的囚徒》），頁80。

認爲監獄只能監禁一個人的肉體，卻不能拘禁一個人的靈魂，他寫道：「1849年美國公民索洛因爲拒絕繳付人頭稅而處在類似的地位（即被監禁），他表達了類似的想法。」⑫儘管甘地先發動堅持眞理運動，後讀到索洛的文章，但索洛關於民事不服從的思想對他進一步發展運動有很大的啓發。他寫道：「索洛在麻薩諸塞州的康科特通過拒絕交付人頭稅，表示對美國政府的抗議，發明和實踐了民事不服從的思想。他也進了監獄。毫無疑問，索洛的思想對我在印度的運動有很大的影響。」⑬甘地在論述自我受難時，引用索洛的話：「在一個非正義的政府的統治下，擁有權勢和財富是一種罪惡，在這種情況下，安貧樂道是一種美德。」以此激勵人民自願忍受不支持政府所帶來的損失和不便⑭。甘地和索洛一樣相信政府應當無爲而治的理論⑮。甘地也可能對索洛的康德主義的絕對公正的政治理想感興趣⑯。

甘地在1942年致羅斯福（公元1882～1945年）總統的信中講到大爲受益於兩位美國思想家的著作，一位是索洛，另一位是愛默生（公元1803～1882年）⑰。甘地是1909年在南非第二次入獄

---

⑫ 同❷，第1卷，頁100。

⑬ Gandhi, *Sarvadaya*（《大同》），Ahmedabad: Navajivan Publishing House, 1958年，頁60。

⑭ 同❷，第1卷，頁294；第3卷，頁36。

⑮ Dutta, *Social, moral and religious philosophy of Mahatma Gandhi*（《聖雄甘地的社會、道德和宗教哲學》），頁42。

⑯ McLaughlin, *Ruskin and Gandhi*（《羅斯金與甘地》），頁31。

⑰ 同❷，第6卷，頁116。

⑱ 同上，第1卷，頁99。

期間接觸愛默生的著作的⑱。他在 1909 年 3 月 25 日給兒子的信中講到:「愛默生、羅斯金和瑪志尼都肯定教育不僅是一種文化知識,而且意味着性格的培養。」⑲甘地同意愛默生的意見:愚蠢的始終一致是渺小的靈魂的醜陋精靈,指出像托爾斯泰這樣的偉人的不一致,實際上是他有勇氣不斷發展,熱誠追求眞理的標誌。甘地宣稱自己不追求細枝末節上的前後一致,但是基本思想是始終一貫的⑳。甘地也可能對愛默生的文章〈英雄主義〉裏的非暴力的英雄,以及他以眞理作爲一個和平社會的基礎的思想感興趣㉑。

甘地在比較愛默生和耶穌等宗教性人物時曾寫道:

> 「但事實是,宗教經典對人類具有其他書籍所沒有的感召力。對我來說,它們比馬克・吐溫,或舉一個更恰當的例子,比愛默生留下了更深的印象。愛默生是一個思想家。穆罕默德和耶穌是徹頭徹尾的實踐家,從這個意義上來說,愛默生從來不是這樣的實踐者。他們的力量來自他們對神的信仰。」㉒

從甘地的這段話中我們可以看出,基督教對他的影響要比愛默生等思想家大得多。甘地在講到自己的著作《印度自治》時曾這樣

---

⑲ *CW*(《甘地全集》),第 9 卷,頁208。瑪志尼(公元1805~1872年),意大利愛國者。

⑳ 同❷,第 2 卷,頁318;第 3 卷,頁12;第 4 卷,頁270。

㉑ 同⑯,頁30~31。

㉒ 同❷,第 4 卷,頁138。馬克・吐溫(公元1835~1910年),美國作家。

說：「《印度自治》裏表達的觀點是我所持的觀點，與此同時，除了印度哲學大師之外，我只是謙恭地追隨托爾斯泰、羅斯金、索洛、愛默生和其他作者。」㉓我們已經提到過，甘地自稱對他最有影響的現代思想家共有三位，除了英年早逝的印度詩人兼珠寶商拉吉昌德拉，另外兩位就是托爾斯泰和羅斯金。甘地是從原始基督教、羅斯金和托爾斯泰那兒吸取思想養料來抨擊現代西方文明的腐敗的一面的。我們下面將分別分析基督教、托爾斯泰和羅斯金對甘地哲學的影響。

第一節　基督教

甘地在童年時代就樹立了對幾乎一切宗教——印度教、耆那教、伊斯蘭教、拜火教——一視同仁的態度，但是有一個例外：基督教。因爲甘地聽到拉甲柯梯的基督教傳教士站在中學附近的大街轉角處，咒罵印度教徒和他們的神明。他還聽說，改宗基督教的印度教徒必須吃牛肉、喝酒、穿西裝，有的還咒罵自己祖先的宗教、習俗和祖國。這一切使他厭惡基督教㉔。甘地對基督教把自己看做唯一的眞正的宗教，把其他一切宗教都看做旁門邪道的觀點始終抱着很深的反感。

他在倫敦作學生的年代，遇到了一些善良的貴格教徒，開始認識到基督教徒並非都像他在拉甲柯梯所看到的傳教士那樣的人。甘地在一家供應素食的公寓裏遇到了一位從曼徹斯特來的善良的基督教徒。他告訴甘地，吃肉飲酒並不是聖經所規定的，勸

㉓　同上，第1卷，頁109。

㉔　Gandhi, *Autobiography*（甘地，《自傳》），頁38。

甘地讀一讀《聖經》。甘地接受了他的建議，但是無法卒讀《舊約》。他讀了〈創世記〉，單調的各章使他昏昏欲睡。爲了能說自己已讀過《聖經》，他勉強讀了其他各書。他厭惡讀〈民數記〉。但是《新約》，特別是深入他的心靈的〈登山寶訓〉產生了一種不同的印象。他把它與《薄伽梵歌》相比較。〈登山寶訓〉說：「我卻要告訴你們，受了惡人欺負，也不要報復。若有人掌摑你的右臉，連左臉也轉過來給他打吧。若有人控告你，要奪取你的襯衫，連外衣也給他。」㉕這段話使甘地無限欣喜，使他回憶起夏瑪巴德的詩句「惠我杯水，報以美食」。甘地甚至試圖把《薄伽梵歌》、《亞洲之光》（佛陀的生平）和〈登山寶訓〉的教導統一起來。克己是宗教的最高形式，這個觀點深深地吸引了甘地㉖。

甘地所接觸的基督教徒大部分是福音派，他們強調因信基督而得救，教會儀式是次要的。甘地在南非遇到的第一個對他有影響的基督教徒是他的頂頭上司，律師事務所的主任貝克。貝克是南非傳教總會的理事之一，是個在俗的傳教士，用自己的錢蓋了一座教堂，經常在那裏佈道，舉行禱告集會。在種族歧視非常嚴重的南非，貝克以對有色人種毫無偏見而自豪。他對甘地非常友善，邀請甘地參加他們的禱告集會。甘地在禱告集會上認識了一個名叫高實的貴格教徒，經常借書給甘地，並與甘地一起討論，還把甘地介紹給 其他基督教朋友㉗。基督教新教每隔幾年組織一次大會，貝克希望大會的濃厚的宗教氣氛有助於甘地皈依基督

㉕ *Bible*（《聖經》），Matthew（〈馬太福音〉），第39～40章，頁684。

㉖ 同㉔，頁78～79。

㉗ 同上，頁137～143。

教，曾帶他去參加威靈頓大會。到會的基督教徒的虔誠使甘地很受感動㉘。他也和英國的基督教朋友通信。愛德華・梅特蘭送了一本自己與安娜・金斯福合著的《完美的道路》，以及《聖經新註》給甘地。托爾斯泰的《天國在你們心中》比其他有關基督教的書籍更使甘地傾倒。甘地雖然沒有皈依基督教，但是他始終感激新教基督教徒們喚醒了他宗教方面的追求㉙。1893～1901年甘地在南非的第一個時期是受基督教影響比較集中的時期。

此後，甘地在南非期間仍與善良的基督教徒保持着眞誠的友誼。比如，1908年2月10日，甘地被反對妥協的印度僑民毆打，與甘地認識不過一年的多克牧師雇了一輛馬車，將受傷的甘地送到自己家裏，請醫生治療。在甘地臥床養傷期間，多克牧師夫婦和女兒像家人一樣地看護他。多克牧師與甘地結成深交，一度代理《印度民意》主編，在1909年寫了第一部甘地傳㉚。但是甘地始終沒有改宗基督教，他越來越相信每個人都必須在他自己的宗教裏尋求解脫之道。

甘地之所以沒有改宗基督教，是因爲他無法接受基督教的一些基本教義：

㉘ 同上，頁154～155。

㉙ Edward Maitland, Anna Kingsford 合著，*The perfect way*（《完美的道路》）；*The new interpretation of the Bible*（《聖經新註》）；Tolstoy, *The kingdom of God is within you.*——同上，頁156～157。

㉚ Joseph J. Doke（多克），*M. K. Gandhi-an Indian patriot in South Africa*（《M. K. 甘地——南非的一個印度愛國者》），Madras: G. A. Natesan & Co., 1909年；Government of India: Publications Division 重印，1967年9月；Tendulkar, *Mahatma*（鄧多卡兒，《聖雄》），第1卷，頁92～93。

首先，甘地無法接受基督教關於贖罪的觀念。有些基督教徒認爲，人類都是罪人。人類依靠自己的力量去贖罪是徒勞無功的。但是人類必須得到救贖。人類只有把罪惡的重擔放到耶穌身上去。耶穌是上帝的純潔無瑕的獨子。耶穌說過，相信他的人都可以得到永生。這就是上帝的無限的慈悲。人類只要相信耶穌爲人贖罪，罪惡就可以消除了。不相信耶穌爲人類贖罪的人，企圖僅僅依靠自己的力量來贖罪，注定永世不得安寧。甘地覺得他並不企圖由自己或他人來救贖自己的罪惡的惡果。他只尋求解脫之道，把自己從罪惡本身中解脫出來，或更確切地說，從罪惡的思想中解脫出來，也就是使自己變得更純潔、更完美。在達到這個目的之前，他寧肯生活在不安之中，生活在不停的善與惡的內心鬥爭之中。甘地像大乘佛教徒一樣相信如果沒有人類全體的解脫，根本不可能有個人的解脫。他的一生就把解脫之道放在爲大衆服務上。因此他不相信任何個人通過信奉耶穌就能得到永生。

其次，甘地不相信耶穌是上帝的兒子。甘地持有耆那教的觀點，認爲人類所持的任何具體的眞理觀必然是局部的、不完善的。根據他對《薄伽梵歌》的解釋，“avatar”的觀念體現了人努力使自己完善，盡量接近神的完美境界的一種永無休止的精神追求，而不是神眞的會下凡化爲有血有肉的活人。甘地的理智不願意相信，耶穌用他的死亡和鮮血救贖世界的罪惡。他可以把耶穌作爲一個殉道者，一個犧牲精神的體現者，一個神聖的導師來接受，但是無法把耶穌作爲一個空前絕後的完人來接受。耶穌被釘死在十字架上，爲世人留下了一個偉大的榜樣，但是，要說這裏頭有什麼神秘或奇蹟，甘地是無法接受的。

第三，甘地不相信基督教是所有宗教中最完美或最偉大的宗教。他認爲，基督敎徒的虔誠生活並沒有給予他其他宗敎信徒的生活所不能給予的東西。他所聽到的關於基督敎徒洗心革面的事，在別人的生活中也可以看到。從哲學上來看，基督敎的原則並沒有什麼不同尋常的地方。從犧牲精神來看，印度敎徒還大大超過基督敎徒。從非暴力的觀點來看，佛陀的慈悲不限於人類，而且推及一切生物，而在耶穌的生平裏沒有看到這種對一切生物的愛㉛。

甘地雖然沒有改宗基督敎，但是他深受其影響。多克牧師關於甘地與基督敎的關係作了一個非常透徹的評論：

「我很懷疑任何宗教體系能夠絕對控制他。他的觀點太密切地與基督教聯繫在一起，以致於不是完全屬於印度教的；同時太深地受到印度教的薰陶，也不能把它們稱為基督教的，他慈悲為懷，胸襟廣闊，無所不包，我們可以想像，他已經達到了各個教派的規矩顯得毫無意義的境界。」㉜

甘地自己對於接受基督敎感到有神學方面的困難，因此他對於有些從神學上對基督敎產生疑問的基督敎朋友懷着深深的同情，比如，安德魯斯就是一例。安德魯斯1914年1月作爲印度民族運動領袖戈卡爾的代表前往南非協助甘地與南非當局達成和解時，第一次遇到甘地。安德魯斯對甘地的人格非常欽佩，在第一

㉛ 同㉔，頁142～143、155～156；Chatterjee, *Gandhi's religious thought*（《甘地的宗教思想》），頁42～45。

㉜ 同㉚，頁106。

次見面時就俯下身去觸摸甘地的腳表示崇敬。他們兩人之間從此開始的友誼是雙向的。友誼的基礎是他們都相信仁愛的力量和關心世界上無依無靠的人。安德魯斯像甘地一樣相信，世界上一些比較高級的宗教就像一棵大樹上分出來的各個分支。甘地通過安德魯斯這個楷模加深了對《新約》的中心思想〈登山寶訓〉的理解，他在安德魯斯身上看到了付諸實踐的仁愛精神㉝。

甘地有時在祈禱會上討論《聖經》。1926年甘地暫時退出政治運動，隱居在沙巴瑪迭的眞理耕讀新村，他在《少年印度》上發表了一系列文章討論〈登山寶訓〉，得出的結論是：耶穌在那些章節中爲完美的"dharma"（法）下了定義。但是，〈馬太福音〉第5章第22節說：「就是無故向弟兄發怒的，也必須受制裁。」甘地認爲這些話與耶穌的"ahimsa"（仁愛，非暴力）是不一致的㉞。儘管因爲他在1926年12月3日離開耕讀新村前往瓦爾達而沒有完成這個探討，但是他已經清楚地指出了〈登山寶訓〉的普遍意義。他一直抱着這種觀點，直到晚年仍然說：「耶穌基督可能被人認爲只屬於基督教而受到崇敬，但是他不屬於任何宗教團體，耶穌基督的教導屬於整個世界。」㉟他認爲正統的基督教歪曲了耶穌的教導。像孟加拉文藝復興的一些優秀人物一樣，甘地也把耶穌看成一個亞洲人。從羅馬帝國開始，到大英帝國爲

㉝ Margaret Chatterjee, Gandhi and Christianity（〈甘地與基督教〉），載 *Gandhi's significance for today*（《甘地對當代的意義》），頁157。

㉞ Mahadev Desai（戴賽），*Day to day with Gandhi*（《與甘地在一起的日日夜夜》），8卷，Navajivan，1968～1972年，第8卷，頁289。

㉟ *Harijan*（《神之子民》），1947年1月26日，頁517。

止的一系列帝國以及神學家們構築的上層建築遮蓋掩蔽了耶穌的教導，使它們變得幾乎無法辨認了。

甘地對作爲歷史性人物的耶穌抱着極大的敬意。據羅曼羅蘭記載，甘地1931年開完圓桌會議回印度的途中曾訪問梵蒂岡博物館，看了祭壇上方的一具十四或十五世紀的耶穌受難像，深受感動㊱。甘地比任何現代印度教徒都更多地評論過耶穌生平的許多重要事件。事實上他以一個印度教徒的眼光對這些事件所作的分析甚至對基督教徒來說也不無啓發。他的印度教徒的觀點使他認爲，耶穌讓約翰爲自己施洗禮實際上是"guru"（師尊）讓他入教㊲。耶穌從此開始了一種新的生活：「他是一個人民的公僕或一個有精神抱負的人。他在約翰手裏受洗所學到的第一課是謙恭和自我淨化。他認爲通過受洗和在約旦河裏沐浴使自己與千百萬人站在一起了。」㊳把成爲人民公僕與成爲有精神抱負的人等同起來，對甘地來說是很自然的，因爲他自己就把精神的追求看成使自己越來越認同於勞苦大衆。他把耶穌看做是世界上的偉大的導師之一，耶穌宣揚的不是一種新的宗教，而是一種新的生活㊴。他在給一位基督教朋友的信裏說：「對我來說，耶穌首先是一個具有不可動搖的決斷力，也就是信守誓言的人。他的決心是永不改變的決心。」㊵耶穌是"satyagraha"（堅持眞理）之王，因爲他

㊱ *Romain Rolland and Gandhi correspondence*（《羅曼羅蘭與甘地的通信》），譯自 *Cahiers Romain Rolland*《羅曼羅蘭文集》），第19卷，Government of India: Publications Divesion, 1976年9月編，頁255。

㊲ 同㉞，第8卷，頁235。

㊳ 同上，頁242。

㊴ *Harijan*（《神之子民》），1936年4月18日；1937年6月12日。

㊵ *Gandhi Marg*（《甘地研究》雜誌），1959年4月號。

的唯一的武器是仁愛的武器㊶。基督受難的實例是甘地一生對非暴力的堅定信仰的一個組成因素，而正是這種信仰支配了他的全部行動。甘地認爲，發展人與人之間仁愛的紐帶是我們的責任。耶穌隨時準備死在十字架上，每一個人都應該做好這樣的準備。甘地的人生理想是建立一個非暴力的社會。這個理想比較接近基督教的人間天國的思想，而不那麼接近印度教傳統的“moksa”（解脫）的思想。但是每個信奉某種宗教的社會必須把自己內部整頓好。改變宗教信仰的標籤是一無所獲的。新耶路撒冷——理想之國必須自下而上，一塊磚一塊磚地建設起來。它不會從天而降。甘地常宣稱自己是印度教徒，在印度教之外，他對於佛教、基督教和伊斯蘭教這三大宗教的創始人——佛陀、耶穌和穆罕默德——都懷有高度的敬意。不過，我們如果把甘地的一生與這三位先知比較，我們可能覺得耶穌最接近甘地：佛陀比較超脫，基本上很少介入當時的現實政治；穆罕默德則不惜用暴力來糾正人間的不平與罪惡；耶穌則是亡國的猶太人的宗教異端的領袖，他的活動顯然有威脅羅馬帝國和親羅馬的正統猶太教的一面，但是他的理想超過一般的政治性的猶太復國運動，他從根本上否定羅馬帝國和正統猶太教統治下的社會的合理性，他要求締造一個全新的社會，而達到這個目標的手段，不是暴力的武裝起義，而是非暴力的宗教性的活動，最突出的特點是耶穌本人隨時準備以身殉道，用以德報怨的自我犧牲來喚醒世人。事實上，不僅甘地的忠實信徒奈杜夫人，法國著名作家羅曼羅蘭，最後一任英國駐印

㊶ Tendulkar, *Mahatma*（鄧多卡兒，《聖雄》），第 8 卷，頁280；同㉝，頁56。

度總督蒙巴頓勳爵把甘地比作耶穌，而且美國牧師荷門博士也把他與耶穌相比㊷。

甘地關於基督教對自己的影響作了如下的概括：

「耶穌在我的生活中起過重要的作用，在無意識之中起了多大作用，我不知道，在有意識之中起了多大作用，我是知道的。當我開始讀〈登山寶訓〉時，我立即感覺到它的美。我不能說它是獨一無二的，或它不可能在其他宗教裏找到。但是它的表述方式是與衆不同的……我講的話裏面有許多詞彙是出自《聖經》的。在我的講話中，我不能避免提到《聖經》。我不能不提到《聖經》而講話。」㊸

第二節 托爾斯泰

甘地自己的自傳中回憶到1893年在南非研究基督教的時候，這樣說道：「托爾斯泰的《天國在你們心中》征服了我。它在我心中留下了不可磨滅的印象。這本書的獨立的思想、高尚的道德標準和實事求是的精神使得高實先生給我的所有的書都顯得微不足道了。」㊹在這之前，甘地很可能已經聽說過托爾斯泰（公元

㊷ 同上，第8卷，頁143；吳俊才，《甘地與現代印度》，卷中，頁154；Lapierre（拉皮埃爾）等著，周萬秀等翻譯，《聖雄甘地》，頁471；Andrews（安德魯斯）編，吳耀宗翻譯，《甘地自傳》，頁2。

㊸ *Gandhi's view of life*（《甘地的人生觀》），Bombay: Bharatiya Vidya Bhawan, 1951年，頁187。

㊹ Gandhi, *Autobiography*（甘地，《自傳》），頁157。

1928～1910年）。但《天國在你們心中》無疑是對甘地產生重大影響的第一本托爾斯泰的著作。

《天國在你們心中》的副題是《不是作爲神秘的教導，而是作爲一種新的生活觀念的基督教》。從歷史上來說，這種新的生活觀念是指基督教不同於羅馬帝國的文化的地方，但是，從現實情況說，它指出基督教觀念與十九世紀的俄羅斯帝國，與整個現代西方文明不相容的地方。它根據眞正的基督教精神譴責了這種文明，預言了這種文明的命運。托爾斯泰把貴格會（公誼會）作爲他精神上的先驅者，描寫了他們提倡和平主義，否定一切暴力與戰爭，否定政治與法庭的主張，並把他們與雅各賓黨人（恐怖主義者）相對照，指責雅各賓主義的精神是復仇、暴戾和謀殺的精神。托爾斯泰覺得現代文明人對戰爭的態度猶豫不定，甚至虛情假意，實在令人震驚㊺。

甘地在1928年托爾斯泰誕辰一百周年時回憶道：「那是四十年以前，當時我正陷於嚴重的懷疑主義和迷惑的危機之中，我讀了托爾斯泰的書，《天國在你們心中》，深爲感動。那時候我是一個暴力的信徒。讀了這本書，治好了我的懷疑主義，使我成爲一個“ahimsa”（非暴力）的堅定信徒。」㊻稍後，甘地對托爾斯泰著作進行了一番深入的研究。《福音精義》、《做什麼》和其他一些書給他留下了深刻的印象。他開始越來越體會到博愛的無限可能性㊼。

㊺ Tolstoy（托爾斯泰），*The kingdom of God is within you*（《天國在你們心中》），New York, 1961年，頁9、140。

㊻ Tendulkar, *Mahatma*（鄧多卡兒，《聖雄》），第2卷，頁317。

㊼ *The gospels in brief*（《福音精義》），*What to do*?（《做什麼？》）——同㊹，頁183。

1908年甘地因爲領導堅持眞理運動而被捕入獄期間，又讀了一些托爾斯泰的著作㊽。我們從他1909年寫的《印度自治》一書的附錄向讀者推薦的書目中可以看出，他熟悉托爾斯泰的《論生活》、《我的懺悔》、〈第一步〉、《什麼是藝術》、〈我們時代的奴隸制〉，以及〈我們將怎樣逃避？〉㊾。

甘地在南非發動第二次堅持眞理運動以後，幾次被捕，又幾次釋放，於1909年 6 月前往倫敦向英國政府請願。他在倫敦看到和讀到的一切使他對西方主流文化更爲反感，更接近托爾斯泰的思想。他曾前往科玆窩德，參觀那裏的托爾斯泰新村，爲南非的芳尼克斯新村買了更多的托爾斯泰的著作，並且懷着極大的熱情讀了托爾斯泰的〈致一位印度人的信〉㊿。

1908年托爾斯泰從一位名叫塔拉克納思・達斯的印度革命者那裏收到一封信。塔拉克納思・達斯流亡國外，住在加拿大的溫哥華，編輯一份名爲《自由印度斯坦》(*Free Hindustan*)的雜誌，雜誌的口號是：「抵抗暴政就是服從神明。」達斯隨信寄了兩本自己編的雜誌給托爾斯泰，請托爾斯泰寫一篇文章，同時表示不同意托爾斯泰關於非暴力的主張，認爲非暴力是自投羅網，既與利己主義相矛盾，也與利他主義相矛盾。托爾斯泰對這封信

㊽ 同㊺，第 1 卷，頁90。

㊾ Tolstoy（托爾斯泰），*On life*（《論生活》），*My confession*（《我的懺悔》），The first step（〈第一步〉），*What is art?*（《什麼是藝術？》），The slavery of our times（〈我們時代的奴隸制〉），How shall we escape?（〈我們怎樣逃避？〉），——Green, *Tolstoy and Gandhi*（《托爾斯泰與甘地》），頁89。

㊿ 同上，頁90。

非常重視。他 6 月 7 日收到這封信，坐下來寫回信，但是他花了六個月時間，寫了二十八個草稿，用掉了 413 張稿紙，最後才完成這封20來頁的回信[51]。

這封回信實際上是托爾斯泰對於印度民族解放運動的道路的一個鄭重的建議。他認為，占人口大多數的勞動人民被少數不勞而獲者所控制是古往今來、世界各國的共同現象。這種現象在印度特別明顯，兩億天賦很高的印度人竟然受制於少數道德比他們低得多的英國人。這種社會弊病的原因是缺乏合理的宗教教導。很久以前，在婆羅門教、猶太教、拜火教、佛教、道教、儒家、希臘和羅馬聖賢的作品，以及基督教和伊斯蘭教中都表達了一種共同的思想——仁愛思想。但是這種仁愛思想的表述是片段的、含糊的，而且遭到統治者有意無意的歪曲、篡改和暴力鎮壓。結果，這種仁愛的教導的精神蕩然無存，只剩下了文字。人們被教導說，這種仁愛的最高道德只適用於私人生活，適用於家庭之中，而在公衆生活中，可以使用一切形式的暴力：監獄、死刑和戰爭。從前，為使用暴力，拋棄仁愛的統治辯護的主要理論是君權神授。現在這種君權神授的信念不僅在基督教和印度教世界，而且在佛教和儒家文化圈中都嚴重動搖了。新的辯護的理論被稱為「科學」。首先，這種偽科學聲稱，因為人對人的暴力統治從古代一直存在到今天，所以它必須繼續存在下去。偽科學把這稱之為歷史規律。其次，偽科學聲稱，植物和動物中存在着永恒的生存鬥爭，適者生存，人類同樣得服從適者生存的規律。第三，偽科學的最重要、最廣泛為人所接受的理論是：在公衆生活中，

---

[51] 同上，頁90～91。

爲了保護大多數人的利益，鎭壓某些人是不可避免的。爲什麼某些人，而不是另一些人有權力決定應該對誰施加暴力？僞科學的答案是：這些決定並非代表神意，而是代表人民的意志。這些僞科學的辯護像君權神授說一樣虛僞，但是像君權神授說一樣是特權階級所不可或缺的。基督教世界裏這種僞科學的發展情況就是如此。我們或許可以希望，在印度教、佛教和儒家的世界裏，這種僞科學尚無立足之地，中國人、日本人和印度人一旦看淸君權神授說的虛僞，能夠直接承認偉大的東方聖賢們那樣有力地宣揚過的仁道。但是，取代君權神授說的僞科學的政權民授說在東方也越來越盛行。印度人被暴力所奴役，只是因爲他們自己尚未認識仁道。只有當人民從各種奧爾穆玆德、梵天、上帝，以及它們的各種化身黑天神、基督等等信仰中解放出來時，從天堂和地獄、靈魂轉世和死者復活的信仰中解放出來時，從各種《吠陀》、《聖經》、福音、佛教三藏、《古蘭經》等等經典絕無謬誤的信仰中解放出來時，從所謂歷史規律、生存鬥爭和適者生存的規律等等僞科學的盲目信仰中解放出來時，仁道才會變得明如白晝，不可抗拒。印度人要從英國人的統治下解放出來，或其他人要與本族的或異族的壓迫者鬥爭，不需要舊的宗教和各種僞科學的解釋和辯護，他們只需要一種法則：仁愛之道[52]。

達斯不喜歡這封信，因此沒有發表。這封信的一個用打字機打出的副本在印度人當中輾轉流傳。甘地的一個朋友知道他對托爾斯泰的著作有濃厚的興趣，就將這個副本交給他，問他是否値

---

[52] Gandhi, *Mahatma Gandhi and Leo Tolstoy letters*（甘地，《聖雄甘地與托爾斯泰的通信》），頁43～61。

得發表。我們可以想像，甘地讀了這封信，會覺得這簡直就是寫給他的信。信裏的主要思想正是他想說而還沒有說出來的。甘地立即回答，他認爲這封信完全値得發表。於是他在1909年10月 1 日從倫敦寫了一封信給托爾斯泰。

甘地在信裏先簡要介紹了三年來特蘭斯瓦爾（南非）印度僑民進行非暴力鬥爭的情況，然後告訴托爾斯泰，他的朋友打算自費將這封信印20,000份，並把它翻譯出來。爲了確定這封〈致一位印度人的信〉是否眞的出自托爾斯泰的手筆，以及甘地手裏的副本是否精確，甘地將這個副本的抄件附寄給托爾斯泰，請他予以證實， 並請托爾斯泰允准以上述形式發表 。甘地認爲靈魂轉世，即輪迴，是印度和中國成百萬人的堅定的信念，因此建議托爾斯泰將信中否定輪迴的話刪去。托爾斯泰的〈致一位印度人的信〉是一篇精心之作，七個段落的開頭有一些出自經典的引文，大部分是印度黑天神的話。顯然托爾斯泰的博學也使甘地相當心折，因此甘地在信中希望托爾斯泰告訴他這些引文出自何書[53]。

托爾斯泰一收到甘地的來信，立即於10月 7 日寫了覆信。托爾斯泰首先說明俄國以拒絕服兵役的形式出現的宗教義務與國家法律的鬥爭使俄國人民對特蘭斯瓦爾的兄弟們的鬥爭更爲理解和同情。他接着就肯定〈致一位印度人的信〉是自己的手筆，很高興有人將它翻譯成英文，同意甘地及其朋友出版和發行，並將其翻譯成印度的若干方言，不必擔心版稅問題。托爾斯泰同意甘地將關於靈魂轉世的文字刪去。他將從莫斯科回答甘地關於黑天神的著作的書名[54]。甘地在倫敦給托爾斯泰的最後一封回信中附寄

---

[53] 同上，頁21～24。

[54] 同上，頁25～26。

了南非的多克牧師寫的甘地傳，因爲托爾斯泰深孚衆望，甘地請托爾斯泰根據《甘地傳》中所描寫的事實，運用他的影響，幫助南非印度僑民爭取民權的鬥爭[55]。

1909年11月13日，甘地離開倫敦，在回南非的旅途中，在郵輪上，他用古吉拉特文寫成了《印度自治》一書。甘地指出這本書是在印度哲學大師和托爾斯泰、羅斯金、索洛、愛默生等人的影響下寫成的。他在書後的附錄裏向讀者推薦了托爾斯泰的六本論著、羅斯金的兩本、索洛的兩本、蘇格拉底的一本和馬志尼的一本論著。

甘地回到南非的第一件事就是出版托爾斯泰的〈致一位印度人的信〉。他在前言中寫道：

> 「（托爾斯泰）這位亞斯納亞·波爾亞納的哲人真誠地宣告：『不要抵抗罪惡，但是你們自己也不要參與罪惡——不要參與法庭的以暴力為基礎的活動，不要收稅，更重要的是不要當兵，那麼就沒有人能夠奴役你們。』誰能夠懷疑他下面所說的話裏頭的真理呢：『一個商業公司奴役了一個由兩億人口組成的國家。把這句話告訴一個擺脫了迷信的人，他將無法理解這句話意味着什麼。三萬人，不是三萬個彪形大漢，而是三萬個軟弱的普通人，奴役了兩億個壯健、聰明、能幹、熱愛自由的人民，這意味着什麼呢？數字不是已經很清楚地說明，不是英國人，而是印度人在奴役他們自己嗎？』」[56]

---

[55] 同上，頁27～29。

[56] 同上，頁40～42。

托爾斯泰的這些觀點成了甘地終生不變的信念，這是他後來發動不合作運動的理論基礎，他終生奮鬥的目標不是驅逐，更不是殺害在印度的少數英國人，不是在印度建立一個用印度人取代英國人的，換湯不換藥的英國式的政府，而是建立一個非暴力的理想社會。

《印度自治》一書最初在《印度民意》周刊上連載發表，於1910年作爲一個小册子出版。但是3月24日孟買當局禁止此書在印度發行。4月30日，甘地的國際出版社出版了此書的英文譯本。4月4日，甘地將此書的英文譯本寄給托爾斯泰，請他批評指正，同時寄了幾份在南非出版的〈致一位印度人的信〉給他，並在信中告訴他，〈致一位印度人的信〉將被翻譯成一種印度方言[57]。

托爾斯泰收到了甘地寄來的《印度自治》一書和來信，在4月20日的日記中寫道：「夜讀甘地論文明，很好。」次日又寫道：「讀關於甘地的書。非常重要。我必須寫信給他。」[58]托爾斯泰在5月8日的回信中說：「我懷着很大的興趣讀了你的書，因爲我認爲你在此書中研究的問題不僅對印度人，而且對整個人類很重要。」但是托爾斯泰當時身體健康不好，無法寫長信討論與甘地的著作和活動有關的各種問題，答應一旦康復就再寫長信[59]。

甘地在8月15日的回信中感謝托爾斯泰對《印度自治》的肯定，希望得到更詳細的評論。然後介紹了卡倫巴赫與甘地一起創

---

[57] 同上，頁30。

[58] 同[49]，頁96。

[59] 同[52]，頁31。

辦托爾斯泰農場的情況，並隨信附上幾份《印度民意》周刊，向托爾斯泰提供關於農場的全面情況[60]。

1910年9月7日，托爾斯泰寫了一封比較長的回信給甘地。他在信中說：

「我收到了你寄來的《印度民意》雜誌，我很高興知道所有關於不抵抗運動的情況。我希望把自己讀了這些文章後所產生的想法告訴你。

我活得越長——特別是現在我已到了人之將死的時候，我越是感到想告訴別人，我清楚地看到的東西，我認為非常重要的東西。這就是，所謂的不抵抗，實際上並不是別的東西，就是虛偽的解釋所無法曲解的仁愛之道……

仁愛之道曾被所有的哲學——印度的、中國的、希伯來的、希臘的和羅馬的哲學宣揚過。我想基督把這種仁愛說得最清楚，他說仁愛包含了法律和先知……」

接着托爾斯泰論述了基督教世界裏仁愛與暴力之間的不可調和的矛盾，講了一個例子，在莫斯科一所高級女子中學裏，主教希望所有的女生都回答在戰爭與處刑時可以殺人，但有一個女生則堅定地回答，即使在戰爭與處刑時殺人也是有罪的。托爾斯泰接着寫道：

「是的，我們能夠在我們的雜誌上討論航空的發展和其他

---

[60] 同上，頁32～33。

種種發現，複雜的外交關係，不同的俱樂部和集會，所謂的藝術作品等等，但是對那個女生說的話卻裝聾作啞。但是裝聾作啞是徒勞無益的，因為這個基督教世界裏的每一個人或多或少具有與這個女生相同的感覺。社會主義、共產主義、無政府主義、救世軍，日益增長的犯罪現象，失業和富人的驕奢淫逸，無休無止的爭鬥，以及窮人的淒慘，驚人增長的自殺人數——這一切都是無所不在的，無法解決的內部矛盾的外部徵兆；毫無疑問，只有通過接受仁愛之道，排斥一切暴力來解決這個內部矛盾。因此你在特蘭斯瓦爾的工作，看來遠離世界的中心，但對我們來說是最基本的、最重要的，提供了全世界今天可以共享的最有分量的實際證明，不僅基督教徒，而且全世界人民都必須參加進來。」

托爾斯泰在信的最後部分談到了俄國的反對服兵役運動，談到了各國正在準備進行最大規模的屠殺，準確地預言，矛盾或遲或早，可能很快就會赤裸裸地爆發出來[61]。在托爾斯泰寫這封信之後不到四年，第一次世界大戰就爆發了。

這是托爾斯泰的最後一封長信。他在自己生命即將終止的時刻，把最後的希望寄託在從未見過的異國朋友甘地身上。儘管甘地當時的影響和聲望還遠遠不能與他後來的情況相比，但是托爾斯泰已經準確地預見到甘地的鬥爭的重大意義。

托爾斯泰於1910年11月去世，消息傳到南非，甘地在11月26

---

[61] 同上，頁34～38。

日的《印度民意》周刊上發了訃告:

「對已故列夫·托爾斯泰伯爵，我們只能撰文致敬。他對我們來說要勝過當代最偉大的人物。我們堅持不懈，盡其所能，以我們的理解水平，去奉行他的教導。他生命的終止只是為他以自己獨特的方式開創的人道主義工作打上了句號。托爾斯泰沒有死；他活在全世界他的無數追隨者中間……

在日常活動中，我們在本刊第一頁上刊載的他給甘地先生的信，如果不是他的絕筆，也是他最後的遺著之一。在這封信裏他幾乎已經預感到在世之日無多，而這位亞斯納亞·波爾納亞的聖者認為特蘭斯瓦爾的鬥爭具有世界性的意義，這是對印度消極抵抗者的巨大鼓舞和悲痛之中的寬慰。」[62]

甘地與托爾斯泰的直接交往隨着托爾斯泰的去世而終止了，但是甘地對托爾斯泰的精神上的師從一直沒有停止。甘地一直把自己看成是托爾斯泰的繼承者。在紀念托爾斯泰誕辰一百周年時，甘地把托爾斯泰的思想概括爲三點：眞理、非暴力和自食其力：

「托爾斯泰一生中對我最有吸引力的是他身教與言教合一，不惜一切代價去追求真理……他是這個時代最信奉真

---

[62] 同上，頁79。

理的人。他的生活是一種堅持不懈的努力，是一股持續不斷的奮鬥的激流，追求真理，並身體力行。他從不試圖把真理隱瞞起來或輕描淡寫，一筆帶過，而是將真理原原本本地公之於世，沒有模稜兩可或妥協折衷，不因為畏懼任何世俗的權力而打折扣。

托爾斯泰是這個時代產生的最偉大的非暴力的使徒。在他以前或以後，西方從來沒有人能夠像他這樣全面或一貫，以及深刻動人地撰寫和論述關於非暴力的問題。我甚至要進一步說，他對這個理論的顯著發展使得我國今天各種"ahimsa"（非暴力）學說加在這個理論上的狹窄的偏頗的解釋顯得可恥。儘管印度自詡為"karmabhume"（實現非暴力的國度），儘管我們古代的聖賢在"ahimsa"（非暴力）領域裏作出了某些最偉大的發現，但是今天我們當中以"ahimsa"（非暴力）的名義進行的事情常常與非暴力背道而馳。真正的"ahimsa"（非暴力）應該意味着毫無惡意、憤怒和仇恨，意味着博愛衆生。為了在我們當中灌輸這種真正的、更高形式的"ahimsa"（非暴力），托爾斯泰懷抱着大海一般的博愛的一生應該成為我們的燈塔和永不枯竭的鼓舞的源泉……

第三個要義是自食其力的信條，卽人人應該用體力勞動來獲取麵包，世界上的貧困痛苦大部分就是因為人們沒有負起這方面的責任。有些富人制定了靠慈善事業去救濟大衆貧苦的計劃，而這些富人自己卻躲避體力勞動，繼續生活在奢侈淫逸之中，他認為所有這些濟貧計劃都是僞善和恥辱，他建議，只要他們不再騎在窮人頭上，大部分所謂的慈善事業就用不着了……

……今天是一個思想轉變、經受考驗的時代，有一件事是這個世界，它的青年，特別是印度青年在這場危機中所需要的，這就是托爾斯泰所說的逐步嚴格的克己精神，只有這種精神才能把他們自己，把他們的祖國，把這個世界引向真正的自由。」[63]

第三節 羅斯金

托爾斯泰（公元 1828～1910 年）讀過羅斯金（公元 1819～1900年）的大部分著作，包括《奮鬥到最後》，並把某些部分翻譯成了俄文。儘管在政治上羅斯金主張開明專制，托爾斯泰主張無政府主義，但他們兩人互相很尊重。羅斯金宣稱，托爾斯泰正在進行他希望作的工作[64]。而托爾斯泰在1899年為羅斯金的著作所寫的一個導言中說[65]：

「約翰・羅斯金不僅是英格蘭和我們這一代人中，而且是所有的國家和時代中最值得注意的人物之一。他是用心靈思考的罕見的人物之一，因此他思考並講出了他親自看到

---

[63] 同[46]，第 2 卷，頁317～319。

[64] William G. Collingwood, *Life and work of John Ruskin*（《羅斯金的生平和著作》，2 卷，Cambridge, Mass.: Riverside Press, 1893年，第 2 卷，頁564。

[65] Leo Tolstoy（列夫・托爾斯泰），*Recollections and essays*（《回憶錄和論文》），Aylmer Maude 翻譯，London: Oxford University Press, 1937年，頁188。

和感到的東西，思考並講出了每一個人將來會想到和講出來的東西。」

「儘管他仍然遭到反對，特別是在正統經濟學家當中遭到反對，他們不能不攻擊他，因為他從根本上摧毀了他們的學說，儘管如此，他的名聲還是越來越大，他的思想在大衆當中不斷滲透。」

托爾斯泰也因爲自己像羅斯金一樣未能完全按照信仰而生活，所以對羅斯金抱着一種同病相憐的感情。甘地的過人之處就在於他把托爾斯泰和羅斯金的理想付諸實踐了。

1903年6月4日，甘地在德爾班創辦了《印度民意》周刊，他自己則在約翰尼斯堡從事律師業務。次年，周刊財務困難，甘地決定親自前往德爾班處理。動身以前，英國朋友帕拉克到車站送行，遞給甘地一本羅斯金的《奮鬥到最後》，讓他在24小時的漫長的旅途中有點東西可以讀讀作爲消遣。甘地一旦開始讀這本書，就覺得無法停止閱讀。它深深地吸引了他。火車抵達德爾班已是夜間。甘地通霄不能入眠。他決定照這本書的教導改變自己的生活。甘地自認讀書不多，但消化吸收得非常好。在他讀過的書中，有一本書給他的生活帶來了立竿見影的實際變化，這本書就是《奮鬥到最後》。他相信自己在羅斯金的這本偉大的書裏發現了一些最深刻的信念，因此這本書是那樣吸引他，使他轉變自己的生活。一個詩人能夠喚醒人類心靈中潛在的善良本性。但是詩人並不同樣地影響所有的人，因爲各人並不是以同樣的標準向前發展的。甘地認爲《奮鬥到最後》的主要教導有三條：

(1)個人的福利是包含在大衆的福利之中的。

(2)一個律師的工作與一個理髮師的工作的價值是同等的，因爲所有的人都享有用工作謀生的同等權利。

(3)體力勞動的生活，卽農民和手工業者的生活，是有價值的生活。

甘地覺得第一條是以前就知道的。第二條是以前有模糊認識的。第三條則以前從未想到過。《奮鬥到最後》則向他淸楚地說明，第一條本身實際上已經包含了第二和第三條。甘地第二天就準備把這些原理付諸實踐[66]。

甘地當時的情況有助於解釋爲什麼這本書會給予他這麼重大和直接的影響。當時甘地已經意識到，他不僅是南非比較富裕的印度僑民的政治代表，而且正在成爲以契約勞工爲主的比較貧困的印僑的代言人，正在成爲被壓迫的印僑與南非當局之間的斡旋者。他面臨着人生的重大選擇。如果他繼續維持律師的優越生活，他可能始終只是南非印僑中的菁英分子的代表。如果他有勇氣放棄財產與律師業務，從事體力勞動，像窮人一樣生活，以全體印僑的福利爲自己的奮鬥目標，他就可能成爲一個印度人當中前所未見的新型的政治領袖。就在這關鍵時刻，他讀了羅斯金的名著。他從此走上了一條獨一無二的鬥爭道路。

《奮鬥到最後》的思想徹底改變了甘地的整個生活方式。他立卽建立了芳尼克斯新村，在那裏出版《印度民意》周刊。甘地雖然沒有能立卽實現自己以體力勞動爲生的願望，但他在1919年按芳尼克斯新村的模式建立了托爾斯泰農場，放棄了律師業務，

---

[66] Gandhi, *Autobiography*（甘地，《自傳》），頁345～346。

並且終生保持着與貧民一樣儉樸的生活。回到印度後，又按照這種模式建立了"Satyagraha Ashram"（眞理耕讀新村）。他的朋友帕拉克明確地指出，甘地儘管一直有過儉樸生活的傾向，但他是在羅斯金的影響下，才把儉樸生活變成了一個付諸實施的問題[67]。

羅斯金對甘地的影響的一個突出表現是甘地1918年在印度艾哈邁達巴德領導的工人罷工鬥爭。甘地把艾哈邁達巴德作爲自己的活動中心的一個原因是它很可能是復興鄉村手工紡織業的最有利的地方[68]；而甘地對手工業的興趣是從他閱讀《奮鬥到最後》時開始的。甘地在領導罷工中所貫徹的經濟思想是從羅斯金那裏吸收來的。他向工人講到各種職業的同等價値，而這是甘地所概括的《奮鬥到最後》的三個原理之一。他講到雇主與雇員之間應該互相合作，而不是對抗，雇主對工人負有家長般的責任，而工人也應該考慮雇主的利益，這些都是羅斯金的思想。正如羅斯金傾向於根據供求關係來決定公平的工資，甘地在這次衝突中並不就增加工資的幅度與雇主討價還價，而是堅持要求雇主答應他經過調查確定的公平的工資。

甘地在南非和艾哈邁達巴德領導的堅持眞理運動淸楚地表明他站在勞苦大衆的一邊。一個人認同於哪個國家、民族、宗教、階級等等是個人生活中的核心問題。從這個觀點看，如果我們希望在甘地的生活中找到一個最有意義的轉折點，那麼他決定成爲人民領袖的時刻不及他決定與人民同甘共苦的時刻重要。什麼時

[67] 帕拉克1958年4月7日致麥克拉夫林的信，見 McLaughlin（麥克拉夫林），*Ruskin and Gandhi*（《羅斯金與甘地》），頁18，[7]。

[68] 同[66]，頁461。

候他第一次決定要與被壓迫者同舟共濟，放棄擁有特權的世界，放棄專業方面的野心的呢？什麼時候他第一次決定，至少對他自己來說，個人的福利是包含在全體人民的福利之中的呢？他在自己的自傳中很明確的指出，這個時刻就是他讀完《奮鬥到最後》的時刻。

爲什麼羅斯金會產生深深打動甘地的思想呢？從表面上看，羅斯金屬於壓迫者的國家——英國，而甘地屬於被壓迫者的國家——印度，他們的家庭背景和教育也大不相同。但從本質上看，兩人都有一種堅定不移地追求社會正義的良知。羅斯金出身於一個富裕奢侈的家庭，受到慈愛的父母的保護，培養了非常高雅的審美感，成了著名的藝術批評家。從1843年到1860年他出版了5卷《現代畫家》(*Modern painters*)，從而建立了自己的聲望。他得過幾次抑鬱症，經歷了婚姻的失敗和藝術鑑賞力的某種程度的低落。1857年到1860年間，他對宗教的懷疑情緒使他很苦惱，更主要的問題是，他試圖教育一些工人欣賞藝術，從事創作，對這些工人的關切使他寢食不安。實際上他的憂慮反映了他的祖國英國的騷動，正是在1859年，在整個英國知識界中關於宗教和社會問題的深刻衝突白熱化了。1860年羅斯金在雜誌上發表了4篇對社會進行批評的論文，在1862年編在一起出版，書名《奮鬥到最後》。他從此改轅易轍。他體會到精疲力盡的，被剝削的勞工不可能鑑賞美或創造美，他開始對社會問題比對美學問題更關心，他把自己的後半生大部分用來考慮經濟問題，並致力於解決這些問題。人到中年，他突然放棄了自己得到社會承認的、最適合他的能力的工作，進入一個他不熟悉的領域，從事開創性的活動。他的預言引起了大部分達官貴人和富翁財主的憤怒和諷刺。羅斯金一直認爲《奮鬥到最後》是他畢生的扛鼎之作，是他所寫的最眞實、最直言不諱、最有用的著作[69]。但他沒有找到自己的思想的足夠的支持者，導致了他第一次嚴重的精神崩潰，成爲他畢生最深沉的憂傷之一。

羅斯金是在四十歲時寫《奮鬥到最後》的；甘地是在四十五歲時讀這本書的。兩人都是在人生道路的中點改轅易轍的。兩人都被周圍的貧困與淒慘景象所震動，都尋求用一種仁愛的，宗教性的方式來改善這種狀況。兩人都爲了這種努力而犧牲了自己早期的事業。他們的論著對類似的經濟問題提出了大致類似的答案。但是兩人的後半生截然不同：甘地鍥而不捨，以鋼鐵般的意志堅持一步一個腳印地去實現自己的信念，而羅斯金卻爲精神分裂所折磨，陷入理想主義的思想與自我放縱的行動的矛盾之中，不能自拔。甘地閱讀了羅斯金的書，可謂心有靈犀一點通，眞正深入把握了羅斯金思想的精髓。羅斯金曾對一個讀者說過：我並不在乎你是否喜歡我的書。問題在於它們是否對你有什麼好處[70]?《奮鬥到最後》給了甘地好處，並且通過他給了印度，給了世界好處。甘地是按照羅斯金所希望的那種方式來閱讀他的著作的，即把羅斯金當做道德方面的導師，通過閱讀他的著作來幫助自己

---

[69] 引自 Frederick W. Roe, *The social philosophy of Carlyle and Ruskin*（《卡萊爾和羅斯金的社會哲學》），New York: Harcourt, Brace & Co., 1921 年，頁 139; Ruskin（羅斯金），*Unto this last*（《奮鬥到最後》），New York: John Wiley and Son, 1866年，前言，頁 vii。

[70] 引自R. H. Wilenski, *John Ruskin: An introduction to further study of his life and work*（《約翰·羅斯金：對他生平與著作進行進一步研究的導論》），New York: Stokes, 1933年，頁363。

認同於印度人民和發現自己的最深刻的信念。

甘地除了讀過《奮鬥到最後》之外，還讀過羅斯金寫的論文集《野橄欖葉花冠》(*The crown of wild olive*)[71]。他是否讀過羅斯金的其他著作，無法確定，但他很可能聽說過羅斯金復興手工紡織業的努力。

甘地用古吉拉特文把《奮鬥到最後》編譯成 *Sarvodaya*（《全體人民的福利・大同》），在1908年出版，戴賽又把甘地的改寫本翻譯成英文，並包括甘地寫的一個新的序言和戴賽寫的一個簡短的評價，於1951年出版[72]。1919年是羅斯金的誕辰一百周年，甘地正巧在印度發動民事不服從運動，出售的禁書中有一本就是 *Sarvodaya*（《大同》）。他組織出售禁書的目的是雙重的：不服從「羅拉特法」和向人民提供有很高道德價值的優秀讀物。*Sarvodaya*（《大同》）在當時廣爲流傳。

甘地的編譯反映了他對《奮鬥到最後》的某些方面的側重。直到第三篇論文的中間，他都採用相當忠實的直譯，他所作的一些改動大部分是技術性的，比如省略了前言、銜接性的句子、括號裏的解釋、引文、關於化學和英國穀物法的說明，以及一些基督教的內容，可能是考慮到一般印度讀者不大熟悉這些東西。甘地不太關心邏輯的經濟學辯論的細節，而比較側重正義與人道是經濟學的唯一合理基礎的主張。甘地思想和風格的簡單明快與羅斯金的複雜形成了鮮明的對照。從第三篇論文的後半部分起，甘地作了很大的簡化。羅斯金重新爲價值和其他概念下定義的精心

---

[71] 同[67]，頁23，[16]。

[72] *Sarvodaya*（《大同》），Ahmedabad：Navajivan，1908年；Mahadev Desai（戴賽）的英文翻譯，Ahmedabad：Navajivan，1951年。

寫作的最後一篇論文，甘地只保留了極其簡單的概述。在甘地自己寫的結束語中，他警告印度同胞不要盲目模仿西方。

甘地於1909年寫成的 *Hind swaraj*（《印度自治》）中所表達的一些概念，比如強調精神快樂的獲得比物質享受更重要，不喜歡國際間的那種互相敵視、互不放心、弱肉強食、適者生存的關係，也不喜歡英國人利用工業化來剝削印度人民，主張復興手工紡織業等等，都反映了羅斯金的影響，而這些思想在以後的年代裏一直爲甘地所信奉。

我們如果要概括一下甘地吸收西方思想的特點的話，那麼這個特點就是：他特別注意吸收西方思想中激烈批判工業文明的東西，比較容易與東方文明結合的東西，無論是基督教也好，還是托爾斯泰和羅斯金也好，都具有這種特點。

第六章　甘地哲學和當代世界

暗殺者愚蠢地認爲，通過殺死一個宣揚某種偉大思想的人就可以消滅這種思想本身。當然，當甘地或馬丁・路德・金被暗殺之際，許多假先知會急忙出來宣布，改革到此結束，甚至善良的人們也會懷疑，改革的精神能否繼續。但是，四十多年來的事實證明甘地的思想並沒有隨着他的去世而消失。

非暴力思想與反殖民主義、反種族主義一起構成了二十世紀的三大思潮，正如甘地所指出的，非暴力思想就像山岳一樣古老，它可以追溯到大雄、佛陀和耶穌，通過伊斯蘭教和基督教的殉道者而有所發展，在托爾斯泰的論著中有動人的表述，在許多地方的婦女參政運動和聯合抵制運動中得到過運用。但是，甘地在本世紀初的堅持眞理運動才第一次證明人們可以大規模地運用非暴力鬥爭，以最小的生命和財產的損失，來糾正社會弊病，從而使改革的成果比較持久。並不奇怪，許多當權的人繼續用暴力鎭壓非暴力鬥爭，因爲暴力在人類的文化裏已經根深柢固，今天的社會結構大部分是以暴力爲基礎的。

值得驚訝的倒是自從甘地逝世以後的四十多年來，非暴力鬥爭那樣迅速地傳遍了各大洲。歐洲是兩次世界大戰的中心，是以弱肉強食、適者生存爲基本價值的社會，人們不大指望在那裏會出現以非暴力爲形式的鬥爭。但是，1956年在義大利，達尼洛・多爾奇發展了甘地的鬥爭策略。他不是領導工人罷工，而是相反，在西西里的一個偏僻的地方領導一羣失業的窮人自作主張地、沒有報酬地開始修築一條破爛的公路，以爭取工作的機會，警察立刻加以干涉，進行逮捕。沒有發生任何暴力事件，因爲他像甘地一樣相信非暴力旣是手段也是原則。多爾奇受到審判，被關了兩個月❶。這個事例說明甘地的眞理力量並不是一個聖人的一次性的奇蹟，而是其他文化背景的人們也可以學習和運用的理論。

次年，蘭扎·戴·瓦斯托運用甘地式的絕食抗議法國侵略阿爾及利亞。不久，他以非暴力行動反對軍方奪取貧窮牧民的牧場，成爲歐洲最早的抗議核武器的行動之一。

到70年代，歐洲沒有一個國家沒有某種非暴力運動，有的是爲環境保護問題，西歐比較突出的是反對徵兵和核武器，東歐則是爭取人權❷。

美國的馬丁·路德·金是繼甘地之後最突出的非暴力羣衆領袖。美國人民不久就把民權運動中吸取的教訓運用到反對越南戰爭的運動當中去了，結果造成了美國歷史上最大規模的非暴力抗議（1971年），這是迫使美國政府結束越戰的最重要的因素。越戰結束後，美國人民仍然經常使用非暴力反對建立某些核工廠、研究所、船塢等等，事實說明非暴力不僅已經被成百萬人所吸收，而且已經成了人民日常生活的一部分。

---

❶ Bose, *The pilgrim and the guide*（鮑斯，《朝聖者和導師》），頁86～87。

❷ James W. Gould, Gandhi's relevance today（〈甘地與今天的關係〉），載 *Gandhi's significance for today*（《甘地對當代的意義》），頁8。

非暴力鬥爭的傳播和深化同樣發生在其他各大洲。二十年以前在拉美很少聽說過非暴力，大多數觀察家預言非暴力在那裏不會有多大發展。但是，近年來兩位拉美人獲得諾貝爾和平獎標誌着重大的進步：1980年裴雷・伊斯夸伊厄（公元1931年～）因其在阿根廷的非暴力的爭取人權的鬥爭而獲獎，1982年阿豐索・加夏・羅貝爾斯（公元1911年～）因其協調建立拉丁美洲無核區的外交成就而獲獎。

非洲是甘地首先發動非暴力運動的地方，非暴力理論得到贊比亞的卡翁達（公元1924年～）、坦桑尼亞的尼雷爾（公元1922年～）等政府領袖的不同尋常的支持。埃及總統薩達特（公元1918～1981年）在回憶錄中講到自己在年輕時對甘地的崇敬，他致力於締造阿拉伯與以色列之間的和平，與以色列總理貝京（公元1913年～）同獲1978年諾貝爾和平獎，在1979年與以色列締結了和平條約，但因此而遭到伊斯蘭教極端分子的憎恨，於1981年被暗殺。

在亞洲，日本的佛教各宗派當中有很強的復興非暴力思想的潮流，有些領袖是受到甘地的事蹟的鼓舞的。在朝鮮，土生土長的非暴力運動導致了爭取民主和人權的抗議活動，包括金泳三（公元 1927 年～）在 1983 年所進行的絕食❸。在甘地的祖國印度，50～60年代有維諾巴・巴維領導的捐獻土地運動❹，70年代有 J．P． 納拉揚領導的人民黨運動。聖雄甘地最熱誠的穆斯林追隨者阿卜杜勒・迦法罕在印巴分治以後，繼續在巴基斯坦進行非暴力鬥爭，但是被迫在獄中度過他的餘生的大部分時間。1983

❸ 同上，頁9～10。

❹ 同❶，頁82。

年反對齊亞・哈克（公元1924～1988年）統治的民事不服從運動說明非暴力精神在巴基斯坦並未死亡。

在大洋洲，澳大利亞人曾於1981年派出「太平洋和平使者」號帆船，與新西蘭人一起繼續抗議太平洋地區的核試驗，支持太平洋諸島人民日益發展的太平洋無核區運動。

不僅各大洲都有日益發展的非暴力運動，而且聯合國這樣的國際組織的官員要比國際聯盟（國聯）的官員更深地受到非暴力思想的影響，在聯合國第三任秘書長宇潭（公元1909～1974年）任職期間（公元1961～1971年）表現得尤其明顯❺。

世界政治思想方面的最引人注意的發展是和平研究這個學科的出現，這門學科把和平作爲目標，常常把非暴力作爲明確的手段。從和平研究中發展出了非暴力的，以平民爲基礎的國防研究，《核時代的防禦》、《不用武器的戰爭：國防中的非暴力》和《平民防禦的戰略》等著作引起了軍事專家的注意和贊許❻。阿恩・尼斯的《甘地與核時代》則從哲學的高度探討了甘地思想與非暴力的、以平民爲基礎的國防的關係。

非暴力的政治活動的發展是甘地思想對當代世界的最明顯和有效的影響，但是甘地思想的其他方面也開始顯示其重要性。對

---

❺ 同❷，頁10～11。

❻ Stephen King-Hall, *Defence in the nuclear age*（《核時代的防禦》），Nyack, N.Y.: Fellowship Publications, 1959年；Ahders Boserup 和 Andrew Mack, *War without weapons: non-violence in national defense*（《不用武器的戰爭：國防中的非暴力》），New York: Schochen Books, 1975年；Adam Roberts 編，*The strategy of civilian defence*（《平民防禦的戰略》），London: Penguin, 1969年。

甘地那一代的大多數人來說，包括他的大部分國大黨同僚，他崇敬大自然和保護資源的想法似乎是反動的，是與文藝復興以來主宰西方的經濟無限增長的思想背道而馳的。甘地強調與高消費社會相反的價值觀念：個人的欲望應該有一個合乎健康的限度，而不應該無限地去刺激和設法滿足各種各樣的個人的欲望。隨着經濟的發展，到60年代人們越來越意識到，地球上的資源不是無窮無盡的，照目前的工業化速度來看，許多資源很可能在可以預見的將來就會耗盡；工業化對自然環境帶來的永久性污染和破壞可能是人類的力量無法彌補和糾正的，我們留給子孫後代的自然環境可能比祖先留給我們的糟得多；經濟發展固然爲許多人帶來了空前的財富，但是第三世界的廣大人民和發達國家的窮人受益有限，他們並沒有因爲工業化而得到太多的幸福。人們開始懷疑，是否眞能夠通過無限的經濟發展來解決人類面臨的所有問題？在這種情況下，甘地的經濟思想突然顯得很有意義了。它在至今占主導地位的無限發展論之外，爲現代人提供了一條完全不同的思路。這條思路的最有力的論述者之一是英國德裔經濟學家 E. F. 舒馬赫❼。他繼承和發展了甘地的經濟思想。

我們在這一章裏將討論甘地非暴力政治哲學對印度、美國國內問題和國際關係的影響，甘地的經濟哲學的發展，以及甘地哲學對當代中國的啓示。

第一節 印度甘地信徒的活動

用非暴力的方式爭得印度的獨立只是實現了甘地思想的第一

❼ 見 E.F. Schumacher, *Small is beautiful*（《小的是美好的》）。

步。甘地的遠大理想是建立"sarvodaya"——一個關心所有的人的福利的社會。甘地關於新印度的設想並未爲國大黨的大多數領袖（包括尼赫魯）所接受，他們把非暴力看成只是權宜之計，而不是一種哲學。他們把甘地稱爲國父，但在實際政治生活中，他們並無意按照甘地哲學來建設新印度。他們實際上致力於把印度建成一個常規的西方資產階級民主國家。甘地在1948年1月30日被暗殺前夕起草了一個重要文件，通常被稱爲他的遺囑，但是國大黨的領袖們沒有接受這個文件，由此可見他們與甘地之間的思想距離有多麼大。甘地在這個文件中指出，作爲政黨的國大黨應該解散，而作爲一個爲民服務協會重新發展起來。他寫道：「國大黨以其目前的形式和組織，即作爲宣傳機器和議會黨團，已經完成它的使命了。印度必須從城鎮之外的700,000個村莊的觀點出發去爭取社會、道德與經濟的獨立。」❽

甘地在爭取印度獨立的鬥爭中就一貫強調民事抵抗與建設性工作並重。在獨立以後，當然應該把重點轉移到建設性工作上來。在獨立以前，不慕名利的建設性工作者有幾千人，他們組成了甘地的眞正的追隨者，正是這些人又組成了甘地去世後從事"sarvodaya"（全民福利）運動的核心。既然國大黨沒有接受甘地要求它改組成爲民服務協會的建議，這些建設性工作者於1948年3月在西瓦格蘭召開了一次會議，決定成立"Sarva Seva Sangh"（全民服務協會）。

全民服務協會的精神領袖是維諾巴·巴維。1916年，二十歲的巴維在貝拿勒斯學習梵文經典，試圖作出決定，是隱居喜馬拉

---

❽ Pyarelal, *Mahatma Gandhi: the last phase*（皮雷拉爾，《聖雄甘地：最後階段》），第1卷，頁44。

雅山，作一個隱士呢？還是前往孟加拉參加游擊隊，反對英國人？正在這個決定人生道路的關鍵時刻，巴維在一份報紙上讀到了關於甘地的一次講演的報導，甘地在講演中號召人民通過非暴力鬥爭爭取民族解放。巴維被震撼了，他不久就加入了艾哈邁達巴德附近的甘地的耕讀新村。正如巴維後來所說的，他在甘地身上找到了喜馬拉雅深山裏的隱士的和平與孟加拉叢林裏的戰士的革命熱情的奇妙結合❾。

巴維深受甘地的信任和器重，1940年甘地發動個別的民事不服從運動時，挑選巴維作爲進行反戰宣傳，讓英國人逮捕的第一人，而以尼赫魯作爲第二人。在說明自己爲何作此決定時，甘地對巴維作了高度的評價：巴維學術上造詣頗深，曾離開耕讀新村進修了一年梵文，爲了更好地了解伊斯蘭教，他學習了阿拉伯文，花了一年時間研究《古蘭經》原文。他從來沒有進入政治舞臺的中心，他相信默默的建設性工作和堅持眞理運動要比擠進已經擁擠不堪的政治舞臺更有用。他堅信沒有以土布爲中心的建設性工作，農村人民的眞正獨立是不可能的。他本人的手工紡織技術爐火純靑，罕有其匹。他堅定地反對當時正在進行的第二次世界大戰❿。這些是甘地挑選他的主要理由。

在印度教傳統裏，巴維被看做像甘地一樣的聖人。甘地被暗殺以後，許多甘地的追隨者把巴維看做甘地的繼承者。但是巴維無意於成爲領袖，他甚至沒有參加“sarvodaya”（全民福利）的第二屆年會，但是其他領導人堅持要他參加在海德拉巴舉行的第

❾ Shepard, *Gandhi today*（《今日甘地》），頁13。

❿ Tendulkar, *Mahatma*（鄧多卡兒，《聖雄》），第5卷，頁344～345。

三次年會。巴維步行赴會，用了一個月時間，走了300英里，訪問了沿途的各個村莊。會議結束以後，他繼續步行，訪問附近的泰倫加納地區。

他不可能找到比泰倫加納更動亂的地區了，當時那裏是一個武裝暴動的地區。激進的學生和一些最貧苦的農民組成了游擊隊，打土豪、分田地，政府派兵鎮壓，在軍事上可以取勝，但並不能消除暴動的根源——大量貧苦農民沒有土地。巴維希望找到一條非暴力的平均地權的道路。他拒絕了警察的保護，與一些志同道合者踏上了征途。4月下旬的一天，巴維來到波錢帕利村，開始接待許多來訪者，其中有四十戶無地的哈里眞（神之子民，即不可接觸者，賤民），這些哈里眞告訴巴維，他們除了支持游擊隊，別無選擇，因爲只有游擊隊才能給他們土地。當天下午的祈禱會上，他向成千村民講了這些哈里眞的問題，並不指望找到解決的辦法。但是，出乎意料，有一個殷實的農民站起來說，「先生，我願意捐獻一百英畝土地。」巴維簡直不能相信自己的耳朵，更使他吃驚的是，哈里眞們宣稱，他們只需要80英畝土地，不用更多了。巴維突然看到了解決這個地區動亂的一條出路。會議結束前，他宣布，他將走遍這個地區，呼籲有地的農戶把部分土地捐獻給無地的農民。這樣就誕生了 bhoodan——捐獻土地運動。使巴維鼓舞的是不斷有土地捐獻出來，起先絕大部分捐獻者是中等資產的農民，對他們來說，巴維是聖人，是聖雄的繼承者，他們相信應該像對待親兄弟一樣對待自己的比較貧困的鄰居。後來，比較富裕的地主也開始捐獻，大部分出自對游擊隊的恐懼，有些覺得窮人都捐了，自己豈可顯得寒酸？也有少數人眞正被巴維所感動了。巴維在七個星期中走遍了這個地區，捐獻出來的土地共達12,000英畝⓫。

在泰倫加納地區的初步成功使巴維考慮通過“bhoodan”（捐獻土地）運動在全國進行一場和平的革命⓬。巴維當時已經57歲，患有慢性痢疾、周期性的瘧疾和胃潰瘍，食譜限於蜂蜜、牛奶和酸乳酪。但他每天淩晨3點起身，步行十多英里，到了下一個村莊，就接待來訪者，舉行祈禱會，發表演講，動員村民捐獻土地，即使周末和節假日也不休息。同時，整個全民服務協會也動員起來，在全國範圍內發動捐獻土地運動。巴維的努力甚至在西方也引起了注意。在美國，《紐約時報》和《紐約客》上都出現了關於他的大塊文章；他的肖像甚至上了《時代》周刊的封面⓭。到1957年底，全國大約捐獻出了四百二十五萬英畝土地，有500,000無地的農民得益，在一個土地仍然是主要生產手段，大量農民無地可耕的國家裏，這是一個不小的成就⓮。

“bhoodan”（捐獻土地）運動雖然取得了重大成就，但到1957年已經停滯不前，不再出現大量的捐獻。早在1952年北方邦的運動中，有一個叫曼格羅斯的村莊把幾乎全村的土地都捐了出來，成了第一個“Gramdan”（捐獻村莊）。從1955年起，巴維就開始號召捐獻村莊。從1957年起，他不再號召個別的“Bhoodan”（捐獻土地），集中力量號召“Gramdan”（捐獻村莊）。全民服務

⓫ 同❾，頁14～16。

⓬ Bose, *The pilgrim and the guide*（《朝聖者和導師》），頁82。

⓭ 同❾，頁17～19。

⓮ Geoffrey Ostergaard, The Gandhian movement in India since the death of Gandhi（〈甘地去世後印度的甘地主義運動〉），載 *Gandhi's significance for today*（《甘地對當代的意義》），頁207。

協會再次接受了巴維的領導，將捐獻土地運動轉變成捐獻村莊運動。“gramdan”（捐獻村莊）是比“bhoodan”（捐獻土地）激進得多的運動。整個村莊的土地從私有制變爲全村人民的集體所有制，全村的重要事務由村民大會決定。巴維把捐獻土地看做非暴力革命的準備，而把捐獻村莊看做非暴力革命本身。到1964年，全國共有7,000個村莊宣布了“Gramdan”（捐獻村莊）。

這一年巴維才暫停他持續了整整十三年的艱苦跋涉，第一次回到馬哈拉施特拉的波納耕讀新村。但是，第二年5月，他和全民服務協會就發起了「風暴戰役」，全力推動“Gramdan”（捐獻村莊）。以比哈爾邦爲中心，巴維親自坐鎮，指導運動。到1970年，全國已經有160,000個村莊宣布了“gramdan”（捐獻村莊），幾乎占全國村莊的三分之一。但是，運動有很大的水分，並未達到預期的社會效果⓯。1970年6月，74歲高齡的巴維在領導了五年風暴戰役之後，退隱波納的耕讀新村，致力於精神領域裏研究工作⓰。

隨着巴維的退隱，運動需要一個新的領袖。這個領導的責任落到了賈亞普拉卡什·納拉揚（Jayaprakash Narayan，通常被人們簡稱爲 J. P. ）身上。

1921年 J. P. 納拉揚響應甘地的不合作運動的號召，從大學裏退學，參加獨立鬥爭。次年，他前往美國留學，在加利福尼亞大學伯克利分校和幾所中西部的大學裏度過了七年。他於1929

⓯ 同❾，頁20～23。

⓰ G. Ostergaard 和 M. Currell, *The gentle anarchists*（《溫和的無政府主義者》），Oxford: Clarendon Press, 1971年，頁118～123。

年回國，參加了國大黨，並成了黨內社會主義派的主要發言人。第二次世界大戰期間，J. P. 因反戰而被捕入獄，越獄成功後，試圖組織武裝鬥爭，但成效不大，並再次被捕入獄。戰後，他被釋放。國大黨內的社會主義者分裂出來，組織了獨立的社會黨，由 J. P. 領導。但是，J. P. 自己的思想繼續發生着深刻的變化。他對斯大林（公元1879～1933年）領導下的蘇聯的方向產生了懷疑，逐步轉向社會民主主義。尼赫魯曾邀請他出任僅次於總理的職位，但因尼赫魯不願接受社會主義者的計劃，他未入閣。儘管如此，政界許多人預料 J. P. 可能繼尼赫魯出任總理。但是，J. P. 自己對政黨政治已經失去興趣，他越來越爲巴維領導的運動所吸引。1953年，他辭去了社會黨內的領導職務。次年，他成了“Bhoodan”（捐獻土地）運動中的第一個“jivandan”（貢獻畢生）的人。他選擇的道路是通過人民的自願的努力來創造和發展社會主義的生活，而不是通過運用政府的力量來建立社會主義。換言之，建立人民的社會主義而不是國家的社會主義⓱。

J. P. 是一個受過西方教育的知識分子，熟悉現代社會思想的文獻，加上他的能力與努力工作，不久就使他在“sarvodaya”（全民福利）運動中取得了僅次於巴維的地位。到1971年，由於“gramdan”（捐獻村莊）運動趨於低潮，建設性工作者內部發生了關於運動方向的辯論⓲。J. P. 主張一條不同於巴維的路線。反對這條路線的工作者把它稱爲運動政治化的路線，以區別於巴

⓱ Jayaprakash Narayan, *Socialism, Sarvodaya and Democracy*（賈亞普拉卡什·納拉揚，《社會主義，“Sarvodaya”（全民福利）和民主》），Bombay: Asia, 1962年，頁161。

⓲ 同❾，頁28。

維的政治精神化的努力。但是，全民服務協會的領導層的大多數支持 J. P. 的路線。這種態度的背景是當時在英迪拉·甘地夫人（公元1917～1984年）的統治下，印度的民主政治有向獨裁方向演變的迹象。

1974年3月15日，比哈爾邦的大學生發動運動，要求邦政府肅淸貪汚、減少失業、控制物價、改革教育。警察向示威學生開槍，打死七人。3月18日，學生領袖拜訪 J. P.，請他出來按照非暴力的路線組織和指導運動。J. P. 儘管已經70來歲，健康欠佳，還是接受了這個邀請，大多數協會成員支持他的決定，儘管協會作爲一個組織並未正式介入。由於 J. P. 的領導和其他“sarvodaya”（全民福利）工作者的幫助，這場本來很可能曇花一現的學生運動發展成了一場甘地時代以來最強大的羣衆政治運動。J. P. 希望它發展成一場全面革命，一場非暴力的社會革命。

隨着比哈爾邦學生和羣衆抗議活動的高漲，政府派出六萬軍隊和警察進入比哈爾邦。J. P. 遂改變戰略，減少羣衆抗議活動，把重點轉向組織選民，準備在次年的選舉中擊敗國大黨。1975年6月發生了兩個事件，把政府與 J. P. 領導的運動之間的對抗推向了一個新的高潮。一個事件是在古吉拉特邦的選舉中，人民陣線⑲擊敗了國大黨。這表明國大黨在次年的全國選舉中很可能被擊敗。另一個事件是阿拉哈巴德高級法院發現英迪拉·甘地夫人在上一屆選舉中犯有瀆職罪。如果印度最高法院認可的話，甘地夫人必須在六個月之內離職，並在六年之內不得擔任公職。甘地夫人爲了挽救這種不利形勢，突然於6月26日宣布

⑲ Janata（人民）陣線是由四個非共產黨的反對黨組成的選舉聯盟，後來聯合成 Janata（人民）黨。

緊急狀態，把 J. P. 和其他反對黨領袖和工作者投入監獄，逮捕人數高達 100,000。同時實行嚴格的新聞檢查。爲了消除人民的不滿，制定和實施一個雄心勃勃的社會和政府的改革計劃。

全民服務協會的大部分成員被投入了監獄。少數指責 J. P. 並非眞正遵照聖雄甘地的非暴力原則行事，支持甘地夫人的行動。巴維和其他人則採取中立立場。從思想上來說，巴維是不同意 J. P. 的做法的，認爲他把協會工作者的注意力從更爲重要的農村工作中轉移開去了，使協會捲入黨派鬥爭，毀壞了協會不分黨派的廣泛的基礎。巴維預言 J. P. 的運動將一事無成。

J. P. 在獄中患了重病，生命垂危，於11月14日被釋放。由於腎功能衰竭，從此他只能靠經常性的血液透析才能活下去。1977年1月18日，甘地夫人宣布放鬆緊急狀態，準備大選，釋放大部分政治犯。支持 J. P. 的反對黨迅速合併成人民黨。J. P. 一個星期中有三天得躺在機器旁，把血抽出來，淨化，然後再輸回去。其他日子就跋涉全國，號召選民支持人民黨。結果，在3月的大選中，國大黨從獨立以來第一次被擊敗，甘地夫人辭去總理職務。

但是，選民對人民黨的幻想很快破滅了。正像 J. P. 在緊急狀態以前已經公開懷疑的那樣，對大部分人民陣線（後來的人民黨）的領袖來說，全面革命不過是一句口號而已，他們一旦大權在握，這句口號就過時了。在不到三年時間裏，人民黨就分裂了，人民黨政府辭職，J. P. 自己也於1979年10月去世。在1980年1月的大選中，甘地夫人領導的國大黨以壓倒多數重新獲勝。因此，J. P. 1974年開始轉動的政治輪盤轉了一圈，又回到了老地方。巴維認爲這場運動將一事無成的預言從某種意義上來說是正確的。

維諾巴・巴維也於1982年11月15日去世了。在 J. P. 和巴維這兩位印度最著名的甘地繼承者已故的情況下，“sarvodaya”（全民福利）運動必須重新考慮它的戰略。只要印度的種種危機繼續存在，甘地的追隨者就一直有機會實施一種甘地式的解決危機的方案。但是，這種機會能不能被他們抓住，則很難預料。

第二節　馬丁・路德・金

馬丁・路德・金繼承了甘地思想，並把它與美國民權運動結合起來，把非暴力鬥爭發展成了大規模的羣衆運動。在他以前，甘地的形象和思想已經在美國有相當大的影響。甘地生前對美國的影響可以分爲四個時期：

第一個時期是1919年到1924年：起初美國新聞界主要受英國的報刊雜誌的影響。稍後，像貴格會（公誼會）等宗教社團，和平主義的調停協會，世俗性質的反戰者聯盟都表現出很濃厚的興趣。這個時期在美國傳播甘地思想最積極的是紐約社區教會的本堂牧師 J. H. 荷門，他在一次講道中把甘地比作耶穌，認爲甘地是當時世界上最偉大的人，這次演講在美國廣泛傳閱，並在印度多次出版。他還在雜誌上發表文章，介紹甘地。他被認爲是美國最重要的解釋甘地思想的人⑳。

---

⑳ Carl Hermann Voss, John Haynes Holmes: Discoverer of Gandhi（J. H. 荷門：甘地的發現者），*The Christian Century*（《基督教世紀》），1964年；John Haynes Jolmes, Who is the greatest man in the world today?（〈誰是今天世界上最偉大的人？〉），1921年。*The Americanization of Gandhi*（《甘地的美國化》），頁589～621。

第二個時期是1929年到1934年：這一時期不同於前一時期，有關甘地的重大事件都由美國新聞記者直接從印度向美國報告。最突出的例子是美聯社記者密勒關於甘地信徒攻奪鹽場的報導，在全世界 1,350 種報章雜誌上刊登，後來還由美籍印度人出版了小册子，並收入《國會紀錄》。這個時期還出現了一些書籍，讓美國人民了解英國帝國主義在印度的情況和甘地的背景。其中有兩本是甘地的密友安德魯斯寫的㉑。安德魯斯本人是一個傑出的基督教徒，他希望在基督教與印度教、西方和東方之間架起一座橋樑。

第三個時期是1939年到1945年的第二次世界大戰期間：這一時期美國新聞記者比以前有更多的機會直接接觸印度的情況，也有了更廣泛的報導。同時也出現了更多的關於甘地的書籍。由於美國對戰時英國有巨大的影響力，甘地在1942年 7 月直接向美國總統羅斯福和人民呼籲，希望美國支持印度的獨立㉒。甘地的形象再次在美國報紙上占有突出的地位。

第四個時期是1947年到1948年。印度獨立後甘地為了平息教派衝突所作的不倦的努力和他最後的獻身都使美國人深受感動。公衆領袖與和平主義者都與參議員範登堡（公元1884～1951年）一樣認為甘地是多少世紀以來少數不朽的偉人之一，他使溫良謙

㉑ Andrews, *Mahatma Gandhi's ideas*（《聖雄甘地的思想》），*Mahatma Gandhi: his own story*（《聖雄甘地：他自己的故事》）。

㉒ Gary R. Hess, *America encounters India, 1941～1947*（《美國邂逅印度，1941～1947年》），Baltimore, 1971年，頁68。

恭和樸素的眞理比帝國還要強大㉓。

與甘地有比較深的個人接觸的第一個美國人是 R. B. 葛雷格。葛雷格受過法律方面的訓練，1913年在印度住過三個月。他回到美國後，從事工人運動，在一次全國規模的罷工中讀到了一篇關於甘地的文章。1925年他再赴印度，在那裏住了三年半，其中七個星期住在沙巴瑪迭的甘地的耕讀新村裏。他爲印度讀者寫了兩本有關甘地的書:《甘地非暴力抵抗的心理學與戰略》和《甘地翁的 "Satyagraha" 即非暴力抵抗》，後來把這兩本書合寫爲《非暴力的力量》，供美國讀者閱讀㉔。這本書在民權運動中發生過一定作用。

美國哲學家、神學家尼布爾（公元1892～1971年）受到甘地的影響，但是提出了一些不同的看法，他批評甘地在理論上沒有把非暴力強制與眞正的不抵抗清楚地區別開來，儘管他讚揚印度將非暴力強制付諸了實踐。他認爲非暴力強制本質上仍然是一種強制，可能帶來破壞，儘管它作爲一種政治工具比暴力更講道德。至於完全以道德爲準則的不抵抗是與非暴力強制不同的，是不可能成爲政治工具的。尼布爾制定了一種反映甘地思想的社會行動戰略。這種戰略是強制性的，但不是暴力的。尼布爾希望利用甘地的形象來發動一場非暴力的社會革命。他主要從可行性的

㉓ C. Seshachari, *Gandhi and the American scene: an intellectual history and inquiry*（《甘地和美國的場景：智力發展史和研究》），Bombay, 1969年，頁4。

㉔ Richard B. Gregg, *The psychology and strategy of Gandhi's non-violent resistance*, Madras, 1929年；*Gandhi's satyagraha or non-violent resistance*, Madras, 1930年；*The power of nonviolence*, Philadelphia, 1934年。

角度反對暴力，而不是從哲學的高度徹底排斥暴力。1939年他覺得除了支持歐美進行反對希特勒（公元1889～1945年）和極權主義的戰爭、批評和平主義者之外，別無選擇。他的思想曾對馬丁・路德・金有影響㉕。

美國工人領袖馬斯特從20年代開始就很活躍，但是在1949年到印度的西瓦格蘭去參加世界和平主義者會議時才把甘地的形象融合到自己的思想中去。他開始相信，許多國家的大規模的非暴力直接行動能夠防止戰爭。在麥卡錫主義、朝鮮戰爭和核武器競賽的陰影下，他探尋着直接運用非暴力鬥爭的道路。拒絕征兵登記，拒絕繳稅，不參加國民自衞訓練是當時的幾種鬥爭形式，但還沒有成爲政治行動㉖。馬斯特對馬丁・路德・金也有一定的影響。

馬丁・路德・金1929年1月15日生於喬治亞州的首府亞特蘭大市的一個黑人浸信會傳教士家庭中。儘管他的家庭經濟上尚算穩定，但他從小就目睹和親身經歷了種族歧視和經濟剝削，強烈地意識到美國社會裏的不公正。1944年，他進了亞特蘭大的莫豪斯學院，曾反覆閱讀索洛的《民事不服從》，這是他第一次接觸非暴力理論。但是他認眞地探索戰勝社會罪惡的方法是從1948年進入克羅澤神學院以後開始的。他廣泛地閱讀了從柏拉圖（公元前427？～347年）、亞里士多德（公元前384～322年）到盧梭

㉕ 他的主要著作有 *Moral man and immoral society*（《道德的人和不道德的社會》），New York，1932年。他關於甘地的論文是 What chance has Gandhi?（〈甘地有什麼機會？〉），*The Christian Century*（《基督教世紀》），1931年。

㉖ 同⑳，頁65。

（公元1712～1778年）、霍布士（公元1588～1679年）、邊沁（公元1748～1832年）、米爾（公元1773～1836年）和洛克（公元1632～1704年）這些大哲學家的社會和道德理論。這些大師都啓發了他的思想，但是他也提出了許多疑問。1949年聖誕節期間他開始研讀馬克思（公元1818～1883年）的著作。這一時期，他也第一次通過 A. J. 馬斯特的一次演講接觸了和平主義者的觀點。他被馬斯特的演講深深地打動了，但是並不相信馬斯特的觀點的可行性。與此同時，他對於用仁愛精神來解決社會問題感到絕望，可能他對仁愛的信念暫時受到了尼采(公元1844～1900年)哲學的衝擊。就在馬丁・路德・金探索人生道路的關鍵時刻，他被引向了甘地。他是這樣描寫的：

「後來有一個星期天的下午，我到費城去聽霍華德大學校長M. 約翰生博士的一次佈道……約翰生博士剛從印度回來，他講了聖雄甘地的生平和教導，引起了我巨大的興趣。他的啓示是那樣深刻和震撼人心，以致我離開了會議，出去買了半打關於甘地的生平和工作的書籍。

像大多數人一樣，我曾經聽說過甘地，但是我沒有很認真地研究過他。當我閱讀時，我對他所領導的非暴力抵抗運動簡直深深地入迷了。他的食鹽長征和多次絕食使我特別感動。“satyagraha”（……）的整個概念對我來說具有深遠的意義。當我比較深地鑽研甘地哲學時，我對仁愛的力量的懷疑逐漸消失了，我第一次看到了它在社會改革領域裏的潛力。在閱讀甘地以前，我的結論是耶穌的道德只在私人關係方面有效。我覺得，『把另一邊臉也轉過來讓人打』的哲學和『愛你的敵人』的哲學只適用於個人與個人之間發生衝突的情況；當種族與國家發生衝突時，更切實可行的處理辦法是不可缺少的。但是在讀了甘地以後，我看到我是多麼錯誤。

甘地可能是歷史上使耶穌的仁愛的倫理超越個人交往的範圍，提升爲大規模的強大的有效的社會力量的第一個人。對甘地來說，仁愛是社會和集體轉變的強有力的槓桿。正是在甘地所強調的仁愛和非暴力當中我找到了長時期苦苦追尋的社會改革的方法。在邊沁和米爾的功利主義裏，在馬克思和列寧的革命方式裏，在霍布斯的社會—契約理論裏，在盧梭的『返樸歸真』的樂觀主義裏，在尼采的超人哲學裏我都沒有能找到的智力上和道德上的滿足，我在甘地的非暴力抵抗哲學裏找到了。我開始覺得這是被壓迫人民在他們爭取自由的鬥爭中唯一道德的、切實可行的健全方法。」㉗

馬丁・路德・金在神學院的最後一年開始讀尼布爾的著作，他幾乎陷入不加批判地接受尼布爾寫的所有的東西的泥坑。但是隨着他繼續閱讀，他越來越多地看清了尼布爾的觀點的短處。比如，尼布爾認爲和平主義天眞地信仰仁愛的力量，消極地對罪惡不加抵抗。但是馬丁・路德・金對甘地的研究使他相信，眞正的和平主義不是不抵抗罪惡，而是用非暴力的方式抵抗罪惡。馬

㉗ Martin Luther King, Jr., My pilgrimage to nonviolence（〈我探索非暴力的歷程〉），*Fellowship*（《伙伴》），1958年。同⑳，頁749～752。

丁・路德・金在波士頓大學神學院接受博士教育時，有機會與學生和來訪者中的許多非暴力信徒交談，加深了他對非暴力的信念。1954年他完成了自己的正規教育，智力上理解和讚揚非暴力思想，但是他還沒有把它組織成社會行動的堅強決心。

馬丁・路德・金畢業後前往阿拉巴馬州的首府蒙哥馬利市擔任一所浸信會教堂的本堂牧師。1955年，當地黑人爲了反對公共汽車上的種族歧視規定（如因爲拒絕把座位讓給白人而被捕）而發動了抵制汽車公司的鬥爭，應人民之邀，馬丁・路德・金出來領導運動。他得到了受甘地思想影響的調停協會和種族平等大會等組織的支持。1942年「英國人退出印度」運動的一位領袖 R. 迪瓦克訪問了馬丁・路德・金，進行了長時間的談話，使馬丁・路德・金更仔細地考慮非暴力鬥爭的策略。這場鬥爭的勝利使馬丁・路德・金譽滿全國。

三年以後，馬丁・路德・金和妻子出訪印度，從1959年 2 月10日到 3 月10日，他們走遍了南亞次大陸，與甘地的朋友和學生以及其他印度領導人長時間交談，參觀耕讀新村和村莊，參加宗教儀式和公衆集會。金反覆說，他認爲：「甘地的非暴力方式與基督教仁愛精神的結合是黑人爭取自由和人類尊嚴的鬥爭的最好武器。很可能甘地的方式會使美國的種族問題得到一個解決辦法。他的精神不斷地提醒被壓迫人民，有可能不訴諸武力來抵抗罪惡……我自己就是從甘地那裏得到這種洞察力的。」[28]金在以後的鬥爭中常常會想到印度的經驗。在困難的情況下他常常會自問，在同樣情況下，甘地會怎樣做。在民權運動中，葛雷格介紹

---

[28] 同[20]，頁64。

甘地思想的《非暴力的力量》被當做行動手册。

儘管馬丁·路德·金深受甘地的影響，但是兩人的觀點也有一定的差別。甘地強調印度人民必須自己幫助自己。金一方面也鼓勵黑人的自助計劃，另一方面認爲，消滅犯罪、家庭破裂、私生子等問題的最後出路必須是政府有計劃地幫助絕望的黑人男子找回眞正的陽剛之氣。甘地對一個非印度人的政府毫無信心。金相信有可能改變美國政府的結構。在這一點上，他完全理解，黑人在美國是一個人數很多的少數民族，而印度人在印度是龐大的主體。此外，金也不像甘地一樣重視非暴力鬥爭中苦行的作用。金像甘地一樣承認受難的價值，但是金從不強調苦修是非暴力的必要組成部分。有時候金利用休息時間讀讀書、作祈禱和散散心，使自己恢復精力。金不把苦行作爲自己的運動的目標，然而他個人的生活從某種程度上來說仍然是樸素的。他不知疲倦地進行組織工作、演講、募捐，同時他堅持只要很小的工資。金和甘地在苦行問題上的差別實際上反映了不同時代的印度與美國之間大衆生活水平的差別。二十世紀上半葉印度的大衆是生活在赤貧之中，甘地要與大衆同甘共苦，必須律己甚嚴。二十世紀中葉美國大衆的生活水平比較高，金完全可以不去模仿甘地那樣的苦行，而仍然與民衆同心同德。

馬丁·路德·金在1963年與其他民權運動領袖一起組織了向華盛頓的大進軍，共有250,000人參加。在華盛頓的集會上，他發表了著名的〈我有一個夢想〉的演講。同年，他組織了阿拉巴馬州伯明罕市的民權運動示威。他領導的運動有助於民權法案（1964年）和選舉權利法案（1965年）的通過，並爲他贏得了1964年的諾貝爾和平獎。1968年他在田納西州孟斐斯市支持罷工的垃圾工人，被 J. E. 雷伊所暗殺。

美國的非暴力鬥爭並沒有隨著馬丁·路德·金的逝世而終止。就在馬丁·路德·金領導民權運動的時候，馬斯特繼續領導反戰運動。馬斯特和他的朋友們領導了一系列非暴力“satyagraha”（堅持眞理運動）：他們爬進軍事專用地區的圍牆裏去，在生物武器硏製中心周圍設置糾察，游泳游到北極星導彈潛艇的活動範圍裏去，以及試圖航海到核武器試驗的地區裏去。像馬丁·路德·金一樣，馬斯特是試圖按照甘地形象活動的那一代領導人的象徵。和平運動的其他領導人也都很熟悉甘地的經驗和理論。由於禁止核試驗條約的簽訂，這些運動剛剛有所緩和，這些領導人就越來越對美國捲入越南戰爭的問題警覺起來。60年代中，有一些民權運動分子加入反對越南戰爭的運動。1971年爆發了美國歷史上最大的非暴力抗議運動，這是1975年結束越南戰爭的最重要的因素，是歷史上用非暴力手段終止一場戰爭的突出範例。反戰運動學會了怎樣協調具有不同目標的各個團體，學會了怎樣使決策集團分散化，不依靠個別的領袖——因爲個別領袖有可能成爲暗殺的目標。領導集團有意尋求民主的決策程序，從而有助於讓更多的人學會非暴力鬥爭的方式，獻身於這種鬥爭。

因此當越南戰爭結束時，新的非暴力鬥爭的團體像雨後春筍一樣地在全國冒出來，用甘地式的技巧反對征兵登記，建造核工廠、軍事硏究試驗室、船塢和裝配工廠。凍結核武器運動以1982年6月12日中央公園的一百萬人的盛大集會爲高潮，並繼續在首都華盛頓遊說國會議員，促其通過無核區宣言。這場運動具有基層化的特點，傳播到全國的每個部分，對許多專業工作者與政治家有廣泛的吸引力，這些都說明甘地關於非暴力的思想已經爲千百萬人所吸收，而且這些思想通過活生生的經驗，已經成爲人民日常生活的一個組成部分㉙。

第三節　核時代的出路

在核時代，關於羣體衝突的甘地哲學對我們具有特別重要的意義。

甘地對於核時代有幾次精闢的論述。1946年6月底甘地在浦那短暫停留期間寫了〈原子彈與 "ahimsa"（非暴力）〉一文，他在文章中寫道:

> 「就我所能看到的來說，原子彈把世世代代維繫人類的最微妙的感情毀滅了。過去有所謂戰爭法，使戰爭還可以忍受。現在，我們洞悉了赤裸裸的真實情況。戰爭除了強權的法則之外，不知道任何法律。原子彈給盟軍帶來了空洞的勝利，但是它的結果是暫時摧毀了日本的靈魂。被毀滅的國家的靈魂發生了什麼變化，現在還為時過早，無法預測。自然的力量是以一種神祕的方式發揮作用的。我們只能從類似事件的已知結果來推測未知的後果，從而了解這種神祕的方式。一個奴隸主如果不解放他的奴隸就不可能最後解放他自己。請別認為我希望為日本人在追求自己的毫無價值的野心時犯下的種種罪行進行辯護。但區別只是

㉙ James W. Gould, Gandhi's relevance today（〈甘地對今天的啓示〉），載 *Gandhi's significance for today*（《甘地對當代的意義》），頁9。

程度的區別而已。我假設日本的貪婪是更沒有價值的。但是，（日本的貪婪）更為沒有價值並不意味着那些不那麼沒有價值的貪婪的（美軍）就有權利毫無憐憫地毀滅日本一個特定地區的男女老幼。

從原子彈大悲劇中合法地引申出來的道德教訓是一方不可能通過使用炸彈而使另一方停止使用炸彈，就像不可能以暴易暴一樣。人類只有通過非暴力才能擺脫暴力。只有仁愛才能克服仇恨。以牙還牙只會擴大和加深仇恨。」㉚

同年9月下旬，甘地回答了一個英國記者的一些問題：

「記者：原子彈呢?

甘地：關於這一點，你可以毫不遲疑地向全世界宣稱，我不必修正我的觀點。我認為用原子彈集體屠殺男女老幼是以最窮凶極惡的方式利用科學。

記者：有什麼東西能消除它呢？它已經使非暴力過時了吧?

甘地：不。相反，非暴力是僅存的東西。非暴力是原子彈所不能摧毀的唯一的東西。當我第一次聽到原子彈毀掉廣島時，我毫不震驚。相反，我對自己說：『除非現在全世界接受非暴力，要不然的話它將會導致人類的自殺。』」㉛

不久，甘地回答了一個美國記者的問題：

㉚ Tendulkar, *Mahatma*（鄧多卡兒，《聖雄》），第7卷，頁144。

㉛ 同上，頁210。

「記者：怎樣防止下一次戰爭？

甘地：做正當的事情，不管這世界將會做什麼。任何人如果想感動別人一起行動，他就不要等待別人，先根據自己的能力幹起來。一個人變得不可抗拒，他的行動的影響變得無所不在的時刻會來到的。當他把自己降為零，變得毫無私心時，這個時刻就來到了。如果第三次世界大戰爆發，那將是世界的末日。世界不可能承受第三次大戰。」㉜

在1947年4月2日泛亞會議閉幕式上，甘地講到：「西方今天渴望智慧。擴散原子彈是令人絕望的，因爲擴散原子彈意味着最後的毀滅，不僅毀滅西方，而且毀滅全世界，就像《聖經》的預言正在實現，將會有一場浩刼，蒼天保佑，但願不至如此。就靠你們去告訴這世界，它已經多麼狂暴與邪惡。這是你們的聖賢和我的聖賢留給我們的遺產。」㉝

所有理智的人都懂得，核戰爭與歷史上所有的非核戰爭根本不同。在非核戰爭時代，人們把戰爭作爲政治的延續，作爲解決衝突的最後的手段。戰爭的結局有勝有負，勝利的一方用流血犧牲保衞了自己的利益或價值體系，失敗的一方或者被徹底消滅，或者仍能生存下來，但必須暫時或永久地放棄自己的利益或價值體系。在人類最近的一場大血戰——第二次世界大戰中，勝利的一方是盟國，保衞了自己的利益，蘇聯保衞了自己的社會主義，英美則保衞了自己的民主主義；失敗的一方是軸心國，喪失了一部分利益，放棄了法西斯主義。但是，如果人類不幸還要再經歷

㉜　同上，頁215～216。

㉝　同上，頁365～366。

一場世界大戰的話，那麼在這場未來的核大戰中將沒有勝利者或失敗者的區別，沒有保存或喪失自己的利益的區別，沒有保存或放棄自己的價值體系的區別，第三次世界大戰將是人類的末日。一切利益與價值體系都將在核大戰中被徹底埋葬。所有的理智的人都明白，人們已經不可能依靠發動核大戰來保衞自己的利益或價值體系了。人們實際上已經喪失了把核大戰作爲解決衝突的最後手段的信念，但是，迄今爲止，人們並沒有能用非暴力的信念來取代它。

裁軍當然比擴軍備戰好，但是，即使是徹底的、普遍的裁軍，也不能眞正解決我們的問題。因爲今天的科技已高度發達，未來的科技還會更發達，即使在全面裁軍之後，高科技國家一旦決定發動戰爭，仍然可以很迅速地發動一場使用核武器和生物武器的毀滅性的大戰。拚命發展核武器或討價還價，曠日持久的裁軍談判都不可能眞正解決困擾我們的和平與生存問題。我們必須尋求保衞世界和平的新的哲學、態度和方法。當我們轉而尋求全新的手段時，甘地哲學可以給我們很大的啓示。

如果人們繼續把甘地的堅持眞理運動與消極抵抗混爲一談，把積極的和平主義與綏靖主義混爲一談，那麼他們會覺得研究甘地收穫不大。但是，實際上甘地哲學中的非暴力可以是進攻戰略中的一個組成部分。我們不僅可以在甘地的鬥爭歷程中，而且可以在義大利西西里的社會活動家達尼洛·多爾奇、美國民權運動領袖馬丁·路德·金（公元1929～1968年）、印度的甘地主義者維諾巴·巴維和其他許多人的活動中看到進攻性的非暴力。把進攻性的非暴力與防禦性的暴力結合起來是解決當代與未來的國際衝突的唯一合理途徑。

當我們指出研究和平策略的重要性時，有人可能會爭辯說，甘地的方法在國際政治中沒有可操作性。但是，我們認爲甘地的當代意義並不在於某種具體的方法。通過他的方法，我們可以發現在羣體衝突中指導行動的基本哲學原理。甘地作爲一個傑出的個人在他特定的歷史環境中運用這些哲學原理，指導了一場又一場大規模的鬥爭，爲我們留下了非常豐富的實例，這當然是十分可貴的，但是，說到底，正是這些哲學原理對我們具有更大的重要性。

有人可能會問，我們如果要研究和平策略，爲什麼不在西方文化中找一位倫理學家或政治家，作爲研究的理論基礎呢？爲什麼要到印度思想中去尋找呢？挪威學者阿恩·尼斯在其名著《甘地與核時代》中回答說：「我的答案是簡單明瞭的。我沒有這份好運邂逅一位西方人，可以取代甘地作爲羣體衝突研究中的靈感源泉。甘地不可能被霍布士、尼采、史懷哲所取代，實際上不可能被任何其他西方思想家或政治家所取代，因爲沒有其他人曾經構思過作爲倫理學的一個獨立部分，或作爲某種內容更廣泛的學說的一個分支的關於羣體衝突的切實可行的倫理學。」㉞

阿恩·尼斯在六十年代根據甘地哲學提出了建設非暴力防禦的五點計劃。二十多年過去了，隨着冷戰時代的結束和蘇聯的解體，非暴力防禦在今天有了比當時更大的可操作性。我們可以根據今天的現實對這五點計劃作一番新的思考。

㉞ Naess, *Gandhi and the Nuclear Age*（《甘地與核時代》），頁vii。霍布士（Thomas Hobbes, 公元1588～1679年），英國哲學家；尼采（Friedrich Nietzsche, 公元1844～1900年），德國哲學家；史懷哲（Albert Schweitzer, 公元1875～1965年），生於法國阿耳沙斯的牧師、哲學家、醫師及音樂理論家。

（一）澄清國家的理想與目標

任何國家首先需要有一個澄清本國的理想與目標的計劃。有兩個理由說明爲什麼這是非暴力防禦的最必要的步驟，但是卽使撇開這些不談，我們仍然必須承認，不管一個國家採取什麼形式的防禦，澄清理想與目標的計劃總是對它有好處的。

無須解釋，這種計劃的主要目的是使公民理解，他們願意挺身捍衞的東西到底是什麼。一個民族挺身捍衞「一種生活方式」的士氣與有效性在很大程度上取決於他們對這種「生活方式」的理解的深度。因此，使最廣泛的國民理解本國與自由聯繫在一起，而不是與暴力聯繫在一起的觀念，理想和道德信念具有極大的重要性。

其次，在鬥爭之前必須確定羣體的鬥爭目標，就這一點來說，這種計劃也是很重要的。根據甘地的想法，你自己對於你的事業與鬥爭的基本原則越是清楚，你就越不會採取一種訴諸暴力的態度。更進一層，你的對手越是理解你的行爲和情況，他就越不會訴諸暴力。

一步一步地澄清目標是一件極其繁重的工作。我們必須了解不同生活方式的各種共性，在最廣闊的多元文化的知識基礎上來進行這種自我檢驗，這種自我檢驗必須包括討論小組、辯論、文章、書籍等多種方式。這個任務，從某種意義上來講，是一個意識形態的任務，但是完全不同於那些強迫人民服從和全面改變信仰的苛細專斷的意識形態體系。

有許多人壓根兒不願意花這個精神去想一想，或確定一下，他們擁護的，或者可能擁護的到底是什麼東西，這個澄清理想的計劃必須使這些人越來越多參加進來。這方面工作的不可或缺的方式是鼓勵各個不同國家的人民進行直接的面對面的討論。這意味着取消旅遊限制，進而用其他各種方式爲旅遊提供方便，鼓勵最能夠促進多元忠誠發展的交往；而這一點，像其他一些事情一樣，要求我們把外國人作爲個人，而不是他們的國家的象徵來對待。

在蘇聯、美國和其他許多強國裏，那種使忠誠多元化，使國家的目標得以澄清的接觸是常常加以避免的，或者從來沒有得到過鼓勵，因爲害怕針對現存政治制度的批評可能太具有說服力，結果會產生「改變信仰者」，即與潛在的「敵人」合作的人。當然，除非一個人樂意讓政治教育變成煽動性的灌輸或黑白分明的簡單化的教條，否則他是不可能爲上述態度辯護的。說到底，非暴力防禦意味着與「敵人」密切接觸，意味着使人民具備與「敵人」討論歷史、政治和意識形態問題所不可缺少的教育。

我們可以辯證地說，我們越是讓我們的防禦敞開大門，飽受外部世界的衝擊，我們的社會就越是穩固。但是，如果不能在「外國人」的批評聲中進行富有成效的自我檢驗，那麼，在未來的緊急狀態下，與「敵人」接觸的結果很可能是「敵人」贏得比較多的改變信仰者，而如果把每個公民當做自由的、負責的、有充分權利獲得客觀信息的人來對待的話，在緊急狀態下就不會有那麼多改變信仰者㉟。

（二）國際援助

國際援助的目的是減輕人類的貧困、苦難，減輕對個人尊嚴與人格的威脅。認識國際援助與防務問題的關係對政策制定者來

㉟ 同上，頁124～126。

說是非常重要的。

首先，國際援助有助於造成和平解決衝突的環境，從而消除一些引起戰爭的根源。

其次，國際援助能夠加強和鼓勵潛在「敵國」的人民之間的和平的交往，有助於發展各國人民的個人友誼。甘地認爲，把一個人的外部聯繫看成主要是他與國家的關係的觀念是錯誤的和有害的。簡而言之，個人的接觸比國家的項目更重要。

第三，不附帶政治條件的國際援助有助於在受援國內產生對援助國的積極態度。這當然會減少受援國侵略援助國的可能性。

第四，參加國際援助的人員可以得到寶貴的訓練，萬一當他們自己的國家面臨危機時，他們可以發揮作用。

最後，直接受惠於某國援助的人在以後的衝突中會對該國比較同情㊱。

(三) 改善我們自己的國家

甘地在1921年5月談到所謂的蘇聯和阿富汗入侵印度的威脅時指出：

「我從來不相信布爾什維克的威脅。為什麼任何『以人民的愛戴為廣闊基礎』（借用形容從前孟加拉的偶像的漂亮詞句）的印度政府會害怕俄國人的，布爾什維克的或其他任何人的威脅呢？很顯然，一個心滿意足的，強大的印度與英國聯合在一起能夠隨時抵抗任何對它的侵略。但是這個政府卻處心積慮地閹割我們，使我們永遠陷於畏懼鄰國

㊱ 同上，頁126～128。

和整個世界的恐怖之中，又榨乾了印度的豐富的資源，使她失去了自衛或解決貧困問題的自信。」[37]

一個非暴力防禦計劃應該給我們一個更值得捍衛的社會。正是非暴力防禦這個概念要求整個社會進行「大掃除」；一個社會不僅應該值得捍衛，而且它應該理解，它的任何機構如果是以對付「敵人」，或「壞人」，而不是以對付壞事爲基礎的話，這些機構是與非暴力哲學格格不入的。

不管權力分散化是否盡合人意，它的某些方面必須得到鼓勵。每個公民必須學會在小羣體裏爲他們自己作出決定，越來越少地依靠政府或大組織的領袖。我們社會中訓練個人作出負責的決定的機構在危機時期必須得到加強，萬一國家機器突然被入侵者奪取或在戰爭中解體，就可以避免出現士氣低落、全面癱瘓和無政府狀態[38]。

（四）非軍事抵抗

不幸，人們總是把軍事失敗與全面失敗等同起來，這種習慣的思想路子使得政府圈子裏的人根本無法討論被占領的問題；這種討論被視爲失敗主義或缺乏防禦信心。但是，事實上，與此相反，某些人由於把軍事失敗與全面失敗混爲一談，忽視了防禦的一個非常重要的部分，由此說明他們自己嚴重缺乏防禦信心。

每當入侵者企圖強迫居民違背他們的基本原則時，居民就應該採用最合適的非暴力抵抗方式對付入侵者[39]。

---

[37] 同[30]，第2卷，頁43。

[38] 同上，頁128～129。

[39] 同上，頁129。

（五）研究

最近十年已經開始從戰略的角度以一種初步的方式對非軍事防禦進行研究。但是在這個新領域內，尚無可以與軍事研究的廣度和質量相比的發展。不以大規模暴力威脅爲後盾的外交政策仍然被認爲是不屑於推行的。但是，許多和平研究機構的誕生（一部分是由政府資助的）至少說明對這個領域的興趣正在增長，1964年在牛津召開的第一次有代表性的平民防禦國際研討會也說明了這一點㊵。

最近的時局變化有力地說明了阿恩·尼斯的這些構想具有高度的預見性。

蘇聯的解體正是第一點與第三點的例證。蘇聯是兩個超級大國之一，擁有強大的核武庫，世界上任何國家都不可能用武力征服它、肢解它，改變它的社會制度和生活方式。但是蘇聯長期以來只注意外部的「敵人」，沒有在外國人的批評聲中進行富有成效的自我檢驗，一旦出現緊急狀態，整個國民改變信仰的情況就非常突出了。蘇聯強大的核武庫原來打算保衞的馬克思主義意識形態、社會主義制度和蘇維埃人的生活方式不是被外部「敵人」所毀滅的，而是人民自己放棄的，核武庫在這種情況下又怎麼發揮作用呢？蘇聯的解體給當代人類的教訓是：人心向背確實比核武器更強大。與其花巨款建設核武庫，不如把這些錢花在改善社會上，盡量讓人民豐衣足食，知書識禮，自然立於不敗之地。可惜的是，這個如此粗淺的道理不一定中有些國家的統治者的意。

西方國家對前蘇聯的援助則是第二點的例證。美國多年以來

㊵　同上，頁129～130。

花巨款發展現代化軍事力量，包括星球大戰計劃，並不能避免讓美國人民始終生活在蘇聯導彈的射程之內，並不能眞正給美國人民帶來安全。在蘇聯解體的危急關頭，美國斷然伸手援助，前蘇聯人民心中肯定會產生對美國的積極的態度，這才是美國人民的安全的最可靠的保障。

甘地在1946年2月10日的《神之子民》周刊上寫道：

> 「這個世界發生了驚天動地的變化。我還堅持自己對真理與非暴力的信仰嗎？原子彈毀滅了我的信仰嗎？它不僅没有動搖我的信仰，而且清楚地向我證明真理與非暴力是世界上最強大的力量。在真理與非暴力面前，原子彈毫無用處。這兩種對抗的力量在性質上截然不同，一個是道德的和精神的，另一個是物理的和物質的。精神的力量無限優於物質的力量，物質的力量從本質上來講是有限的。精神的力量是永遠進步，没有止境的。精神力量充分發揮就能舉世無敵。這些都是老生常談。我只是證明事實。而且，那種力量存在於每一個男女老幼身上，不分膚色。只是在許多人身上它是潛伏着的，但適當的培養就能將它喚醒。我們將進一步看到，不承認真理，不努力實現真理，就難逃自我毀滅。救贖之道在於每個人都有勇氣講真話，不顧前瞻後。」㊶

甘地一生經歷了人類的兩場浩刼，在第一與第二次世界大戰

㊶ *Harijan*, Febuary 10, 1946（《神之子民》，1946年2月10日）；Tenkulkar, *Mahatma*（《聖雄》），第7卷，頁53～54。

的刀光血影中，哪國的執政者聽得進他的話呢？就是在冷戰時代，也沒有哪個國家能嘗試甘地哲學和阿恩·尼斯的建議。只有在冷戰結束，蘇聯解體，西方向前蘇聯各國伸出援手之際，我們看到了人類走上新的道路的希望。只有當更多的人民不顧前瞻後，敢講眞話時，只有當千百萬善良的普通人眞正能夠決定自己國家的內政外交時，人類才有希望擺脫核大戰的陰影，實現永久和平。

第四節　以人為重的經濟學

甘地對於西方工業社會抱着嚴厲的批判態度，許多經濟學家將這種態度看做一種對中世紀農村文化戀戀不捨的浪漫幻想。有的批評家認爲這種思想實質上是反動的。甘地逝世以後的整整一代人忽視了他的經濟思想，認爲沒有什麼值得研究的東西。但是，60年代以來工業社會暴露出來的一系列問題使人們重新檢查自己對甘地經濟思想的態度，其中最有影響的作者之一是前英國煤炭局的經濟顧問 E. F. 舒馬赫。

像舒馬赫這樣受過正規經濟學教育的西方專家怎麼會接受並發展甘地經濟思想呢？當然，舒馬赫有一段與一般西方經濟學家大相逕庭的思想歷程。舒馬赫1911年出生在德國波恩的一位經濟學教授的家庭裏，十九歲獲羅德玆獎學金前往英國牛津大學和美國哥倫比亞大學留學，並留在哥倫比亞大學任教。1933年，希特勒出任德國總理。熱愛祖國的舒馬赫爲了搞清楚德國到底發生了什麼變化，放棄教職，返回德國。3年以後，舒馬赫確定自戰爆己難以忍受納粹統治，携家離開德國，前往英國。第二次世界大發以後，他失去了工作，只得在一個農場裏務農爲生，不久又因爲是敵國僑民，被關進了集中營。獲釋回到農場後，他一邊務農，一邊研究戰後重建德國的計劃。戰後，他先出任英國占領德國委員會的經濟顧問，50～60年代擔任英國煤炭局經濟顧問。

在他擔任煤炭局顧問每天上下班乘火車的40分鐘裏頭，他開始閱讀有關印度與中國哲學的著作。其中包括甘地的著作和演講。甘地具有一種不同於一般經濟學家的關於經濟發展的觀點，舒馬赫認爲需要加以仔細研究㊷。1955年他前往緬甸擔任三個月經濟顧問期間，形成了所謂佛教經濟學的基本思想。這是他思想發展歷程中的一個突破。他認爲經濟學並不是孤立的，應該以某種哲學世界觀爲基礎，但是唯一充分發展的經濟學是從實利主義引申出來的，無法與基督敎、印度敎或佛敎等精神相配合。只有一位經濟思想家奠定了可以與印度敎和佛敎相配合的經濟學體系的基礎。這位思想家就是甘地。舒馬赫建議兩條原則，一條是確定限度。應該嚴格區別貧困、富足和過度奢侈。只有在富足的範圍裏，經濟增長才是好的，超過這個限度就是罪惡、毀滅、浪費；第二條原則是，以林業和農業產品等可以再生的資源爲基礎的社會是與自然配合的，帶有生命象徵的，比較優越的，而以石油、煤炭、金屬等不能再生的資源爲基礎的文明是掠奪自然的，帶有死亡徵兆的，肯定是人類歷史上短命的變態階段㊸。這些看

㊷ Barbara Wood, *E. F. Schumacher, his life and thought*（《E. F. 舒馬赫，他的生平和思想》），New York: Harper & Row, Publishers, 1984年，頁243。

㊸ E. F. Schumacher, Economics in a Buddhist country（〈一個佛教國家裏的經濟學〉），1955年2月，Rangoon.——同上，頁247。

法是有高度預見性的，15年以後，《增長的極限》宣稱，不能再生的資源不僅有限，而且很快就會用光，引起了全世界的震驚㊹。1960年舒馬赫受到印度著名的甘地繼承者 J. P. 納拉揚等人的邀請，準備去印度工作。儘管因爲妻子不幸去世和煤炭局對他的倚重使他打消了這個計劃，但他1955年以來關於經濟與戰爭的關係的思考發展爲一篇題爲〈非暴力經濟學〉的論文，此文成了他人生下一階段的宣言書㊺。他把甘地看成這方面最好的導師，認爲只有徹底改變現行的經濟結構，人類才能獲得永久和平。1961年初他應邀前往印度的浦那一星期，在「經濟增長的道路」討論會上作演講㊻。印度人民的貧困和沮喪使他震驚。甘地曾指出，印度人民的貧困根源之一是英國機器紡織品的湧入摧毀了印度的手工紡織業。舒馬赫發現，需要巨額資本的高科技和大工業生產所需的勞動力有限，不可能爲大量勞動力提供就業機會，從而不可能緩解嚴重的貧困問題。

甘地曾提倡大衆一起動手的生產比大工業的大量生產更重要。爲了找到實現甘地這種思想的途徑，舒馬赫於1962年11月重返印度作一次時間較長的考察。這成了他生活中的又一個轉折點。他提出了一個嶄新的概念：介乎於傳統技術和現代技術之間

㊹ D. H. Meadows, D. L. Meadows, J. Randen 和 W. W. Behrens III (Club of Rome), *Limits to growth*（《增長的極限》），1972年。

㊺ E. F. Schumacher, Non-violent economics（〈非暴力經濟學〉），載 *Observer*（《觀察家》），1960年8月21日。

㊻ E. F. Schumacher, Roots of economic growth（〈經濟增長的根源〉），Gandhian Institute of Studies（甘地研究學院），1962年。同㊷，頁316～317。

的中等技術才是發展中國家最需要的。這種技術比農村中的傳統工具有更大的生產力，能夠使農民富起來，但是比從西方進口的現代技術簡單和便宜，是農民現有的資金和教育水平能夠掌握的。甘地的追隨者們立刻領悟了舒馬赫講話的要旨。人們承認他是一個能夠向印度人，包括甘地的追隨者解釋甘地經濟思想的人，他領會了甘地的精神，然後用經濟學家的語言組織成切實可行的、符合發展中國家需要的設想。儘管在幾年之內，有權有勢的人似乎不準備接受他的設想，但是，1965年他的論文在《觀察家》雜誌上發表以後，引起了許多普通人的強烈反響，一批志同道合者組成了中等技術發展組織。這個組織很快發展成一個影響巨大的世界性組織。舒馬赫於1967年至1969年三年間分別受到秘魯總統貝拉溫德（公元1913年～）、坦桑尼亞總統尼雷爾、贊比亞總統卡翁達與南非的基督教學院的邀請，前往這些國家為經濟發展提供戰略性建議。他為了集中全力發展和傳播自己的經濟思想，於1970年從煤炭局退休（時年60歲）。他總結自己的經濟思想的第一本著作《小的是美好的》於1973年出版㊼，評論界並不認為此書會成為暢銷書，一開始也確實銷路平平，但每季度的銷路以幾何級數增長。從冰島到葡萄牙、到日本，各國都競相翻譯出版此書。舒馬赫每星期都得收到二、三十封邀請他講學的信。英國女王、義大利總統、各國著名大學、基金會、文化團體都相繼給與他崇高的榮譽。他1977年完成了第二部著作《對困惑者的指導》㊽，此書與《小的是美好的》堪稱姐妹篇，側重通過

㊼ Schumacher, *Small is beautiful.*

㊽ E. F. Schumacher, *A guide for the perplexed*, Jonathan Cape, 1977年。

自己的精神求索的歷程來引導對西方文明的發展感到迷惘的現代人。他的思想首先對年輕人有巨大的吸引力，後來許多大機構也開始承認他的洞察力和預見能力，包括像英國殼牌石油公司和瑞士的米格羅斯這樣的跨國公司也請他諮詢。他在美國、印度尼西亞、澳大利亞、瑞士等國的巡廻演講非常成功，但勞累過度，在瑞士突然去世。他在70年代中期在美國的一系列演講由朋友編成《善的工作》，於1979年出版㊾。

舒馬赫的理論的基礎是他關於經濟學的作用的看法。他認爲經濟學的判斷基本上是局部性的，而不是全局性的。經濟學家有責任理解和澄清這種局限性。每一門學科在它自己的適當的範圍內是有益的，但是當它越出這個範圍時就會帶來災難。經濟學必須從人性的某些基本前提中引申出自己的研究目標㊿。雖然甘地沒有用這些話來表達自己的意思，但是他對經濟學的態度顯然深受他關於人和眞理的性質的形而上學前提的影響。他對大量生產造成印度手工業者大量失業的社會後果比對大量生產所創造的物質財富更注意。這並不意味着他反對改善印度勞苦大衆的命運。恰好相反，沒有人比他更關心自己同胞的福利。他所反對的是那種增加殖民主義者的財富，卻忽視人民的創造性活動，破壞社會有機結構，危及同胞的精神安寧的經濟發展。正是他對眞理和人性的理解決定了他對工業化的態度。

舒馬赫通過研究佛教經濟學的辦法來形象地說明他的理論，同時他指出，任何東方或西方的宗教教導都像佛教一樣可以確定

㊾ E. F. Schumacher, *Good work*, New York: Harper & Row, Publishers, 1979年。

㊿ 同㊼，頁44。

經濟學的前提。甘地的經濟哲學是與佛教經濟學類似的。甘地與佛教的宏觀經濟學是與實利主義的宏觀經濟學完全相反的，用舒馬赫的話來說，實利主義的宏觀經濟學認爲商品比人更重要，消費比創造性的活動更重要。這意味着把重點從工作的工人身上轉移到工作的產品上，從人類身上轉移到低於人類的物質上，是向邪惡力量投降[51]。

現代實利主義經濟學基本上不關心社區生活的社會或精神價值，這種問題不在它的考慮範圍之內。因此，毫不奇怪，實利主義的工業化將使鄉村經濟崩潰，使城鎮和農村的失業人口增長，產生心力交瘁的城市無產者[52]。舒馬赫和甘地一樣反對這種帶來災難性後果的工業化。

這種工業化的社會弊病在發達國家中仍然隨時可以看到，在發展中國家裏更加嚴重，這是無可爭辯的事實，是許多西方經濟學家也不得不承認的。但是問題在於甘地所設想的建設模式是否切實可行。舒馬赫提出了具體實施的方向。他贊同甘地的建議，人類比大批量生產更需要大衆性的生產。大批量生產是以複雜的、資本密集的、高能量消耗的、節省勞動力的技術爲基礎的，前提是這個國家已經很富裕，因爲建立一個工廠就需要大量的投資。大衆性生產的體系則利用任何人都能運用的資源，那就是他們自己的腦力和體力，並且用第一流的工具去幫助他們自力更生。大衆性生產體系的技術如果利用了最好的現代知識和經驗，就有助於分散化，符合生態學的要求，使用自然資源比較有節

---

[51] 同上，頁53。

[52] 同上，頁58。

制，技術爲人服務而不是使人成爲機器的奴隸。它對人的關心超過對貨物的關心，對創造性活動的鼓勵超過對消費的鼓勵。舒馬赫給與這種大衆性生產的技術的名稱就是中等技術，或適度技術。這是人民自助的技術。這是第三世界所需要的技術，因爲那些國家貧窮，幾乎不可能大規模採用資本密集型的西方技術。第三世界的這種需要也是西方的迫在眉睫的需要，也就是返樸歸眞，而不是向更爲複雜的方向發展[53]。

有人或許會問，這是一種進步的政策嗎？舒馬赫回答，這完全取決於進步意味著什麼。如果進步意味着在技術方面越來越複雜，那麼當然中等技術或適度技術不會被認爲是一種進步。但是，如果進步意味着更小心地使用自然資源，關心環境問題，鼓勵人的創造性和最大限度地使用勞動力，那麼中等技術，或甘地所稱的大衆性生產就會被視爲進步。舒馬赫的觀點是，他和甘地所提倡的技術，即以人爲重的技術是有生命力的、切實可行的，但是他承認，要使技術重新確定方向，使它爲人服務，而不是毀滅人，人們首先得進行富於想像力的努力，拋棄恐懼心理[54]。舒馬赫和甘地一樣，並不建議發展中國家可以完全不要高科技，或某種形式的集中化的工業。但是，像甘地一樣，他並不指望這能吸收第三世界城鄉人口的全部活動。

舒馬赫認爲中等技術具有生命力和切實可行的原因之一，是這種比較簡單的技術是教育程度不高的大衆稍加訓練就能夠掌握的，能夠爲最需要幫助的人提供幫助。發展中國家的很高百分比

---

[53] 同上，頁145～146。

[54] 同上，頁151。

的人口居住在小城鎮和鄉村。在大城市裏建立的大工業對他們幾乎沒有什麼幫助，因爲那只會引起人口從鄉村和小城鎮移入大城市，從而產生社會動亂、農村停滯和城市失業等問題。眞正的需要是在鄉村和小城鎮建立農工聯合體，這將涉及無數的工作崗位，提供最大限度的工作機會。這也是甘地的觀點，他提倡手工紡織和其他鄉村工業也就是爲了達到這個目的，即爲最需要提供幫助的人伸出援助之手。甘地和舒馬赫都看到了第三世界經濟發展需要走分散化的道路，都側重從基本哲學引申出人道主義考慮。

適度技術並不簡單的等同於勞動密集型工業。因爲選擇何種工業進行發展，必須考慮許多因素，比如，原材料的供應、市場、企業家的興趣等等。選擇何種工業是一回事，在選定了工業之後選擇何種技術是另一回事。適度技術理論的出發點是怎樣在某一具體環境下選擇最合適的技術，而不是怎樣選擇加以發展的工業部門。與此類似，適度技術也並不簡單地等同於小規模企業。確實，現代工業常常是大規模的，但也可以是小規模的。一種工業是否適合某一發展中地區的條件，並不取決於規模，而是取決於運用的技術。每個工作崗位需要 2,000 英鎊固定資產的小企業與人均固定資產同樣水平的大企業一樣不適合發展中地區。因此考慮的出發點既不是勞動密集型工業，也不是小規模企業，而是適度技術，適度技術本身就會導致勞動密集型的效果，而且往往是小規模的[55]。

有的批評者認爲，把資本集中在最少的工作崗位上，可以取

---

[55] 同上，頁168～169。

得最好的經濟效益，因爲資本越密集，資本投入／產出的比率越高。舒馬赫的回答是：任何稍有工業經驗的人都從來沒有宣稱過存在這樣的規律，在任何科學裏都沒有這種說法的基礎。隨着資本投入的增加，機械化和自動化程度的提高，每個勞動力的產出是越來越高了，但是這對資本投入／產出的影響可能是正面的，也可能是負面的。因此舒馬赫認爲，發展政策的注意中心必須是爲那些失業者創造工作機會，這些人不管消費水平多麼可憐，也是消費者，如果不爲他們創造工作機會，那麼他們就沒有較多的收入來改善自己的處境，也不可能對消費市場的擴大和資本積累有任何貢獻。就業是其他任何事情的前提。一個沒有職業的人的產出是零，而一個生產裝備再簡單的勞動者的產出也是一種積極的貢獻。對第三世界千百萬的勞苦大衆來說，問題是缺少維持生存的最基本手段的問題。人們有時不僅懷疑，有幾個所謂發展經濟學家對窮人的處境眞正有所理解[56]。

適度技術並不意味着走回頭路，復活過時的技術，儘管系統地研究發達國家以前使用過的技術對發展中國家來說不無啓發。不少人把西方的純科學和應用科學與高技術混爲一談，其實這是極其膚淺的觀點。科學的眞正成就是精確的知識的積累，這種知識可以應用在許多方面，它在現代工業中的應用只是其中的一個方面而已。因此，適度技術的發展意味着在一個新的領域中應用科學知識，在這個領域裏，科學不再致力於發明新的節省勞動力，減少工作崗位的耗資巨大的、複雜的生產方法，而致力於研究適合勞動力過剩的社會的技術[57]。舒馬赫強調正確選擇技術的

---

[56] 同上，頁171～173。

[57] 同上，頁176～177。

重要性。技術越是複雜，就越是需要更多的資本、機器和熟練勞動力。但是，這些複雜的機器對發展中國家人民生活必需品的生產來說，並不是必不可少的。中等技術發展組織的一個主要目標就是找到具體環境下最合適的技術選擇。它這樣作，並不是開倒車，或提供過時的技術，而是提供合適的技術以滿足人們的需要，幫助他們自立[58]。

甘地和舒馬赫的經濟理論都是以人爲重的。他們所建議的工業化的另一條道路是基本上類似的，都是從類似的形而上學的基本前提中導引出來的。甘地的經濟思想是從他對眞理的追求中引申出來的。使人民的生活非人化或惡化的，增加他們的痛苦的工業化都是不可容忍的。那是一種"himsa"（暴力），是與眞理相違背的。

甘地指出：「傷害一個個人或國家的道德的經濟學是不道德的，因此，是罪惡的……眞正的經濟學從來不會不利於最高的倫理標準，就像眞正的名副其實的倫理學必須同時是優秀的經濟學。」[59]另一方面，引進正確形式的工業發展，滋養而不是摧毀現存的社區，從而爲自己的同胞服務是一種"ahimsa"(仁愛)，是與眞理相符合的。舒馬赫的貢獻在於他繼承了甘地的經濟思想，但是他沒有拘泥於甘地的手工紡織等具體做法，而是與二十世紀下半葉的世界潮流的發展結合起來，發展了這種思想。舒馬赫用比較正規的經濟學家的語言詳細地、系統地闡述了這種思想，提

---

[58] 同上，頁201～202。

[59] *Selected works of Mahatma Gandhi*（《聖雄甘地選集》），6卷，Shriman Narayan 總編，Ahmedabad，1968年，第6卷，頁321～322。

出了切實可行的行動方向，並且身體力行，建立了中等技術發展組織等機構，多次前往各國講學和諮詢，推動了甘地經濟思想的傳播和落實。當然，甘地——舒馬赫經濟理論並不是經濟學的主流，人類的經濟潮流到底是返樸歸眞，最終建立一個零增長的永久性的社會，還是冒着進一步破壞大自然的危險，無止境地向更複雜的方向發展，仍然是一個大可爭議的命題。

第五節 甘地哲學對當代中國的啓示

甘地早在南非時就相當關心當地華僑的情況。他曾在《印度民意》雜誌上撰文對華工受到鞭笞和虐待表示憤慨，對華僑的會館的作用，整潔的生活習慣和團結鬥爭的精神表示讚賞。他對中國學生積極出洋留學，學習有用的技藝和科學，把新思想從歐美和日本帶回國內的潮流也加以讚頌[60]。中國抗日戰爭期間，甘地更關心中國人民的命運。1938年的最後一天，甘地接見來自非洲、日本和中國的出席世界基督教會議的代表們，他在回答中國代表的問題時講到：

> 「我很想問你們，你們所說的文化被毀滅是什麼意思。如果我得知中國文化只是體現在磚頭和灰泥所構成的古建築上，或蠹蟲能夠侵蝕的陵墓上，那我會覺得很遺憾。一個國家的文化體現在它的人民的心裏和靈魂裏。只有當中國文化成爲中國人生活的不可分割的組成部分時，它才是真

[60] 袁傳偉，〈甘地與中國〉，載《論甘地》，頁109～114。

正的中國文化……當然，日本由於它過去和現在的所作所為正在受到譴責，而且必須受到譴責。

……日本用刺刀是不可能逼人吞服迷魂藥的。它只能夠用引誘來騙人吞服迷魂藥。你們不可能通過以暴力對付日本人的暴力的方式來教導人們抵制這些引誘。不管暴力能夠還是不能夠取得其他什麼成就，暴力絕不可能維護中國的道德或中國的文化。

……日本人不可能腐蝕我們的靈魂。如果中國人的靈魂被傷害了，那不是被日本所傷害的。」61

甘地在這裏所講的靈魂，顯然是指中國的「己所不欲，勿施於人」、中庸之道、仁愛精神等文化遺產。以牙還牙，以眼還眼的武裝鬥爭可能戰勝日本人的侵略，但是可能從內部損傷了中國傳統的寬容精神。

包括印度、中國、日本在內的遠東的古代史上，當然也有暴力現象，但是，由於當時技術水平比較低，暴力的規模還相當有限，加上受印度教、佛教和儒家文化的主宰，基本上保持着一種和平的國際秩序。隨着歐人東來，打破了這種相對和平的格局。歐洲人科技日益發達，暴力的規模也不斷擴大，並且在國際關係中基本上不是以理服人，而是以力服人，造成了弱肉強食、戰爭不斷的局面。在亞洲國家中，日本首先接受了這套弱肉強食的規則，並且後來居上，不僅欺凌其他亞洲國家，而且向歐洲人挑

---

61 Tendulkar, *Mahatma*（鄧多卡克，《聖雄》），第5卷，頁10～11。

戰。甘地堅信只有恢復道德至上的原則，才能保證人類的永久和平，如果中國和印度這樣的文明古國也效仿日本和歐美，崇尚暴力的話，人類將面臨毀滅的邊緣。

甘地是一個實踐第一的人，他當然非常明瞭當時的局勢，中國人除了以武裝抵抗日本侵略之外，幾乎別無出路。因此他在這次談話中一開始就承認，像自己這樣置身於戰場之外的人，怎麼能夠對中國人民說，應該這樣作，而不要那樣作呢？他承認中國人以暴力抗爭的歷史必然性，同時也指出了這種暴力抗爭必然帶來的消極後果。

從1840年以後一個世紀的反抗外來侵略的鬥爭不可能不在中國人的靈魂深處打上烙印。在長期殘酷的武裝鬥爭中，只有具有高度紀律性、權力高度集中、不惜犧牲個人自由、不畏懼犧牲成百萬人的生命的組織才有可能取得勝利。任何崇尚個人自由，強調民主原則，權力分散，主張議會道路和合法鬥爭的組織幾乎不可能有太大的生存空間。在長期的流血鬥爭中，敵對各方仇恨越來越深，不可能建立基本的相互信任。這種民族心理的一個最明顯的實例就是抗日戰爭勝利後不久內戰的爆發。印度—英國關係和國—共兩黨關係相比形成了鮮明的對照。印度人儘管長期反抗英國人的殖民統治，但是主要採用的是甘地的非暴力鬥爭的形式，雙方有一種最起碼的相互信任，即英國人將政權移交給印度人，印度政府不會蓄意殺害英國人，或侵犯英國人在印度的合法利益。中國國民黨與共產黨儘管有驅逐帝國主義、平均地權、提高人民生活、實現工業化等相當接近的奮鬥目標，而且有過合作關係，二戰以後，人民又極其厭戰，但是兩黨仍無法建立起碼的相互信任，攜手建立聯合政府，共商建國大計，終於導致了內戰。

長期戰爭中形成的暴力傾向不僅反映在國共內戰上，而且反映在兩黨內部的殘酷鬥爭中。國民黨內部鬥爭的一個典型例子是張學良的長期監禁。而共產黨的內部鬥爭在文化大革命期間達到了令人髮指的地步，劉少奇、彭德懷、賀龍、陶鑄等高級幹部均死於非命。這種殘酷鬥爭，無情打擊的傳統難以在短時期內有根本改變。

如果說1938年甘地的非暴力主張在中國確實難以實行，那麼今天國內外環境已經發生了巨大的變化，有必要重新反思我們這個國家走過的歷史道路，認眞考慮復興「以和爲貴」的傳統文化。以大陸與臺灣的關係而言，意識形態的對立仍然存在，雙方都擁有武力，如果不能形成相互之間的信任，仍有可能出現親痛仇快的衝突。以各自的內部結構而言，中國正處於從傳統社會向現代社會轉化的過程中，各個地區的發展極不平衡，各個社會階層的利益也難免有這樣那樣的矛盾，加上中國是有五十多個民族的大國，也會經常出現各種震盪和激變。如果全民不能達成一種非暴力的共識，韓國、泰國、緬甸等國的民衆抗議和流血事件難保不在中國重演。但是，另一方面，中國今天所面臨的這些社會制度、意識形態、經濟利益、地區、民族等等方面的矛盾畢竟不能與當年中國與帝國主義之間的矛盾相提並論了。面對日本軍閥的屠刀，除了暴力抵抗別無選擇。今天我們所面臨的矛盾則都有可能用非暴力的方式解決。希望用非暴力的方式處理大陸與臺灣的關係和處理各自的社會內部矛盾可以說已經成爲大多數中國人民的強烈願望。

從傳統社會演變爲現代社會本身必然是一場深刻的革命。有人喊出只要改革、不要革命的呼聲，是可以理解的。其實他們混淆了革命與暴力的區別。他們厭惡的實際上是暴力。整個中國社會要經歷一場實質上是革命性的轉變，這是不以少數人的意志為轉移的歷史潮流。但是，只要非暴力思想深入人心，達成共識，完全有可能是一場非暴力的革命。如果說暴力革命是極其複雜的，不是烏合之衆一哄而起可以成功的，需要豐富的理論和實踐經驗，那麼非暴力革命就更其如此了。突出的問題在於中國人近百年對於暴力革命全力研究，對全民的思想影響也極其巨大，但是對於非暴力革命卻研究甚少。怎樣用非暴力的方式去處理當代中國各種錯綜複雜的問題和衝突，是一個重大的研究課題。在這種研究中，甘地的哲學思想和他的大量實踐經驗對我們是很有啓發作用的。

我們不可能在此重複前面已經詳細敍述過的非暴力思想的具體內容，只就其核心的仁愛觀念對當代中國的意義略作論述。要在激烈的社會革命過程中，在對立勢力之間貫徹仁愛精神，當然不是一件容易的事。缺少非暴力思想研究和傳播的國家往往採取暴力手段，帶來深重的災難，前南斯拉夫分裂後的流血衝突不過是人類歷史上無數類似事件中近在眼前的一件而已。在社會變革過程中，各方面的利益發生衝突是常見的。如果某一方採取趕盡殺絕的態度，當然會引起其他方面的殊死對抗。但是如果某一方，特別是自信代表人民，代表正義的眞正強大的一方，主動採取非暴力的態度，並且使對方也認識到，訴諸暴力極可能兩敗俱傷，造成新的民族悲劇，只有採用非暴力的方式處理矛盾才可能對雙方有利，至少能夠保證雙方的生命、財產和其他合法權利不受侵犯，那麼對方就有可能接受非暴力的處理方式。甘地的繼承者巴維認為，一旦進入溫和的互動關係，雙方就會越來越溫和，相反，一旦進入暴戾的互動關係，雙方就會越來越暴戾。目前中國的有識之士應該盡量促使大陸和臺灣，以及各自的社會內部的矛盾的各方朝溫和的方向發展。

在非暴力的社會變革過程中，學生往往是一股非常活躍的力量。這裏我們有必要看一看甘地對學生的作用的觀點。甘地在1941年12月中的《建設計劃》中向學生提出11點要求。其中包括[62]：

（1）學生不得參加政黨（國大黨）的活動。他們是學生，是研究者，不是政客。

（2）他們不可以訴諸政治鬥爭。他們必須有自己心目中的英雄，但是他們對英雄人物的熱愛應該通過模仿英雄的最好的素質表現出來，而不是當英雄入獄，或死去，或甚至送上絞刑架時，用政治鬥爭去表現對英雄的熱愛。

（3）科學化的紡織工作。

（4）愛用國貨。

（5）不可強迫他人唱國歌、掛國旗。

（6）從自己身上體現三色國旗的精神，與其他宗教信仰的，或神之子民的學生建立友誼。

（7）他們應該為受傷的鄰居進行急救，為鄰近的村莊作清潔衛生工作，甚至教育農村的孩子和成人。

（8）學習國語。

（9）他們將把自己學到的每一點新知識翻譯成母語，並且在

---

[62] 同上，第6卷，頁30～31。

每星期去周圍的村莊時，把這些新知識傳播開去。

(10) 他們將不作任何秘密的事情，他們將把一切交涉放在桌面上，他們將過一種自我節制的純潔的生活，無所畏懼，隨時準備保護較弱的同學，準備冒生命危險用非暴力的方式去平息暴亂。

(11) 愛護女同學。

甘地又論述學生的任務說：

「應該只有一個包括印度教徒、穆斯林和其他人的（學生組織）。學生是未來的締造者。他們不能被瓜分。我很不安地看到，學生們沒有為自己考慮，領袖們也不讓他們全力學習，從而使他們能夠成為好公民。病根是外國政府種下的。我們繼承了這個政權，沒有努力糾正過去的錯誤。因此不同的政治派別都企圖網羅學生，就像張網捕魚一樣。而學生則愚蠢地自投羅網。

因此，任何學生組織所承擔的都是一樁艱巨的任務。但是，他們當中應該有一種英雄精神，他們不應該止步不前。任務的規模之大將使他們結合成一個整體。除非學生們學會避開實際政治活動，他們不可能團結成一個整體。學生的任務是研究需要解決的各種問題。在他完成自己的學業以後，他行動的時候會來到的。

他們必須遠離實際政治。所有的政黨都為了自己的目的而利用學生界，這是一面倒的發展的迹象。當教育的目的是生產一種安於奴役的奴隸時，這或許是不可避免的。我希望教育事業的這一部分已經結束。學生的首要工作是規劃出自由國家的兒女們所應該接受的教育是什麼樣的……一個學生的生活類似隱士。他必須是簡單的生活和豐富的思想的化身。他必須是有規律生活的化身。他的快樂來自學習。當學習不再成為學生的負擔時，學習確實提供真正的快樂。豈有比學問日增更快樂的事？」[63]

甘地在不合作運動的高潮中曾號召學生離開英國人辦的學校，到印度人辦的國民學校裏去學習。但是隨着形勢的發展，甘地越來越意識到黨派鬥爭的各種消極面，而學生作爲國家的未來，負有更爲長遠和重要的任務。像印度這樣一個大國的根本性改造是一件非常艱巨的任務，不是像獨立運動這樣一場政治鬥爭所能解決的。這需要不斷地吸收各種外來的新知識，需要思考，需要大量建設性的工作，才能最後徹底改造印度人的國民性。在這個長期的、複雜的轉化過程中，學生作爲國家的未來肩負着不同尋常的使命。作爲政治領袖與學生自己都沒有必要爲了眼前的鬥爭而犧牲國家的長遠利益。中國的年輕一代在考慮祖國和自己的命運時，聽聽甘地的這些忠告，應該不無益處。

中國人民如果能夠用非暴力的方式妥善處理好大陸與臺灣的關係，處理好社會內部各個方面的關係，完全有可能和平統一祖國，在未來的國際政局中發揮獨特的巨大作用。冷戰時代的結束向我們有力地證明，一旦結束了劍拔弩張的緊張局勢，美俄雙方逐步建立起一種基本的互相信任，國際局勢就有可能向和平的方向發展。未來統一的中國領土遼闊，人口衆多，經濟實力比今天

[63] 同上，第8卷，頁71。

有較大的發展，就像甘地心目中的印度，只要內政修明，人民安居樂業，知書識禮，不必過分擔心別國的侵略。它無須與美國或俄國比軍備，而可以把更多的資金與精力用於尼斯所設想的非暴力國防。尼斯的祖國挪威當年與蘇聯比起來是個比較弱小的國家，尼斯在設想他的非暴力國防時，心中不免常常想到祖國一旦被超級大國占領和統治的可能性。但是，八國聯軍入侵中國，中國國力最衰弱的時候，聯軍的指揮官已經意識到世界上沒有一個國家有足夠的力量征服和統治中國。未來的統一的中國就更不是任何國家能夠征服和統治的。中國完全可以在以非暴力方式處理國際關係方面「爲天下先」，爲人類的永久和平作出不同尋常的貢獻。

蘇聯瓦解的事實最有力地說明了人心向背是比任何武器都更有力的。蘇聯長期以犧牲廣大民衆的生活質量爲條件，傾全力發展重工業、基礎科學和國防。它的科學不可謂不現代化，工業不可謂不現代化，國防不可謂不現代化，但是在人民生活方面沒有現代化。足以與美國抗衡的大量核武器和常規武器，衞星上天的科技成就，重工業產品的巨大數量，世界奧林匹克運動會上得到的金牌數目都不可能取代人民的日常生活的基本需求。當人民忍無可忍的時候，任何坦克和機槍都無法阻擋他們要使自己活得更像一個人的決心。從人民中來的軍隊也必然同情和支持人民的合理要求。蘇聯解體給了人們許多教訓，我們可以設想，未來的統一的中國不必把太多的金錢與精力用於發展先進武器，而應該把主要力量用於不斷改善人民生活上。如果全中國的平均水平能夠達到今天臺灣的水平，而臺灣與沿海地區可以達到世界最先進的地區的水平，那麼有哪一個國家敢於覬覦中國呢？甘地說過，只要三億印度人眞正站起來，用一個聲音說一聲「不」，那麼英國人在印度的統治就得結束。同樣的，只要十幾億對自己的生活滿意的中國人說一聲「不」，任何企圖分裂、控制或統治中國的外來勢力都只有打消邪念。一個統一富強的中國可能成爲世界上第一批實現非暴力國防的國家之一。

甘地經濟思想的繼承者舒馬赫對中國大陸發生的一切有濃厚的興趣。他認爲中國大陸是將適度技術最廣泛地付諸實施的活生生的例子。他訂了《中國建設》雜誌，興致勃勃地瀏覽雜誌上出現的適度技術的實例，儘管這些實例往往夾在手持槍枝、身穿制服的婦女當中。好事比壞事更深地打動他，他對這些壞事無能爲力[64]。他在最後一本書《善的工作》中講到中國大陸時是這麼說的：

> 「你不可能生活在今天而不對中國發生興趣，因為它是二十世紀最大的一次社會轉型。這個巨大的社會，許多年以前還奄奄一息，突然，在一代人的時間裏，來了一個一百八十度的轉彎。人民有飯吃了，安居樂業了，他們的服裝都很單調，但是數量適合需要，孩子們的情況特好，總是歡天喜地……它仍然是一個非常、非常窮的國家。但是這是一個基本需要得到滿足的貧窮的社會。
>
> ……作為一個經濟學家，我得說他們所作的主要是使經濟學來了一個一百八十度的轉彎。我們的經濟學說，除非你肯定你不可能從外國更便宜地買到這種東西，你別幹任何

---

[64] Barbara Wood, *E. F. Schumacher, his life and thought*（《E. F. 舒馬赫的生平與思想》），New York: Harper & Row, Publishers, 1984年，頁342。

事情，你別生產這種東西。當我在波多黎各這個迷人的島嶼上時，我發現胡蘿蔔是從德克薩斯進口的！如果德克薩斯生產的胡蘿蔔更便宜，你就別在波多黎各生產胡蘿蔔。這是我們的體制。中國人把這倒過來了。他們說，除非你能夠肯定你沒有能力自己生產某種東西，你不要從外國買這種東西。就是這麼簡單。當你說，除非你肯定你不能更便宜地買到某種東西時，你不生產這種東西，那麼經濟發展就會受到阻礙。另一方面，如果你說，除非你真的不可能生產某種東西，否則你就不去買這種東西，那麼，從經濟上說，每一個人都受到挑戰，每一個人都很忙碌。」

舒馬赫認爲中國大陸的另一個非常重要的思想是三十個農民一年的勞動才能供一個年輕人上大學。如果一個人在大學裏待五年，他畢業的時候，消耗了150個農民一年的勞動。因此知識分子要經常想到農民，用自己的知識爲他們服務。中國大陸處處堅持人民應該有小規模的技術和經驗[65]。

舒馬赫是經濟學家，不是漢學家，他也沒有到過中國。他對中國大陸的觀察可能過於樂觀，沒有充分看到中國大陸存在的許多問題。另一方面，他於1977年去世，沒有機會看到中國大陸鄉鎮企業的蓬勃發展，沒有可能用他的適度技術理論來分析中國大陸鄉鎮企業崛起的根源、機遇、趨勢和前景。

中國大陸鄉鎮企業的崛起客觀上驗證了甘地——舒馬赫經濟學的價值，證明在傳統資本主義和斯大林式的工業化之外，還有另一條工業化的道路。中國人口比印度還要多，絕大部分人口在

[65] Schumacher, *Good work*（《善的工作》），頁100～103。

農村，人均擁有的資本極小。農民並不擁有土地，他們只有耕畜、手工農具，富裕地區的農民可能有一些農業機械。每個農民平均擁有的資本不過幾十元。他們長期被限制在以糧食生產爲主的狹義農業生產裏頭，產品由國家低價收購，勞動的剩餘價值很低，根本無法積累資本，擴大再生產。他們通常只能維持簡單再生產，逢到天災人禍，溫飽難求。他們的購買力極低，當農民陷於貧困之中的時候，所謂中國有一個巨大的潛在市場的說法只是海市蜃樓。1949年以前中國資本主義工業化的幾十年的發展基本不能解決農民的貧困問題。今天包括印度在內的第三世界許多國家的資本主義工業化也難以解決這個問題。至於斯大林模式的工業化對中國農民來說，無異於一場噩夢。因此，文化大革命期間，城市裏停工鬧革命，工業化的速度放慢了，對農民來說，可能還不像大躍進那樣要命。農村實行聯產承包制以後，農民勞動的剩餘價值開始有一部分可以留在自己手裏，他們迅速利用積蓄起來的一點資金，開始了自己的工業化——擴大和創辦鄉鎮企業。由於他們資金有限，他們只能選擇力所能及的項目，基本上就是舒馬赫講的適度技術。由於他們採用適度技術，必然吸收較多的勞動力，從而部分地解決了中國大陸農村長期存在的潛在失業問題。當農民收入增加以後，他們開始眞正形成一個巨大的市場，從而爲更大程度的工業化創造了前提。由於他們受戶口制度的限制，無法大批遷居城市，基本離土不離鄉。因此，在中國三、四十年代出現過的，今天第三世界仍十分嚴重的，甚至美國這樣的發達國家也無以倖免的城市無產者問題在鄉鎮企業發展的過程中還不那麼嚴重。農民仍然基本上保持着原有的社會結構，當經濟緊縮，企業不景氣時，可能會使收入降低，但不至於完全失業。美國大城市貧民區的失業、性解放、比較高的離婚率、家庭破裂、教育質量下降、毒品和謀殺等犯罪現象，在鄉鎮企業發展過程中也還不那麼嚴重。儘管在沿海城市中這些現象已經時有所聞。

中國大陸鄉鎮企業基本上是農民自發發展起來的。因此必然存在許多問題。在技術上，他們基本上是接受城市轉移的比較耗費勞動力的生產手段，而並不是像舒馬赫設想的，充分利用現代科學的最新成就，利用無污染或少污染、節能、產品高質量的最新技術。這就需要中國知識分子有意識地把研究重點轉移過來。一方面幫助農民改進技術，另一方面改善自己的經濟處境。鄉鎮企業的活動還缺乏法規，假冒名牌、行賄官員、偷工減料等胡作非爲也常常成爲人們批評的對象。這就需要及時立法，把他們引上正規。隨着鄉鎮企業的發展，經濟富裕起來了，難免出現貧富分化，腐蝕原有的社區結構和傳統道德。這就需要人們有意識地調整社會結構，發展新型的人際關係，改造傳統文化使其適應新的經濟發展。

如何對待自己的傳統文化和工業文明是印度人，中國人和其他東方古老民族的共同課題。中國人一百多年來對以儒家爲核心的傳統文化進行了多次重大打擊。儒家是不是一種特殊類型的宗教，尚難定論。但是，無論如何它可以與印度教、佛教、基督教和伊斯蘭教並列爲人類幾個最大的社會倫理體系。今天在這幾個大倫理體系中，儒家似乎已經奄奄一息了。儒家與其他幾個宗教性的倫理體系不同，它沒有寺廟、教堂或清眞寺等組織，殘存的孔廟大多數已經是文化遺迹，而不是儒家的活動中心。它也沒有婆羅門、和尚、牧師或毛拉等祭司（或履行祭司職能的）階層，今天中國還有不少和尚、道士、毛拉、牧師，但是已經很少人自認爲儒生了。儒家特別衰落的原因，恐怕還得到儒家自身的弱點上去找。儘管印度教、佛教、基督教和伊斯蘭教在歷史上和在今天都與政治有千絲萬縷的關係，但是它們經常保持着自己作爲獨立的倫理體系的一面。儒家卻與政治結合得如此緊密，以至於隨着滿淸帝國的滅亡，儒家也一蹶不振了，作爲倫理體系的功能也幾乎消失了。

儒家的特別衰落可以說已經是不爭的事實。問題在於我們應該爲這種衰落拍手叫好，嫌它衰落得還不夠快，指責它還得爲中國目前的種種弊病負責，還要加一把勁促使它早日壽終正寢呢？還是認定它儘管有許多糟粕，但仍有內在的倫理價值，有合理的內核，値得花工夫去發掘、保存和發揚這種內在價值，使它在中國工業化的過程中起一種積極的制衡作用，儘可能抵制西方工業文明的陰暗面，甚至使它有助於一個更理想的現代社會的誕生？在我們思考這個問題時，甘地對印度教傳統文明和西方文明的觀點是値得借鑒的。對於儒家的兩種截然不同的觀點涉及不同的歷史哲學。一種歷史哲學認爲，人類的歸宿只有一個，那就是以今天的西方爲代表的所謂藍色的海洋文明。這種觀點必然導致不僅徹底否定儒家，而且徹底否定中國傳統文明和除西方之外的一切其他文明。甘地哲學顯然不會同意這種觀點。另一種歷史哲學認爲，西方的興盛就像其他文明的興盛一樣，只是暫時的現象。多樣性是大自然與人類歷史發展的基本法則。正因爲生物是如此多種多樣，地球上的有生命的物種才有更多生存的機會，恐龍或任何其他物種的滅絕並不意味着地球上一切生物的最後滅絕。恐龍一度確實是地球上最強大的生物，但不一定就是最有發展前途的生物。試想，如果地球上的生物發展到只存在恐龍這麼一種物種，那麼生物離開最後滅絕還有多遠呢？誰能肯定今天的西方文明不是人類文明中的一種恐龍呢？

即使撇開西方文明是否會成爲人類文明中的恐龍不談，僅就西方文明今天已經暴露出來的問題而言，它是不是值得其他民族盲目模仿，全盤照抄呢？甘地提出來的西方文明的種種弊病，並沒有隨着科學和工業的進一步發展而徹底解決。確實，有些問題緩解了，但是，像軍備競賽，局部戰爭，環境汚染，人們精神空虛引起的毒品問題，性欲放縱引起的以愛滋病爲主的性病，離婚率上升，單親家庭增多引起的兒童教育質量的下降，貧富懸殊，大城市內部的無產者的絕望境遇，以謀殺爲首的犯罪率的增長，無家可歸者的增加等等變得比甘地時代更爲嚴重了。並且人們看不到隨着科學和工業的發展在不遠的將來解決這些問題的可能性。第三世界許多國家在引進西方文明的時候，往往學到的好東西不多，隨之而來的弊病卻比發達國家更嚴重。這就使有些有識之士不得不提出這樣的問題：現代西方文明是否存在着某些相當嚴重的缺陷？我們到哪兒去尋找彌補這些缺陷的精神資源？

西方現代文明的缺陷是物質的發展與精神的發展失去平衡。西方在物質方面取得長足進步的同時，在精神方面並不比軸心時代有多大的進步。人類是否有可能通過暴力的手段，在更高的層次上恢復物質進步與精神進步的平衡呢？答案可以說是否定的。中國大陸的所謂無產階級文化大革命就是一個最明顯的實例。通過殘酷鬥爭，汚辱人格，剝奪人身自由，武鬥，乃至於監禁和死刑，通過強制性的貧困的物質生活，通過所謂鬥私批修，靈魂深處爆發革命等等辦法，不僅不可能提高人們的精神境界，而且造成了無數人的精神創傷，使整個社會的道德水準大為下降。至於東歐與蘇聯在意識形態上的徹底改變，說明用斯大林式的方式是不可能建立一個糾正西方文明的弊病，保持西方文明的長處的社會的。根據甘地的觀點，唯一的出路在於非暴力、說服、示範、復興自己傳統文化中的精華。

復興傳統文化並不意味着連糟粕也一起繼承下來。甘地在這方面樹立了堅定的榜樣。他對印度教裏賤民制度之類的糟粕的抨擊是毫不留情的。我們對儒家中崇拜王權、不重視體力勞動、輕視婦女等糟粕當然應該拋棄，對它在現實生活中的消極影響也應該不斷清除。但是，正如前面所講的，儒家近代以來遭到幾次沉重打擊，應該說，它與印度教、佛教、伊斯蘭教、基督教等比起來，遭到的批判是比較徹底的。

甘地一般不主張改宗，他主張每個人應該從自己的傳統文化、傳統宗教裏吸收精神養料。他自己就是這麼做的，始終以印度教徒自居，而且在印度發揮了巨大影響。同時他決不排斥基督教、伊斯蘭教、佛教、錫克教，或者西方工業文明中合理的東西。中國要在工業化的同時尋求物質發展與精神發展的平衡，恐怕出路並不在大規模改宗基督教或一窩蜂採納某種新的外來意識形態，而在於深入發掘自己固有的文化遺產。這並不意味着利用政權的力量，重新使一種傳統的意識形態，比如儒家，定於一尊。恰恰相反，這意味着一種眞正的文化上的多元。儒家在與其他思想體系和平共存這一點上有點類似印度教，它本來就容納了佛教、道教、伊斯蘭教、基督教等思想體系。然而，文化上的多元並不意味着沒有中心。文化上缺乏認同中心，很可能導致南斯拉夫式的政治分裂和混戰。這種認同中心不可能是某一個政權強加在人民頭上的，當然也不可能是某種思想自封的，而是在長期和平的思想交流過程中自然形成的。在這種非暴力的思想交流中，儒家仍然有其機會成爲中國文化的認同中心。首先，儒家像其他大的宗教一樣，有一個合理的倫理核心，儒家的「仁」實質上像基督教的〈登山寶訓〉，甘地的“ahimsa”（非暴力，仁愛）一樣具有永恒的價值，而儒家的表述形式更容易爲中國大衆所接受。其次，儒家比其他宗教優勝的地方在於它的高度的理性精神，它的宗教色彩本來就非常薄弱，基本上是一種倫理體系，它幾乎沒有人格神、天堂、地獄、妖魔鬼怪、奇蹟、偶像崇拜、迷信等等爲現代科學所否定的東西。這可能也是它近代以來難以吸引民衆，特別衰落的原因之一。但是，從長遠看，這是它比其他宗教更有可能復興的有利條件。第三，儒家儘管特別衰落，但是它在中國歷史上存在時間相當長，它已經滲透到中國人的生活方式中去了。中國人今天待人接物的行爲方式分析到底，仍有許多因素不可否認是源自儒家的。特別是廣大的農村地區，仍然在一定程度上保存着祖先傳下來的人際關係，保持着比較純樸的民風。如果能在走向富裕的同時，仍然盡力保存純樸的民風，有可能形成新的成長點，逐步擴大影響。第四，儒家不僅是倫理體系，而且可以說已經滲透到中國文化的每一個角落裏去了。歐洲文藝復興，並不是僅僅用古典文化中的宗教來衝擊基督教，而是重新研究整個古典文明。中國人從來沒有像歐洲人忘記古典文明那樣忘記自己的文化遺產，只要中國人還在研究、閱讀和思考大量的文學、史學和哲學遺產，那麼滲透於其間的儒家思想就還活着。這種菁英性質的文化一旦與民衆的生活方式，與以鄉鎮企業爲中心的經濟活動結合起來，就會有新的強大的生命力。

第七章　甘地研究概況

關於甘地生平的主要史料有六種:（1）甘地1923年在浦那的耶拉不達獄中所寫的自傳性的《南非的堅持眞理運動》敍述了他在南非20多年的經歷❶。（2）甘地用古吉拉特文寫的自傳《體驗眞理》，從他的出生敍述到1921年。此書先在《拉瓦吉瓦》周刊上連載，後由他的秘書戴賽翻譯成英文，於1927年和1929年出版❷。甘地的朋友安德魯斯根據上述兩種材料編成《聖雄甘地：他自己的故事》，於1930年出版❸。有兩種中文譯本，一種是吳耀宗譯的《甘地自傳》，另一種是若谷譯的《甘地自傳》。（3）格林編的《甘地在印度，他的自述》，摘編甘地從1920年到1948年的文章，於1987年出版，作爲他的自傳的續篇❹。（4）從1958年到1984年由印度政府信息與廣播部出版局出版的《甘地全集》爲學者提供了可靠詳實的第一手資料，惟總計90卷，一般讀者不易通讀❺。（5）鄧多卡兒的《聖雄甘地：莫漢達斯・卡蘭昌德・甘地的生平》是資料豐富的八卷本著作，對甘地的前半生（1920年以前）敍述較簡，只用了一卷的篇幅，其餘七卷都用來詳敍甘地

---

❶ Gandhi, *Satyagraha in South Africa.*

❷ Gandhi, *Autobiography.*

❸ Andrews, *Mahatma Gandhi: his own story.*

❹ Gandhi, *Gandhi in India, in his own words.*

❺ Gandhi, *Collected works of Mahatma Gandhi.*

的後半生❻。吳俊才的《甘地與現代印度》卽主要取材於此書。

(6) 甘地的秘書皮雷拉爾計劃寫一部甘地傳，1956年和1958年出版了《聖雄甘地：最後階段》（二卷），敍述甘地1944年5月以後的經歷，1965年出版了《聖雄甘地：早期階段》，敍述甘地1896年12月以前的經歷❼。

甘地主編過四種雜誌，在南非時主編了《印度民意》周刊❽，回印度後，先主編了古吉拉特文的《拉瓦吉瓦》❾和英文的《少年印度》，印度艾哈邁達巴德的拉瓦吉瓦出版社1981年重印了250套《少年印度》(十四卷)❿。甘地後來又主編了《神之子民》，這套雜誌（十九卷）在1973年重印過，爲讀者提供了方便⓫。

甘地的其他傳記還很多，這兒只略舉幾本。比較早的一本是著名法國作家羅曼·羅蘭寫的《甘地》⓬。寫過列寧、斯大林、希特勒傳的著名傳記作家費施爾1942年5月曾訪問甘地，相處了一星期，1946年6月再次訪問甘地，後來目睹了甘地的葬禮，於1950年出版了《聖雄甘地的生平》⓭。此書雖然因出版較早，不可能利用後來刊布的資料，但筆端常帶感情，電影《甘地》的導

---

❻ Tendulkar, *Mahatma*.

❼ Pyarelal, *Mahatma Gandhi: the early phase*; *Mahatma Gandhi: the last phase*.

❽ *Indian opinion*.

❾ *Navajivan*.

❿ *Young India*.

⓫ *Harijan*.

⓬ Romain Rolland, *Gandhi: the man who become one with the universal being*, C. D. Groth 譯, New York: The Century Co., 1924年。

⓭ Fischer, *The life of Mahatma Gandhi*.

演阿坦博羅赫認爲此書是西方最好的關於甘地的傳記。費施爾還將此書改寫成不到200頁的縮寫本⓮，還編了一本300多頁的《甘地選粹》⓯，使忙碌的讀者能在較短時間內了解甘地的生平和主要思想。南達的《聖雄甘地》（1958年）⓰則像鄧多卡兒的著作一樣，以其資料詳實見長。蒙恩的《甘地與現代印度》（1969年）反映了一個英國行政官員對作爲政治家的甘地的看法⓱。阿什的《甘地：對革命的研究》（1968年）⓲和亞歷山大的《西方人眼中的甘地》（1969年）⓳以同情的態度對甘地作了分析。裴因的《聖雄甘地的生平與去世》（1969年）是一部在細緻研究基礎上寫成的傳記，有注釋說明史料來源，比較側重甘地個性的描寫，而不那麼側重政治方面⓴。

普利策獎和國家圖書獎的獲得者艾利克生的《甘地的眞理：論堅持眞理運動的起源》（1969年）㉑，以心理分析的方法研究甘地，特別重點研究了他1918年2月所領導的艾哈邁達巴德的工人罷工。另一本心理分析的傳記是沃爾芬斯坦的《革命者的個

⓮ Fischer, *Gandhi, his life and message for the world*.

⓯ Gandhi, *The essential Gandhi*.

⓰ Nanda, *Mahatma Gandhi*.

⓱ P. Moon, *Gandhi and modern India*, New York: Norton, 1969年。

⓲ G. Ashe, *Gandhi: a study in revolution*, New York, Stein and Day, 1968年。

⓳ H. Alexander, *Gandhi through western eyes*, New York, Asia Publishing House, 1969年。

⓴ Payne, *The life and death of Mahatma Gandhi*.

㉑ Erikson, *Gandhi's truth: on the origins of militant non-violence*.

性：列寧、托洛斯基、甘地》（1967年）㉒。

英國和印度檔案的開放使新一代的學者有可能作更深入全面的研究。這兒只舉幾個例子：哈坦巴克的《甘地在南非：英帝國主義和印度人問題，1860～1914年》（1971年出版）㉓研究了印度僑民在南非的鬥爭；布朗的《甘地的崛起：1915～1920年的印度政治》（1972年）㉔研究了甘地怎樣在5年之內成爲國大黨的最高領袖，她的《甘地：抱着希望的囚徒》（1989年）是近年來出版的主要的甘地傳記㉕。魯道夫夫婦則在《甘地：領袖魅力的傳統根源》（1983年）一書中重新解釋了甘地產生巨大影響的原因㉖。

回憶甘地，或談到甘地的書相當多。英國海軍上將的女兒斯萊德於1925年前往印度加入甘地的沙巴瑪迭耕讀新村，從此直到甘地去世，23年間一直是甘地的忠實學生，甘地去世後，她仍然在印度從事鄉村建設工作多年，於1960年出版了《精神的朝聖》㉗。英國的一個青年貴格教徒雷洛茲在1930年食鹽長征前夕曾受甘地的委託，送信給總督歐文，著有《探尋甘地》㉘。印度塔塔

㉒ Wolfenstein, *The revolutionary personality: Lenin, Trostsky, Gandhi*.

㉓ Huttenback, *Gandhi in South Africa: British imperialism and the Indian question, 1860～1914*.

㉔ Brown, *Gandhi's rise to power: Indian politics, 1915～1920*.

㉕ Brown, *Gandhi: the prisoner of hope*. 書名出自《舊約聖經》〈撒迦利亞書〉，第9章，第12節。

㉖ S. H. and L. I. Rudolph, *Gandhi: the traditional roots of charisma*, Chicago, University of Chicago Press, 1983年。

㉗ Slade, *The spirit's pilgrimage*.

㉘ Reynolds, *A quest for Gandhi*, Ganden City, New York: Doubleday & Co., 1952年。

公司的青年管理人員古希在1945～1948年間曾作爲甘地的私人使節前往英國與政府要員打交道，他寫的《甘地的使者》(1967年)回憶了這段經歷㉙。《第三帝國的興亡》的作者謝厄根據自己作爲唯一的美國記者於1931年在印度與倫敦採訪甘地的實況寫了《回憶甘地》(1979年)㉚。印度總理尼赫魯與甘地猶如父子，他的自傳中有不少關於甘地的回憶㉛。這本自傳有中譯本。

在關於甘地的文藝作品中，最著名的當推電影《甘地》㉜。導演阿坦博羅赫在《探索甘地》㉝一書中敍述了自己從1962年起斷斷續續奮鬥了20年，終於製成此片的經歷。在這20年中，他研究了甘地的著作與照片，於1982年出版了100餘頁的小册子《甘地的話》，介紹甘地的主要言論㉞。次年，由他挑選照片與寫後記，由戈德撰文，出版了《甘地，一部以照片說明的傳記》㉟。這部電影放映後，不僅在觀衆中引起了轟動，而且獲得了最佳影片、男主角、導演、劇本、攝影、藝術指導、服裝、剪輯等8項奧斯卡金像獎。與此同時，有些對甘地所知有限的影評作者在批評此片時，竟然信口雌黄，攻擊甘地、印度教和印度。《聖雄甘地》一書的作者南達寫了《甘地與他的批評者》(1985年)，回

㉙ S. Ghosh, *Gandhi's emissary*, Boston, Houghton Mifflin, 1967年。

㉚ W. L. Shirer, *Gandhi: a memoir*, New York, Simon and Schuster, 1979年。

㉛ Nehru, *An autobiography*, London, 1936年。

㉜ *Gandhi* (film).

㉝ Attenborough, *In search of Gandhi*.

㉞ Gandhi, *The words of Gandhi*.

㉟ Gold, *Gandhi, a pictorial biography*.

擊各種無稽之談㊱。

研究甘地思想的著作也相當多。理查茲的《甘地哲學：對他的基本思想的研究》（1982年）探索了甘地思想與印度教形而上學及當代哲學的關係，篇幅不大，但比較艱深㊲。邦杜蘭特的《征服暴力：甘地關於衝突的哲學》（1958年，後多次重印）是這個領域裏的一本開拓性的著作，分析了五次堅持眞理運動，以比較政治思想的發展爲背景來衡量甘地政治哲學的貢獻㊳。朱根斯梅耶認爲在這個課題上至今尙無超過此書的著作。研究甘地的政治哲學的較新的著作是佩赫的《甘地的政治哲學：批評性的探討》（1989年）㊴。伊吉的《聖雄甘地的倫理與政治思想》（1973年，1978年）把甘地的思想與西方思想家作了一番比較㊵。關於甘地的宗教哲學的專著有卡迪吉的《甘地的宗教思想》（1983年）㊶。麥克拉夫林的《羅斯金與甘地》（1974年）研究了英國藝術批評家、思想家羅斯金對甘地的影響㊷。格林的《聖雄的挑戰》（1978年）和《托爾斯泰與甘地，倡導和平的人：傳記》（1983年）是他研究偉大人物及其影響的三部曲的第一與第三本書。他後來又寫了《非暴力的起源：在自己的歷史背景中的托爾斯泰與

㊱ Nanda, *Gandhi and his critics.*

㊲ Richards, *The philosophy of Gandhi.*

㊳ Bondurant, *Conquest of violence: the Gandhian philosophy of conflict.*

㊴ Parekh, *Gandhi's political philosophy: a critical examination.*

㊵ Iyer, *The moral and political thought of Mahatma Gandhi.*

㊶ Chatterjee, *Gandhi's religious thought.*

㊷ McLaughlin, *Ruskin and Gandhi.*

甘地》（1986年）㊸。

關於印度的甘地的繼承者的活動，可以參考謝帕德的《今日甘地：關於聖雄甘地的繼承者的報告》（1987年）㊹。關於甘地對美國的影響，可以參考《甘地的美國化：聖雄的形象》（1976年）㊺以及有關馬丁・路德・金的著作。阿恩・尼斯的《甘地與核時代》（1965年）探索了在當代國際關係與國防中引用甘地哲學的可能性，他的《甘地與羣體衝突：堅持眞理運動研究，理論背景》（1974年）則探討了甘地哲學體系的基本原則與前提㊻。對甘地經濟思想感興趣的人則可以閱讀舒馬赫的《小的是美好的：以人爲重的經濟學》㊼。

甘地的著述以及關於甘地的論著的書目，沙爾瑪1955年編著了《聖雄甘地：描述性的書目》，1968年出了第二版；達摩・弗1967年編著了《甘地書目》，收了 3,485 個條目㊽。1977年考薩

㊸ Green, *The challenge of the Mahatmas*; *Tolstoy and Gandhi, men of peace: a biography*; *The origins of nonviolence: Tolstoy and Gandhi in their historical settings.*

㊹ Shepard, *Gandhi today: a report on Mahatma Gandhi's successors.*

㊺ *The Americanization of Gandhi: images of the Mahatma.*

㊻ Naess, *Gandhi and the nuclear age*; *Gandhi and group conflict: an exploration of Satyagraha, theoretical background.*

㊼ Schumacher, *Small is beautiful: economics as if people mattered.*

㊽ Jagdish Sharma, *Mahatma Gandhi: a descriptive bibliography*, 1955年, 1968年; Dharma Vir, *Gandhi bibliography*, 1967年。——Mehta, *Mahatma Gandhi and his apostles*（《聖雄甘地及其使徒》），頁44～45。

蒂亞普拉卡什編著了《甘地學，1962～1976年》[49]。梅塔的《聖雄甘地及其使徒》（1976年）在研究甘地生平及其繼承者的活動的同時，還介紹了甘地全集、傳記、書目編撰等情況[50]。朱根斯梅耶的《與甘地一起奮鬥》（1984年）在進行五個個案研究，以及把甘地與馬克思、佛洛伊德（公元1856～1939年）、尼布爾進行比較研究之後，概括介紹了甘地研究的概況[51]。

大部分百科全書都把甘地列爲條目，我們這裏只介紹三種：第一種是《馬克格拉夫——希爾世界傳記百科全書》中的條目，比較簡明扼要，列有十餘種基本參考書目，不過出版較早（1973年），不可能列出近20年來的主要研究成果[52]。第二種是朱根斯梅耶爲1987年出版的《宗教百科全書》撰寫的條目，側重介紹甘地的宗教思想，列有七、八種參考論著[53]。第三種是南達爲第15版《不列顛百科全書》（1992年出版）撰寫的大型條目，實際上是一篇論文，列有相當詳細的參考書目，吸收了最新的研究成果[54]。

中文的研究方面，我們只舉一本1987年出版的論文集《論甘地》，收了十幾篇關於甘地的論文，書後附有1949年以後大陸出版的關於甘地的論文、譯文和資料索引[55]。

---

[49] Satyaprakash, *Gandhiana, 1962～1976*.

[50] Mehta, *Mahatma Gandhi and his apostles*.

[51] Juergensmeyer, *Fighting with Gandhi*.

[52] Joyce Lebra, Gandhi（〈甘地〉），載 *The McGrav-Hill encyclopedia of world biography*，第4卷，頁308～311。

[53] Mark Juergensmeyer, Gandhi（〈甘地〉），載 *The encyclopedia of religion*，第5卷，頁482～483。

[54] B. R. Nanda, Gandhi（〈甘地〉），載 *The new encyclopedia Britannica*，第19卷，頁648～652。

[55] 《論甘地——中國南亞學會甘地學術討論會論文集》，任鳴皋、寧明編，上海社會科學出版社，1987年。

年　表

1869年　10月2日莫漢達斯·卡蘭昌德·甘地生於印度西海岸的卡提阿瓦邦的坡爾板達城。其父爲卡蘭昌德（加巴）·甘地。其母爲蒲麗比。其家族屬於吠舍種姓的巴尼亞種姓。

1876年　隨全家遷往拉甲柯梯，在那兒上小學。父親爲他與拉甲柯梯邦的一個商人的女兒卡斯托定親。

1879年　1月21日，入拉甲柯梯的塔盧卡小學。

1880年　12月1日，入拉甲柯梯的卡提阿瓦中學。

1882年　與卡斯托結婚。

1885年　11月，父親去世，享年63歲。

1888年　1月，考入卡提阿瓦邦的巴壺拉迦地方的薩瑪達斯學院就讀，但第一學期就離開了。春天，長子出生。9月4日，從孟買乘船前往倫敦學習法律，因此被逐出巴尼亞種姓。11月6日，獲准準備律師考試。在倫敦時，業餘曾試圖學習跳舞、音樂，收效甚微。

1889年　12月，研讀《薄伽梵歌》，生活更加儉樸刻苦。參加倫敦會考，未通過。

1890年　6月，通過倫敦會考。9月19日，加入倫敦素食協會，並成爲執行委員。

1891年　6月10日，通過律師考試，取得英國高等法院的律師註册證。6月12日，起程回到印度。回國後得知母親去世，結識拉吉昌德拉。

1892年 重新被巴尼亞種姓所接納。5月14日，獲准在卡提阿瓦開業，春天，次子出生。在孟買從事律師業務，半年後前往拉甲柯梯開設法律事務所，替人撰寫訴狀。

1893年 4月，前往南非，爲一家印度穆斯林開的阿卜杜拉公司擔任一年律師。5月抵達德爾班。6月，前往甫列托里亞，因種族歧視而在彼得馬利堡被趕下火車。研究托爾斯泰、《古蘭經》和《聖經》。經印度商人挽留，留在南非代表他們爭取合法權利。

1894年 爲印度僑民起草抗議書送呈南非的立法機構。在南非那塔爾最高法院註册爲律師。5月，組織那塔爾印度人國民大會。

1896年 6月5日，起程回印度接取家屬。在歷次會議上發表關於南非印僑的演講。受到印度國民大會溫和派領袖戈卡爾的熱情歡迎。11月30日，携家眷乘船返回南非。12月12日，抵達德爾班。

1897年 1月13日，在德爾班登陸後遭到白人暴徒的圍攻毆打。5月，第三子出生。

1899年 12月，在波爾戰爭期間爲英國人組織印度救護隊。

1900年 5月22日，第四子出生。

1901年 5月，拉吉昌德拉去世。10月，帶著家眷離開南非，答應印僑，如果他們再次需要他的幫助，他會返回南非。12月，抵達印度，在加爾各答列席國大黨第十七屆全國代表大會。

1902年 遊歷緬甸和印度各地。2月，卜居拉甲柯梯，從事律師業務。夏天，遷居孟買，從事律師事務。12月，應南非印度僑民之請，返回南非。

1903年　代表印度僑民與自治領政府交涉。在特蘭斯瓦爾高等法院登記爲開業律師，2月，在約翰尼斯堡設立律師事務所。6月4日，創辦《印度民意》周刊。

1904年　2月，瘟疫流行，組織臨時醫院救治印度礦工。10月，閱讀羅斯金的《奮鬥到最後》。11～12月，在德爾班附近建立芳尼克斯耕讀新村（鳳凰村）。

1905年　年初，接家屬來南非。

1906年　南非祖魯族叛亂，3月17日，爲英國人組織印度救護隊。發誓終生禁欲。8月22日，特蘭斯瓦爾政府公布印僑註册法（黑法）。9月11日，在約翰尼斯堡的帝國戲院舉行印僑大會，要求撤銷黑法，這是第一次堅持眞理運動。10月3日，前往英國向殖民大臣請願，12月18日，返回南非。

1907年　7月31日，在約翰尼斯堡舉行羣衆集會，總罷工。12月26日，移民法經皇家政府批准。甘地被捕受審。

1908年　1月10日，被判在約翰尼斯堡監獄中服2個月徒刑。1月30日，被帶往甫列托里亞與南非殖民事務國務秘書斯末資將軍會談，獲釋出獄。2月10日，遭到反對妥協的帕坦人米爾阿蘭的毆打，幾乎被殺。8月，因斯末資將軍背信，發動第二次堅持眞理運動。8月16日，在約翰尼斯堡羣衆大會上號召羣衆焚燒註册證。10月7日，被捕，後被判在伏克斯洛斯疊監獄中服2個月苦役，12月12日刑滿釋放。

1909年　因抵制註册法，一再被捕。2月15日，在伏克斯洛斯疊被捕，被判6個月苦役。5月24日，從甫列托里亞中央監獄獲釋。6月23日，前往英國請願。與托爾斯泰通信。11月13日，乘船離開英國，於途中著《印度自治》，並翻譯托爾斯泰的《致一位印度人的信》。

1910年　5月30日，接受卡倫巴赫捐贈的約翰尼斯堡附近的農場，建立托爾斯泰耕讀新村。停止律師業務。

1911年　5月，與斯末資將軍達成臨時協議。退隱於托爾斯泰耕讀新村。

1912年　10月22日，戈卡爾抵開普敦，甘地陪伴他在南非訪問5星期。

1913年　開普敦最高法院裁決根據伊斯蘭儀式舉行的婚姻無效。9月，甘地因反對此裁決，以及3鎊人頭稅、移民法等嚴重的種族歧視法令，發動第三次堅持眞理運動。甘地夫人卡斯托等4名婦女和12名男子故意非法進入特蘭斯瓦爾而被捕。11月6日，組織數千印度礦工罷工，從那塔爾的新堡出發長途步行，故意非法越境進入特蘭斯瓦爾。甘地4天內三度被捕（在帕佛特、斯坦德湯，和鐵克維爾玆），11月11日，在堂底被判9個月苦刑。在伏克斯洛斯疊第二次受審，與帕拉克及卡倫巴赫一起被判3個月徒刑。囚禁於伏克斯洛斯疊監獄數天，轉往布朗泉監獄。12月18日，獲釋。戈卡爾的代表安德魯斯和皮爾遜前來南非斡旋。

1914～1918年　第一次世界大戰。

1914年　1月，因爲芳尼克斯耕讀新村學生中發生墮落行爲，絕食14天。1月13日，與斯末資開始談判，後達成臨時協定。「改善印度人待遇法」得以通過。堅持眞理運動暫停。7月18日，甘地偕夫人與卡倫巴赫從南非前往英國，從此離開南非。8月14日，在英國組織印度志願隊，支持英國作戰。因患肋膜炎，12月19日，起程回印度。

1915年　1月9日抵孟買。觀察研究印度的情況，在各地發表演講。戈卡爾去世。5月20日，在古吉拉特邦的艾哈邁達巴德附近的柯溪拉甫建立眞理耕讀新村，不久卽接納一家賤民。1917年新村遷至沙巴瑪迭河畔。

1916年　2月6日，在貝拿勒斯印度教大學開學典禮上發表演講。12月，印度國民大會黨和全印穆斯林聯盟達成勒克瑙協定，甘地在會上遇到比哈爾農民代表蕭克拉。

1917年　爭取停止輸出印度契約勞工。隨蕭克拉前往比哈爾，領導比哈爾省占巴朗的靛青種植園的佃農開展堅持眞理運動。4月，因拒絕離境而在摩鐵哈利受審，但案件被撤銷了。占巴朗農業改革法案得以通過。戴賽前來占巴朗追隨甘地。

1918年　2月22日，領導艾哈邁達巴德的紡織工人爲增加百分之三十五的工資而開展堅持眞理運動。爲了使工人信守誓言而絕食。同意將問題交由仲裁委員會解決。3月，領導歉收的基達的農民開展堅持眞理運動，使窮人免交當年的田賦。接受副王邀請，前往德里參加會議，同意支持關於印度人參軍的決議案。開始呼籲印度人參軍，不久卽重病瀕臨死亡，同意喝羊奶治病，療養期間學會了紡紗。

1919年　春天，發動堅持眞理運動反對羅拉特法（第一次全印度堅持眞理運動）。4月，組織一天全國性的罷工罷市。在前往旁遮普的路上，在德里附近被捕，被押回孟買。4月13日，阿姆利則集會羣衆遭到英軍屠殺，379人犧牲。甘地承認自己犯了喜馬拉雅山一樣大的錯誤，要求暫時停止堅持眞理運動。開始主持英文周刊《少年印度》和古吉拉特文周刊《拉瓦吉瓦》（《新生活》）。10月，赴旁遮普，與莫提拉爾・尼赫魯合作。調查旁遮普一些村莊遭到鎮壓的情況。

1920年 4月，當選爲全印自治聯盟主席。支持哈里發運動。6月，不合作運動方案被阿拉哈巴德召開的穆斯林會議所接受，8月，發動不合作運動（第二次全印度堅持眞理運動），退回英國所發的勳章。9月，在加爾各答召開的國大黨特別大會通過不合作運動提案，12月，在那格浦爾召開的國大黨年會重申加爾各答決議。

1921年 7月31日，在孟買主持焚燬洋布的儀式，將抵制洋布作爲反對英國統治的堅持眞理運動的一個組成部分。9月22日，從此僅繫一條腰布，披一條布巾，表示支持土布運動，同時以半裸與光頭表示對印度未獲得自治的哀痛。11月19日，由於威爾斯親王來訪期間孟買發生了暴亂，絕食5天。12月，大規模的民事不服從運動，成千人被捕。甘地被國大黨授權爲執行統領。

1922年 2月，在巴多利縣發動民事不服從運動。2月5日，聯合省戈拉克普爾附近的喬里喬拉村22名警察被打死和燒死。暫停堅持眞理運動。絕食5天。3月10日，以在《少年印度》上煽動背叛的罪名，在沙巴瑪迭眞理耕讀新村被捕。在艾哈邁達巴德的審判中，在布諾姆費德法官面前，坦然承認堅持宣傳背叛現政府。被判在孟買附近的耶拉不達監獄中服6年徒刑。

1923年 達斯和老尼赫魯在國大黨內成立自治派。11月26日，甘地在獄中開始著《南非的堅持眞理運動》。

1924年　1月12日，因盲腸炎住院。2月4日，提早獲釋。9月17日，在德里附近穆罕默德・阿利家中，爲了平息印一回衝突（特別是柯哈疊的暴亂）而絕食21天。12月，擔任貝爾高姆國大黨年會的主席。

1925年　11月7日，一位英國海軍將軍的女兒斯萊德加入沙巴瑪迭耕讀新村，甘地因新村中有些成員有錯誤行爲，絕食7天。12月，在坎普爾國大黨年會上宣布在政治上沉默一年。

1926年　歐文勳爵接替利頓（第二）伯爵（公元1876～1947年）任副王。

1928年　2月12日，巴多利農民抗稅。4月，甘地屬意的繼承人，侄子瑪迦納去世。11月，賈瓦哈拉爾・尼赫魯和鮑斯組織全印獨立大同盟（獨立派）。12月，加爾各答國大黨年會上，自治派和獨立派相持不下，甘地提出折衷方案，通過決議，要求英國在一年之內給予印度自治領的地位，否則就爭取獨立。

1929年　3月，在加爾各答焚燬洋布。12月，在拉合爾的國大黨年會上，甘地提議賈瓦哈拉爾・尼赫魯爲主席。通過一項爭取完全獨立的提案。第三次全印度堅持眞理運動開始。

1930年　1月26日，定爲獨立節。3月12日，甘地率78名志願人員從沙巴瑪迭出發，進行著名的食鹽長征，步行200英里前往丹迪海邊。4月6日，非法取鹽。5月5日，在卡地被捕，被囚禁於耶拉不達監獄而不加審判。5月21日，甘地之子馬利拉和奈杜夫人領導羣衆奪取達拉沙拉鹽場，未果。同時期全印各地紛紛開展鬥爭，有十多萬人被捕。國大黨因領袖們被捕而無法召開年會。

1931年 1月26日，甘地與其他30名國大黨領袖一起獲釋。3月5日，簽署歐文—甘地協定，暫停民事不服從運動。8月，與戴賽、奈杜等人從孟買出發，經馬賽前往倫敦參加第二次圓桌會議。9月12日至12月5日，圓桌會議。夏天，在倫敦期間曾通過廣播向美國發表演講。12月14日，離開英國，前往瑞士，訪問羅曼羅蘭。返回印度。

1932年 1月，主張恢復民事反抗運動（第四次全印度堅持眞理運動），1月4日，在孟買被捕，未經審判，被關入耶拉不達監獄。英國政府決定給賤民20年保障選舉制，在中央議會裏爲賤民保留兩個名額，甘地堅決反對，9月20日，在獄中宣布絕食至死，除非英國政府改變規定，結果，改爲保障選舉制縮短爲15年，而中央議會中爲全體賤民保留四個名額，同時，全印宗教領袖通過決議，廢除賤民制度。甘地遂於9月26日結束絕食。

1933年 2月11日，在獄中指導創辦《神之子民》（《哈里眞》）周刊。5月8日，爲了自我淨化，解救賤民，開始絕食21天，被釋放。21天後在浦那結束絕食。7月，解散沙巴瑪迭的眞理耕讀新村（後交給賤民之僕協會使用）。率耕讀新村的學員步行宣傳爭取自治，8月1日，被捕，被判關入耶拉不達監獄一年。8月16日，宣布在獄中絕食至死。第五天被送至沙桑醫院；第八天被無條件釋放。宣布暫停自己個人民事反抗活動一年。11月7日，開始作募集解救賤民基金的旅行。

1934年 宣布暫停民事抵抗運動。6月25日，有人謀刺甘地，未遂。8月7日，甘地絕食7天，希望感化頑固分子。10月28

日，退出國大黨，致力於鄉村工業。12月，成立全印鄉村工業協會。

1935年　健康惡化，遷居孟買療養。

1936年　訪問中央省的瓦爾達附近的西迦昂村，並決定定居下來。（此地1940年改名爲西瓦格蘭，後來成爲他的信徒的耕讀新村。）接受山格夫人（公元1879～1966年）的訪問。

1937年　4月1日，省自治開始實施。在大多數省份裏組織了國大黨的政府。

1938年　4月28日，甘地與眞納在孟買會談印回團結問題，無結果。10月，甘地訪問西北邊省。12月，與中國朋友談非暴力。

1939～1945年　第二次世界大戰。

1939年　3月3日，爲爭取拉甲柯梯邦的民權而絕食4天。4月，國大黨主席鮑斯辭職，在黨內另組前進同盟。9月3日，德軍攻入波蘭，英國對德宣戰。國大黨譴責英國未經印度人民同意而宣布印度爲交戰國。10月至11月，國大黨的各省政府辭職，印度政治開始陷於僵局。10月24日，甘地宣布國大黨工作委員會授權他隨時恢復民事抵抗運動。

1940年　3月，穆斯林聯盟通過要求成立巴基斯坦的決議。6月，國大黨工作委員會不同意甘地的不願意使印度維持武裝力量的意見，解除甘地所負的責任。8月8日，印度總督拒絕國大黨以戰後獨立爲條件幫助英國人進行戰爭的建議。9月16日，國大黨請甘地恢復領導。10月5日，與印度總督林利思戈（公元1887～1952年）談判破裂。10月17日，發動有限的、個別的民事不服從運動爭取宣傳反戰的權力。一年內2,300人被捕入獄。

1941年 12月3日，英國宣布釋放尼赫魯等25,000人。12月7日，日本發動珍珠港事變。年底，國大黨工作委員會認爲甘地堅決不參戰的主張已不適應形勢。甘地要求解除他的領導權。

1942年 1月5日，國大黨工作委員會接受甘地的要求，解除其領導權。2月至3月，新加坡、緬甸陷入日軍之手。3月22日，英國內閣閣員克里普斯赴印度談判，以失敗告終。8月8日，國大黨通過甘地起草的英國政權退出印度的決議。領導最後的全印度的堅持眞理運動。8月9日、10日，甘地夫婦相繼遭逮捕，被囚禁於浦那附近的阿格罕宮。開始與副王通信。國大黨領袖們同時被捕。印度許多地方發生羣衆暴動。8月15日，甘地的秘書和密友戴賽在獄中去世。

1943年 2月10日，甘地在獄中絕食21天。鮑斯在新加坡組織自由印度政府和印度國民軍。

1944年 2月22日，甘地夫人卡斯托在獄中逝世，享年74歲。5月6日，甘地獲釋。（這是他最後一次出獄；他一生在獄中度過了2,338天。）9月9日，在孟買與回盟領袖眞納會談印回團結問題。

1945年 6月14日，德國投降。6月25日，西姆拉會議開始。甘地謝絕參加會議，只對國大黨代表提供諮詢。9月19日，印度總督韋維爾勳爵廣播聲明，英國政府決定進行適於印度自治的工作。11月5日，開始對印度國民軍軍人的初審。

1946年 2月18日，皇家印度海軍兵變。2月19日，英國派內閣使團赴印。3月，在德里與英國內閣使團會談。印一巴分治與印一回衝突迫在眉睫。7月29日，穆斯林聯盟收回它接受內閣使團方案的原議，決定直接行動，導致8月16日加爾各答暴亂。9月2日，尼赫魯就任臨時政府總理。11月，甘地前往孟加拉等地，勸導印回停止鬥爭。

1947年　3月22日，副王蒙巴頓抵印。甘地前往比哈爾緩解印回矛盾。在新德里與副王蒙巴頓，及眞納會談。4月15日，甘地和眞納發表聲明，呼籲停止教派衝突。6月3日，蒙巴頓宣布印度分治計劃。8月15日，印—巴分治，印度以絕食、紡紗紀念獨立日。印—回衝突日益激烈。9月1日，在加爾各答絕食3天，以感化城中衝突的雙方。前往德里，制止暴亂，訪問難民營（從旁遮普逃來的印度教徒和錫克教徒）。

1948年　1月13日，在德里絕食5天，以感化城中衝突的雙方，並感化印度政府採取對巴基斯坦友好的政策。1月20日在德里的比拉寓的晚禱會上有炸彈爆炸，謀刺甘地，未遂。1月30日在赴比拉寓的晚禱會的路上被哥得斯暗殺，享年78歲。

參考書目

Americanization of Gandhi: images of the Mahatma（《甘地的美國化：聖雄的形象》），Charles Chatfield 編，Garland Pub. Co., 1976年。

Andrews, C. F. 安德魯斯

Mahatma Gandhi: his own story（《聖雄甘地：他自己的故事》），New York, The Macmillan Company, 1930年。

Andrews 編輯，甘地原著，吳耀宗譯。

《甘地自傳》，上海，青年協會書局，民國35（1946）〔*Mahatma Gandhi: his own story* 的中譯本〕。

Andrews（安德魯斯）編著，張若穀譯。

《甘地自傳》，臺北，星光出版社，1973〔*Mahatma Gandhi: his own story* 的中譯本〕。

Mahatma Gandhi's ideas（《聖雄甘地的思想》），New York: Macmillan, 1930年。

Attenborough, Richard. 阿坦博羅赫

In search of Gandhi（《探索甘地》），London: Bodley Head, 1982年。

Bhagavad-gita as it is（《薄伽梵歌》）

Bhagavad-gita as it is（《薄伽梵歌》），A. C. Bhaktivedanta Swami 翻譯，Los Angeles: The Bhaktivedanta Book Trust, 1972年。

Bondurant, Joan V.（Joan Valerie），1918～ 邦杜蘭特

Conquest of violence: the Gandhian philosophy of conflict（《征服暴力：甘地關於衝突的哲學》），Rev. ed. Princeton, N. J.: Princeton University Press, 1969年。

Bose, R. N. 鮑斯

The pilgrim and the guide（《朝聖者和導師》），Calcutta: Maitreyee, 1975年。

Brown, Judith M. 布朗

Gandhi and civil disobedience. The Mahatma in Indian politics, 1928～1934（《甘地與民事不服從，1928～1934年印度政治中的聖雄》），London, Cambridge University Press, 1977年。

Gandhi's rise to power: Indian politics, 1915～1922（《甘地的崛起：1915～1922年的印度政治》），London, Cambridge University Press, 1974年。

Gandhi: the prisoner of hope（《甘地：抱著希望的囚徒》），New Haven: Yale University Press, 1989年。

Chatterjee, Margaret M. 卡迪吉

Gandhi's religious thought（《甘地的宗教思想》），Notre Dame, Indiana: University of Notre Dame Press, 1983年。

Chatterjee, S. and D. Datta S. 卡迪吉與達塔
An introduction to Indian philosophy（《印度哲學導論》），7th ed. Calcutta, 1968年。
D. M. Datta, S. C. Chatterjee 原著，李志夫譯。
《印度哲學導論》，臺北，幼獅文化事業公司，民國63（1974)。

Chou, Hsiang-kuang 周祥光編著。
《印度哲學史》，陽明山，國防研究院，民國51（1962)。

Dharmadhikari, Dada, 1899～ 達摩迪卡里
Philosophy of total revolution（《全面革命的哲學》), Varanasi, India: Sarva Seva Sangh Prakashan, 1982年。

Dutta, Deo Krishna, 1942～ D. K. 達塔
Social, moral, and religious philosophy of Mahatma Gandhi: a critical analysis（《聖雄甘地的社會、道德和宗教哲學：批評性的分析》），New Delhi: Intellectual Pub. House, 1980年。

Datta, Dhirendra Mohan, 1898～ D. M. 達塔
The philosophy of Mahatma Gandhi（《聖雄甘地的哲學》），

Madison: University of Wisconsin Press, 1961年。

The encyclopedia of religion（《宗教百科全書》），16卷，New York: Macmillan Publishing Company, 1987年。

Fischer, Louis, 1896～ 費施爾

The life of Mahatma Gandhi（《聖雄甘地的生平》），New York, Happer & Row, 1983年。

Gandhi: his life and message for the world（《甘地：他的生平和對世界的啓示》），New York, The New American Library, 1954年。

Fu, Wei-hsun 傅偉勳著。

《西洋哲學史》，臺北，三民書局，民國57（1968）。

Gandhi（film）電影《甘地》

Gandhi（film）（電影《甘地》），R. Attenborough（阿坦博羅赫）導演，J. Briley 編劇，B. Kingsley 主演甘地，Columbia 發行，Goldcrest 生產，Indo-British 製作，1982年上映；Columbia Pictures Home Video 製作錄影帶。

Gandhi, Madan G., 1940～　M. G. 甘地

Gandhi and Marx; study in ideological polarities（《甘地與馬克思；意識形態對立性的研究》），Chandigarh, Vikas Bharti, 1969年。

Gandhi, Mahatma, 1869～1948 聖雄甘地

Autobiography（《自傳》）

An autobiography, or the story of my experiments with truth（《自傳，即體驗眞理》），Ahmedabad (India)：Navajivan Publishing House, 1988年。

CW（《甘地全集》）

Cellected works of Mahatma Gandhi（《甘地全集》），90卷，Publications Division, Ministry of information and broadcasting, government of India, 1958～1984年。

The essential Gandhi: his life, work, and ideas: an anthology（《甘地選粹：他的生平、工作和思想：選集》），Louis Fischer 編選，New York: Vintage Books, 1962年。

Gandhi in India, in his own words（《甘地在印度，他的自述》），M. B. Green 編，Hanover and London, University Press of New England, 1987年。

Mahatma Gandhi and Leo Tolstoy letters（《聖雄甘地和托爾斯泰的通信》），B. Srinivasa Murthy 編，Long Beach, California: Long Beach Publications, 1987年。

Non-violent resistance (Satyagraha)（《非暴力抵抗（堅持眞理運動）》），New York: Schcken Books, 1961年。

Satyagraha in South Africa（《南非的堅持眞理運動》），Ahmedabad, Navajivan Publishing House, 1928年。

The words of Gandhi（《甘地的話》）/selected by Richard Attenborough. New York, N.Y.: Newmarket Press, 1982

年。

Ghandhi's significance for today（《甘地對當代的意義》）

Ghandhi's significance for today（《甘地對當代的意義》）/ edited by John Hick and Lamont C. Hempel. Basingstoke: MacMillan, 1989年。

Gangal, S. C. 甘加爾

Gandhian thought and techniques in the modern world（《現代世界裏的甘地思想與方法》），New Delhi: Criterion Publications, 1988年。

Gold, Gerald 戈德

Gandhi, a pictorial biography（《甘地，一部以照片說明的傳記集》），New York, Newmarket Press, 1983年。

Gora（G. Ramachandra Rao）戈拉

An atheist with Gandhi（《一個無神論者與甘地》），Ahmedabad: Navajivan Publishing House, 1951年。

Gosavi, D. K.（Dattatreya Krishna），1894～ 果薩維

Tilak, Gandhi, and Gita（《提拉克，甘地與「薄伽梵歌」》），Bombay: Bharatiya Vidya Bhavan, 1983年。

Green, Martin 格林

The challenge of the Mahatmas（《聖雄的挑戰》），New York: Basic Books, 1978年。

Tolstoy and Gandhi, men of peace: a biography（《托爾斯泰與甘地，倡導和平的人：傳記》），New York: Basic Books, Inc., Publishers, 1983年。

The origins of nonviolence: Tolstoy and Gandhi in their historical settings（《非暴力的起源：在自己的歷史背景中的托爾斯泰與甘地》），University Park: Pennsylvania State University Press, 1986年。

Harijan（《神之子民》周刊）

Harijan（《神之子民》周刊），19卷，Ahmedabad〔etc.〕: Navajivan Press〔etc.〕, 1933年2月11日～1956年2月25日。

Huang, Ch'an-hua 黃懺華著。

《印度哲學史綱》，臺北，眞善美出版社，民國55（1966)。

Huang, Hsin-ch'uan 黃心川著。

《印度近代哲學家辨喜研究》，北京，中國社會科學出版社，1979年。

Huttenback, Robert A. 哈坦巴克

Gandhi in South Africa; British imperialism and the Indian question, 1860～1914（《甘地在南非；英帝國主義和印度人問題，1860～1914年》），Ithaca, N.Y.: Cornell

University Press, 1971年。

Indian Opinion（《印度民意》周刊）

Indian Opinion（《印度民意》周刊），Phoneix, Natal, South Africa, 1903年6月4日～1957年6月。

Iyer, Raghavan N. 伊吉

The moral and political thought of Mahatma Gandhi（《聖雄甘地的倫理與政治思想》），New York: Oxford University Press, 1973年。

Jen, Chi-yu 任繼禹主編。

《宗教詞典》，上海，上海辭書出版社，1981年。

Juergensmeyer, Mark 朱根斯梅耶

Fighting with Gandhi（《與甘地一起奮鬥》），San Francisco: Harper & Row, Publishers, 1984年。

Kasai, Minoru 卡塞

Gandhi and the contemporary world（《甘地與當代世界》），Poona: Centre for Communication Studies, 1980年。

Liang, Shu-ming, 1893～ 梁漱溟著。

《印度哲學概論》，上海，商務印書館，民國13（1924）。

Lin, Ch'eng-chieh 林承節著。
《印度民族獨立運動的興起》，北京，北京大學出版社，1984年。

Majumdar, R. C., H. C. Raychaudhuri, Kalikindar Datta 馬宗達等著。
An advanced history of India（《高級印度史》），MacMillan Co. of India, 1978年。
Majumdar. R. C. 馬宗達，H. C. 賴喬杜里、卡利金卡爾·達塔合著，張澍霖等合譯。
《高級印度史》，北京，商務印書館，1986年。

The McGrav-Hill encyclopedia of world biography（《馬克格拉夫一希爾世界傳記百科全書》），12卷，New York: McGrav-Hill Book Company, 1973年。

McLaughlin, Elizabeth T. 麥克拉夫林
Ruskin and Gandhi（《羅斯金與甘地》），London: Associated University Presses, 1974年。

Mehta, Ved. 1934～ 梅塔
Mahatma Gandhi and his apostles（《聖雄甘地及其使徒》），New York: Viking Press, 1976年。

Mi, Wen-k'ai 糜文開編譯。
《印度三大聖典》，臺北，中華文化出版事業委員會，民國47

(1958)。

Mi, Wen-k'ai 糜文開、薛鏐森著。
《聖雄甘地傳》，臺北，臺灣商務印書館，1967年。

Muzumdar, Haridas T.
Gandhi versus the empire（《甘地對抗帝國》），New York, Universal Publishing Company, 1932年。

Naess, Arne 阿恩・尼斯
Gandhi and group conflict: an exploration of satyagraha, theoretical background（《甘地與羣體衝突：對堅持眞理運動的探索，理論背景》），Oslo, Universitetsforlaget, 1974年。
Gandhi and the nuclear（《甘地與核時代》），〔Totowa, N.J.〕Bedminster Press, 1965年。

Nanda, B. R 南達
Mahatma Gandhi（《聖雄甘地》），Boston, Beacon Press, 1958年。
Gandhi and his critics（《甘地與他的批評者》），Delhi, Oxford University Press, 1985年。

Nehru, Jawaharlal 尼赫魯
An autobiography（《自傳》），London, Jonh Lane, 1942年。

Nehru 尼赫魯著，張寶芳譯。
《尼赫魯自傳》，世界知識出版社，1956年。
The new encyclopedia Britannica（《新不列顛百科全書》），第15版，29卷，Chicago: Encyclopedia Britannica, Inc., 1992年。

Parekh, Bhichu C. 佩赫
Gandhi's political philosophy: a critical examination（《甘地的政治哲學：批評性的探討》），University of Notre Dame Press, 1989年。

Patel, M. S. 帕特爾
The educational philosophy of Mahatma Gandhi（《聖雄甘地的教育哲學》），Ahmedabad, Navajivan Pub. House〔1953〕。

Payne, Robert 裴因
The life and death of Mahatma Gandhi（《聖雄甘地的生平與去世》），New York, E.P. Dutton, 1969年。

Pyarelal 皮雷拉爾
Mahatma Gandhi: the early phase（《聖雄甘地：早期階段》），Ahmedabad, Navajivan Publishing House, 1965年。
Mahatma Gandhi: the last phase（《聖雄甘地：最後階段》），2卷，Ahmedabad, Navajivan Publishing House, 1956年，

1958年。

Richards, Glyn 理查玆
The philosophy of Gandhi: a study of his basic ideas（《甘地哲學：對他的基本思想的研究》），London: Curzon Press, 1982年。

Rothermund, Indira 羅瑟蒙德
The philosophy of restraint（《約束的哲學》），Bombay: Popular Prakashan, 1963年。

Satyaprakash 薩蒂亞普拉卡什
Gandhiana, 1962～1976（《甘地學，1962～1976年》），Gurgaon: Indian Documentation Service, 1977年。

Schumacher, E. F. 舒馬赫
Small is beautiful: economics as if people mattered（《小的是美好的：以人爲重的經濟學》），New York: Harper & Row, Publishers, 1973年。
Good work（《善的工作》），New York: Harper & Row, Publishers, 1979年。

Sethi, J. D.（Jai Dev), 1924～ 塞西
Ghandhian values and 20th century challenges: two lectures broadcast from All India Radio（《甘地的價值與二十世

紀的挑戰：全印廣播電臺廣播的兩次演講》），New Delhi: Publications Division, Ministry of Information and Broadcasting, Govt. of India, 1979年。

Shepard, Mark 謝帕德
Gandhi today: a report on Mahatma Gandhi's successors（《今日甘地：關於聖雄甘地的繼承者的報告》），Arcata, California: Simple Productions, 1987年。

Shirer, William Lawrence, 1904～ 謝厄
Gandhi: a memoir（《回憶甘地》），New York, Simon and Schuster, 1979年。

Singh, Kedar Nath, 1933～ 辛格
Gandhi & Marx: an ethico-philosophical study（《甘地與馬克思：倫理—哲學研究》）；Patna：Associated Book Agency, 1979年。

Slade, Madeleine (Mirabehn), 1892～1982年 斯萊德
The spirit's pilgrimage（《精神的朝聖》），New York: Coward-McCann, Inc., 1960年。

Tahtinen, Unto 塔赫蒂南
The core of Gandhi's philosophy（《甘地哲學的核心》），New Delhi: Abhinav Publications, 1979年。

T'ang, Yung-t'ung 湯用彤著。

《印度哲學史略》，重慶，獨立出版社，民國34（1945）。

Tendulkar, D. G. 鄧多卡兒

Mahatma: life of Mohandas Karamchand Gandhi（《聖雄甘地：莫漢達斯・卡蘭昌德・甘地的生平》），Bombay: Jhaveri and Tendulkar, 1952年；New Dehli, Publications Division of the Government of India, 1962年。

Tseng, Sheng-ti 曾聖提著。

《在聖雄甘地左右》，臺中，藍文化事業股份有限公司，民國65（1967）。

Wolfenstein, E. Victor 沃爾芬斯坦

The revolutionary personality: Lenin, Trosky, Gandhi（《革命者的個性：列寧、托洛斯基、甘地》），Princeton, New Jersey: Princeton University Press, 1967年。

Wu, Chun-ts'ai 吳俊才著。

《甘地與現代印度》，臺北，正中書局，民國55（1966）。〔主要取材於鄧多卡兒 Mr. D. G. Tendulkar 所編的《聖雄》一書〕

《印度史》，三民書局，民國70。

Young India（《少年印度》周刊）

Young India（《少年印度》周刊），New ser. 14卷，Ahmedabad: Mahanlal Magnlal Bhatta, 1919年5月7日～1932年1月14日。

索　　引

本書的譯名主要參考〔印度〕馬宗達等著、張澍霖等譯的《高級印度史》、梁實秋主編的《遠東英漢大辭典》、吳俊才著的《甘地與現代印度》等書，不見於一般中文圖書的專門名詞的譯名，則根據有關的譯音表中規定的漢字譯出。

A

B

C

D

E

F

G

H

I

J

K

L

N

O

P

Q

R

S

T

U

V

W

221, 233, 265, 304
World War II　第二次世界大戰　(2), 33, 34, 91, 92, 100, 186, 233, 239, 243, 247, 257, 265, 266, 267, 278, 309

Y

Yarjurveda, the　《耶柔吠陀》　1
Yeravda Prison　耶拉不達監獄　31～33, 148, 163, 166, 167, 180, 181, 183, 293, 306～308
Yoga　瑜伽　171, 172
Young India　《少年印度》（周刊）　29, 31, 57, 86, 87, 97, 139, 201, 209, 294, 306
Yudhishthira　堅戰〔尤提什希羅〕　2
Yugoslavia　南斯拉夫　280, 291

Z

Zambia　贊比亞　235
Zamindars, the　柴明達爾　50
Zanzibar　桑給巴爾　9
Zend Avesta　《阿維斯陀註釋》　(5), 157, 180, 188
Zia ul-Haq, Mohammad　齊亞・哈克　235
Zoroaster　左羅阿斯脫　180
Zoroastrianism　拜火敎　179, 180, 184, 194, 204, 215
Zulu　組魯　21, 70, 303

世界哲學家叢書(八)

書名	作者	出版狀況
珀爾斯	朱建民	撰稿中
詹姆斯	朱建民	撰稿中
杜威	李常井	撰稿中
蒯英	陳波	撰稿中
帕特南	張尚水	撰稿中
庫恩	吳以義	撰稿中
拉卡托斯	胡新和	撰稿中
洛爾斯	石元康	已出版
諾錫克	石元康	撰稿中
羅蒂	范進	撰稿中
馬克弗森	許國賢	排印中
希克	劉若韶	撰稿中
尼布爾	卓新平	已出版
馬丁・布伯	張賢勇	撰稿中
蒂里希	何光滬	撰稿中
德日進	陳澤民	撰稿中
朋諤斐爾	卓新平	撰稿中

世界哲學家叢書(七)

書名	作者	出版狀況
梅露・彭廸	岑溢成	撰稿中
阿爾都塞	徐崇溫	撰稿中
列維納	葉秀山	撰稿中
德希達	張正平	撰稿中
呂格爾	沈清松	撰稿中
富科	于奇智	撰稿中
克羅齊	劉綱紀	撰稿中
布拉德雷	張家龍	撰稿中
懷德黑	陳奎德	撰稿中
玻爾	戈革	已出版
卡納普	林正弘	撰稿中
卡爾巴柏	莊文瑞	撰稿中
柯靈烏	陳明福	撰稿中
羅素	陳奇偉	撰稿中
穆爾	楊樹同	撰稿中
弗雷格	趙汀陽	撰稿中
石里克	韓林合	撰稿中
維根斯坦	范光棣	撰稿中
愛耶爾	張家龍	撰稿中
賴爾	劉建榮	撰稿中
奧斯丁	劉福增	已出版
史陶生	謝仲明	撰稿中
赫爾	馮耀明	撰稿中
帕爾費特	戴華	撰稿中
魯一士	黃秀璣	已出版

世界哲學家叢書㈥

書名	作者	出版狀況
恩格斯	金隆德	撰稿中
馬克思	洪鎌德	撰稿中
約翰彌爾	張明貴	已出版
狄爾泰	張旺山	已出版
弗洛依德	陳小文	撰稿中
史賓格勒	商戈令	已出版
布倫坦諾	李河	撰稿中
韋伯	陳忠信	撰稿中
卡西勒	江日新	撰稿中
雅斯培	黃藿	已出版
胡塞爾	蔡美麗	已出版
馬克斯・謝勒	江日新	已出版
海德格	項退結	已出版
漢娜鄂蘭	蔡英文	撰稿中
盧卡契	謝勝義	撰稿中
阿多爾諾	章國鋒	撰稿中
馬爾庫斯	鄭湧	撰稿中
弗洛姆	姚介厚	撰稿中
哈伯馬斯	李英明	已出版
榮格	劉耀中	撰稿中
柏格森	尚新建	撰稿中
皮亞杰	杜麗燕	稿撰中
別爾嘉耶夫	雷永生	撰稿中
馬利丹	楊世雄	撰稿中
馬賽爾	陸達誠	已出版

世界哲學家叢書(五)

書名	作者	出版狀況
聖多瑪斯	黃美貞	撰稿中
笛卡兒	孫振青	已出版
蒙田	郭宏安	撰稿中
斯賓諾莎	洪漢鼎	已出版
萊布尼茲	陳修齋	撰稿中
培根	余麗嫦	撰稿中
霍布斯	余麗嫦	撰稿中
洛克	謝啓武	撰稿中
巴克萊	蔡信安	已出版
休謨	李瑞全	已出版
托馬斯・銳德	倪培林	撰稿中
伏爾泰	李鳳鳴	撰稿中
孟德斯鳩	侯鴻勳	排印中
盧梭	江金太	撰稿中
帕斯卡	吳國盛	撰稿中
達爾文	王道遠	撰稿中
康德	關子尹	撰稿中
費希特	洪漢鼎	撰稿中
謝林	鄧安慶	撰稿中
黑格爾	徐文瑞	撰稿中
叔本華	劉東	撰稿中
祁克果	陳俊輝	已出版
彭加勒	李醒民	排印中
馬赫	李醒民	撰稿中
費爾巴哈	周文彬	撰稿中

世界哲學家叢書(四)

書名	作者	出版狀況
空海	魏常海	撰稿中
道元	傅偉勳	撰稿中
伊藤仁齋	田原剛	撰稿中
山鹿素行	劉梅琴	已出版
山崎闇齋	岡田武彥	已出版
三宅尙齋	海老田輝巳	排印中
中江藤樹	木村光德	撰稿中
貝原益軒	岡田武彥	已出版
荻生徂徠	劉梅琴	撰稿中
安藤昌益	王守華	撰稿中
富永仲基	陶德民	撰稿中
石田梅岩	李甦平	撰稿中
楠本端山	岡田武彥	已出版
吉田松陰	山口宗之	已出版
福澤諭吉	卞崇道	撰稿中
岡倉天心	魏常海	撰稿中
中江兆民	華小輝	撰稿中
西田幾多郎	廖仁義	撰稿中
和辻哲郎	王中田	撰稿中
三木清	卞崇道	撰稿中
柳田謙十郎	趙乃章	撰稿中
柏拉圖	傅佩榮	撰稿中
亞里斯多德	曾仰如	已出版
聖奧古斯丁	黃維潤	撰稿中
伊本・赫勒敦	馬小鶴	已出版

世界哲學家叢書㈢

書名	作者	出版狀況
袾宏	于君方	撰稿中
憨山德清	江燦騰	撰稿中
智旭	熊琬	撰稿中
章太炎	姜義華	已出版
熊十力	景海峰	已出版
梁漱溟	王宗昱	已出版
金岳霖	胡軍	已出版
張東蓀	胡偉希	撰稿中
馮友蘭	殷鼎	已出版
唐君毅	劉國強	撰稿中
賀麟	張學智	已出版
龍樹	萬金川	撰稿中
無著	林鎮國	撰稿中
世親	釋依昱	撰稿中
商羯羅	黃心川	撰稿中
維韋卡南達	馬小鶴	撰稿中
泰戈爾	宮靜	已出版
奧羅賓多・高士	朱明忠	撰稿中
甘地	馬小鶴	已出版
拉達克里希南	宮靜	撰稿中
元曉	李箕永	撰稿中
休靜	金煐泰	撰稿中
知訥	韓基斗	撰稿中
李栗谷	宋錫球	排印中
李退溪	尹絲淳	撰稿中

世界哲學家叢書(二)

書　　名	作　者	出版狀況
李卓吾	劉季倫	撰稿中
方以智	劉君燦	已出版
朱舜水	李甦平	已出版
王船山	張立文	撰稿中
眞德秀	朱榮貴	撰稿中
劉蕺山	張永儁	撰稿中
黃宗羲	吳光	撰稿中
顧炎武	葛榮晉	撰稿中
顏元	楊慧傑	撰稿中
戴震	張立文	已出版
竺道生	陳沛然	已出版
眞諦	孫富支	撰稿中
慧遠	區結成	已出版
僧肇	李潤生	已出版
智顗	霍韜晦	撰稿中
吉藏	楊惠南	已出版
玄奘	馬少雄	撰稿中
法藏	方立天	已出版
惠能	楊惠南	已出版
澄觀	方立天	撰稿中
宗密	冉雲華	已出版
永明延壽	冉雲華	撰稿中
湛然	賴永海	已出版
知禮	釋慧嶽	排印中
大慧宗杲	林義正	撰稿中

世界哲學家叢書(一)

書名	作者	出版狀況
孟子	黃俊傑	已出版
荀子	趙士林	撰稿中
老子	劉笑敢	撰稿中
莊子	吳光明	已出版
墨子	王讚源	撰稿中
淮南子	李增	已出版
賈誼	沈秋雄	撰稿中
董仲舒	韋政通	已出版
揚雄	陳福濱	已出版
王充	林麗雪	已出版
王弼	林麗真	已出版
阮籍	辛旗	撰稿中
嵇康	莊萬壽	撰稿中
劉勰	劉綱紀	已出版
周敦頤	陳郁夫	已出版
邵雍	趙玲玲	撰稿中
張載	黃秀璣	已出版
李覯	謝善元	已出版
王安石	王明蓀	撰稿中
程顥、程頤	李日章	已出版
朱熹	陳榮捷	已出版
陸象山	曾春海	已出版
陳白沙	姜允明	撰稿中
王廷相	葛榮晉	已出版
王陽明	秦家懿	已出版